“自由な時間”の探求と『資本論』

山口富男

新日本出版社

まえがき

この本は、新版『資本論』(二〇一九～二一年、全一二冊、新日本出版社)の刊行後に発表した私の論文から六篇をえらび、カール・マルクスによる〝自由な時間〟(自由に処分できる時間)の探究と『資本論』研究とのかかわりを追ったものです。あわせて、新版『資本論』を読み、その特徴についても述べました。

第Ⅰ部「マルクスと〝自由な時間〟」では、マルクスの〝自由な時間〟研究の展開を一八五一年のディルク抜粋、「一八五七～五八年草稿」「一八六一～六三年草稿」と呼ばれる二つの経済学草稿と『資本論』を軸にしながら追跡し(第一章)、これらの探究と国際労働者協会(インタナショナル)でのマルクスの活動との結びつきを探りました(第二章)。

この研究は、二〇二四年に『経済』、『前衛』の両誌に連載論文として発表したものです。執筆にあたっては、日本共産党第二九回大会(二〇二四年一月)の示した〝「人間の自由」こそ、社会主義・共産主義の目的であり、最大の特質である〟という提起の意義を、マルクス自身の研究と活動の発展のなかでつかみたいという問題意識がありました。

第Ⅱ部「新版『資本論』を読む」では、新版『資本論』の全体的な特徴を紹介するとともに(第三章)、マルクスの〝自由な時間〟研究の達成をふまえて、『資本論』第一部の「労働日」の章を読みました（第四章）。この研究では、二つの補論をふくめ、『資本論』をマルクス自身の歴史のなかで、〝現代に生きる著作〟として読むように努力しました。

各章では、『資本論』とともにマルクス、エンゲルスの活動と著作を広く取り上げました。一冊にまとめるにあたって、必要な補筆や整理を行い、関連年表「マルクス、エンゲルスの生涯と『資本論』」、「マルクス、エンゲルスの文献索引」を作成し、巻末に付しました。

本書が、〝自由な時間〟をめぐる新たな探究の一つになることを願っています。

山口　富男

二〇二五年一月

目　次

＊『資本論』からの引用と参照ページは、新版『資本論』（全一二冊、新日本出版社）によった。引用元は「新版」と略記し、巻数を丸数字で表した。合わせて、ベルリン・ディーツ社発行の『資本論』（ヴェルケ版）の巻数とページ数を付記した。ヴェルケ版の巻数はローマ数字で表記した。

＊マルクス、エンゲルスの邦訳文献からの引用は、『マルクス＝エンゲルス全集』（大月書店）、『マルクス　資本論草稿集』（大月書店。巻数を丸数字で表した）、「科学的社会主義の古典選書」シリーズ（新日本出版社）により、新『マルクス・エンゲルス全集』（新メガ、国際マルクス／エンゲルス財団編集）の関連諸巻を参照した。訳語、訳文については、変更した場合がある。

＊文中、〔　〕で表したのは、著者による注記である。

第Ⅰ部　マルクスと〝自由な時間〟

第一章　マルクスによる未来社会の探究と〝自由な時間〟

――ディルク抜粋から『資本論』へ

はじめに

科学的社会主義の事業に礎をすえたカール・マルクス（一八一八〜八三年）は、その生涯を通して人間の自由な発展と解放を、理論上、実践上の大きな探究課題とした革命家です。

一八四五年秋から翌四六年夏にかけて、マルクスは、盟友フリードリヒ・エンゲルス（一八二〇〜九五年）とともに世界観と共産主義論の新たな展開にとりくみ、共産主義社会は、「各個人にとって、彼の諸素質をあらゆる方面へ発達させる諸手段が存在」し、「人格的自由が可能になる」社会であり、「諸個人は、彼らの連合《アソツイアツイオーン》のなかで、また連合をとおして、同時に彼らの自由を獲得する」（古典選書『ドイツ・イデオロギー』、八五ページ、『全集』第三巻七〇ページ）ことを明らかにしました。[*1] また、共産主義社会を「諸個人の独自な自由な発展がけっして空文句でない唯一の社会」

（『全集』第三巻四七五ページ）と特徴づけ、『共産党宣言』（一八四八年）では、「各人の自由な発展が、万人の自由な発展のための条件である連合体《アソツィアツィオーン》」（古典選書『共産党宣言／共産主義の諸原理』八六ページ、『全集』第四巻四九六ページ）と述べました。

『共産党宣言』は、階級対立と他人の労働を従属させる力をもっているブルジョア的私的所有の廃止を掲げましたが、自由な社会をどのように作りあげてゆくかについての解明は、まだ本格的には行われていません。しかし、二人が、全面的に発達した人間を未来社会の人間像として追求し、未来社会を人間の自由な発展を特徴とする社会と意義づけていたことは、若き日の言明からも明らかだと思います。

一八四九年八月、ドイツ革命の敗北後、フランスを経てイギリス・ロンドンに到着したマルクスは、共産主義者同盟の中央委員会を再建し、『新ライン新聞。政治経済評論』誌上で、これまでの活動を総括する論文の執筆をはじめます。エンゲルスも、四九年一一月にロンドンに着き、共同の活動を再開します。この活動のなかで、二人は、ヨーロッパ諸国における革命の終結を確認し、同盟中央をドイツ・ケルンに移すことを決め（一八五〇年九月）、雑誌の刊行も途絶します。二人は、ロンドンでの生活と活動を、将来の革命に備える長期戦の体制にきりかえ、マルクス自身は、資本主義社会の運動法則と変革への展望を全面的に明らかにすることが、自らの重大な課題と考え、『資本論』に結実する経済学の研究を本格化させていったのでした。

剰余価値をめぐる研究の進展のなかで、マルクスは、人間にとっての「自由に処分できる時間」

〔disposable time/disponible Zeit〕の意義に着目し、これを「自由な時間」〔freie Zeit〕とも呼んで、この時間の創出と未来社会との関連を探究します。この点では、一八五〇年代初頭に大英博物館で発見し、抜粋を作成していたある匿名パンフレット（『国民の苦難の根源と救済策。ジョン・ラッセル卿への手紙として』）の検討が重要な意味をもちました。[*2]

ひき続き『資本論』の準備と執筆をすすめたマルクスは、資本主義社会の変革と生産手段の社会化を土台とする社会の発展によって労働時間が抜本的に短縮され、すべての人間が「自由な時間」をひろげ、それが人間の能力と活動の全面的な発達を保障する場となり、人間社会が新しい発展段階に踏み出してゆく、との展望を示してゆきました。

こうした研究の達成は、一八六五年後半に執筆したと考えられる『資本論』第三部の初稿（主要草稿）の最後の章（現行の篇）で、「真の自由の国」、「必然性の国」という用語も使って論じられることになります（第三部第七篇「第四八章　三位一体的定式」、新版⑫一四五七～一四六〇ページ、Ⅲ826～828ページ。本書での新版『資本論』からの引用は「新版」と表記し丸数字は新版の分冊を指す。Ⅲなどのローマ数字はヴェルケ版『資本論』の巻数を指す）。

マルクスによると、搾取階級がなくなる未来社会では、資本による剰余労働の搾取がなくなり、労働が自分自身と社会のための生産という本来の性格をとりもどします。そこでは、社会的な生産力の発展のもとで、すべての人々が生産活動に参加することによって、物質的生産のための労働時間が抜本的に短縮され、諸個人に「自由な時間」が保障されます。この「自由な時間」は、どんな外的な義務にも拘束されずに自らが時間の主人となり、自分の能力を全面的に発達させる場になるというのです。

資本主義社会は、剰余価値の拡大を徹底的に追求する利潤第一主義を経済発展の原動力としています。これにたいして、利潤第一主義を乗り越えた未来社会では、「自由な時間」を得た人間の豊かな発達が社会発展の大きな力となり、人類史の新しい時代を開く――これがマルクスの示した未来社会の大局的な展望でした。

本章では、マルクスによる「自由な時間」の研究に注目し、①匿名パンフレットの発見と抜粋の作成（一八五一年）、②「一八五七～五八年草稿」、「一八六一～六三年草稿」と呼ばれる二つの経済学草稿での研究の進展、③『資本論』の準備と執筆を通じての新たな展開をふりかえり、未来社会の開拓者・マルクスの探究の一端を明らかにしたいと思います。[*3]

＊1　「ドイツ・イデオロギー」では、人間の自由な発展の条件を、人間の活動を束縛する「分業」体制から抜け出すことに求めていた。

＊2　「自由に処分できる時間」とは、マルクスが、イギリスで刊行された匿名パンフレットの所論に刺激をうけ、一八五〇年代から使いはじめた用語。『資本論』では、「人間的教養《ビルドウング》のための、精神的発達のための、社会的役割《ゾツイアール》を遂行するための、社会的交流《ゲゼリヒ》のための、肉体的・精神的生命力の自由な活動のための時間」（新版②四六二ページ、Ⅰ280ページ）、「諸個人の自由な精神的および社会的《ゲゼルシヤフトリツヒ》な活動のために獲得される時間部分」（新版③九二〇ページ、Ⅰ552ページ）と、そ

の内容が示されている。マルクスのディスポーザブル・タイム論については、杉原四郎氏による一連の研究がある（『経済原論I』同文館、とくに第二章第一節「時間の経済」ほか）。

＊3　この点での私の端緒的な紹介は、『マルクス「資本論」のすすめ――「新版」で読む』で行った（学習の友社、二〇～三五ページ）。

一　匿名パンフレットの発見と抜粋の作成

一八五〇年六月、大英博物館から閲覧証明書の交付を受けたマルクスは、経済学研究を本格化させようと、この博物館を日中の仕事場にしながら、収蔵されていた膨大な経済学書などを読み、多数の抜粋と覚え書きを作成してゆきます。[＊4]

マルクスは、『経済学批判。第一分冊』（一八五九年）の序言のなかで、この時期の研究をつぎのように特徴づけました。

「一八四八年と一八四九年の『新ライン新聞』の発行と、その後に起こったさまざまな事件とのために、私の経済学研究は中断させられたが、ようやく一八五〇年になってロンドンで私はふたたび経済学研究にとりかかることができた。大英博物館には経済学の歴史にかんする膨大な資料が積みあげられているし、ロンドンはブルジョア社会の観察には好都合な位置にあるし、最後にカリフォルニアおよびオーストラリアの金の発見とともにブルジョア社会は新たな発展段階にはいり込むように見えたので、私はもう一度まったくはじめからやり直して、新しい資料によって批判的に研究し尽くそうと決意した」（古典選書『「経済学批判」への序言・序説』一七〜一八ページ、『全集』第一三巻八ページ）。

こうした決意のもとで、一八五〇年九月末〜五三年一一月にかけて、マルクスは、経済学書を中心に二四冊を数える抜粋ノートを作成します。作成した場所から「ロンドン・ノート」と呼ばれるこれらのノートは、現在では、新しい『マルクス・エンゲルス全集』（国際マルクス／エンゲルス財団編集、以下、新メガと表記）の第Ⅳ部門に収録され、これまでに刊行された同部門の第七巻から第一〇巻によって、一八冊まで発表されています。[*5]

＊4　大英博物館でのマルクスの研究には、もう一つの主題があった。マルクスは、アメリカの有力な日刊紙「ニューヨーク・デイリー・トリビューン」から論説寄稿の申し入れを受けていた（一八五一年八月）。論説では、ヨーロッパからアジアまで、世界の政治や経済のあらゆる出来事が検討の対象となった。経済論説では、イギリスの経済情報の発信が大きな部分を占めたが、この研究でも大英博物館が利用され、マルクスの経済学研究に新しい視野を開くことになった。

＊5　一九七五年から刊行されている新しい『マルクス・エンゲルス全集』（新メガ　Marx-Engels-Gesamtausgabe）は、第Ⅰ部門三二巻（マルクスとエンゲルスの著作、論説、草案）、第Ⅱ部門一

五巻（『資本論』と関連草稿）、第Ⅲ部門三五巻（手紙）、第Ⅳ部門三二巻（抜粋ノートと覚え書）の四部門一一四巻で構成されており、デジタル形態をふくめ、七七巻を刊行している（二〇二四年末）。

1　「ロンドン・ノート」とディルク抜粋

「ロンドン・ノート」の作成途上、マルクスは、大英博物館で匿名のパンフレット『国民的苦難の根源と救済策。ジョン・ラッセル卿への手紙として』（一八二一年、ロンドン）に出合います（一八五一年七月頃）。当時のイギリスでは、社会的な発言や研究を匿名で発表することが広く行われており、この匿名パンフレットもそうした試みの一つでした。当時は、大英博物館の図書部門も整備途上でしたから、〝膨大な資料〟のなかからマルクス自身が発掘したものかもしれません。マルクス自身、「ほとんど知られていないパンフレット」と書いています（『資本論草稿集』⑦二八八ページ、大月書店）。マルクス自身は著者の名を知らなかったと思われますが、それから百年後、杉原四郎氏によって、イギリスの評論家チャールズ・ウェントワース・ディルク（一七八九～一八六四年）の著作であることが明らかにされました（『杉原四郎著作集』Ⅰ、藤原書店、三三三～三三四ページ参照）。

本文四〇ページからなるディルクのパンフレットは、蛯原良一氏によってその全文が翻訳・紹介されています。パンフレットは、「労働者階級の貧困を『国民的な諸困難』の存在と考え、その貧

ディルク抜粋ノート

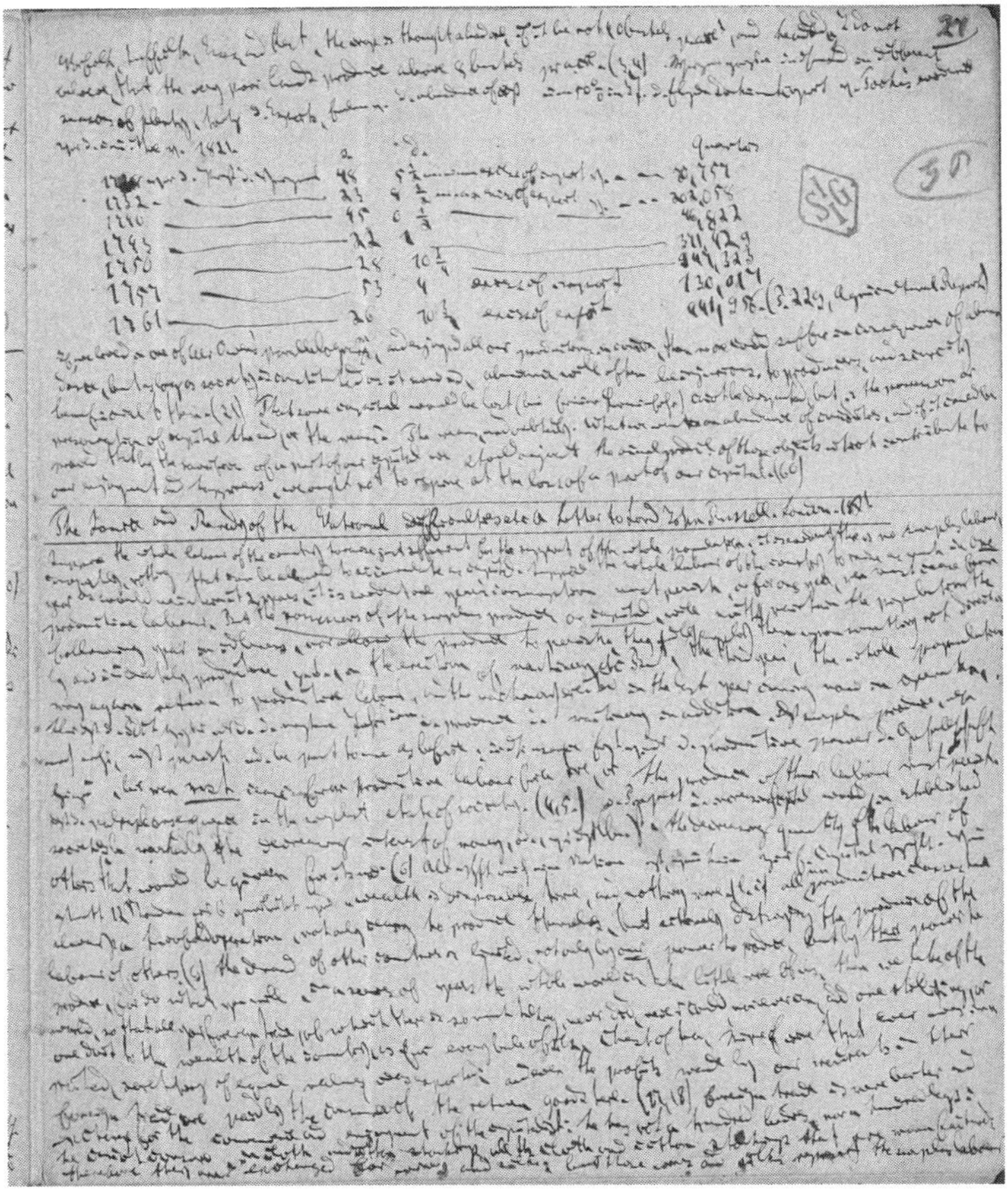

ージ）。27ページの中ほどに匿名パンフレットの題名（下線部分）を書
ームページから）

マルクスの

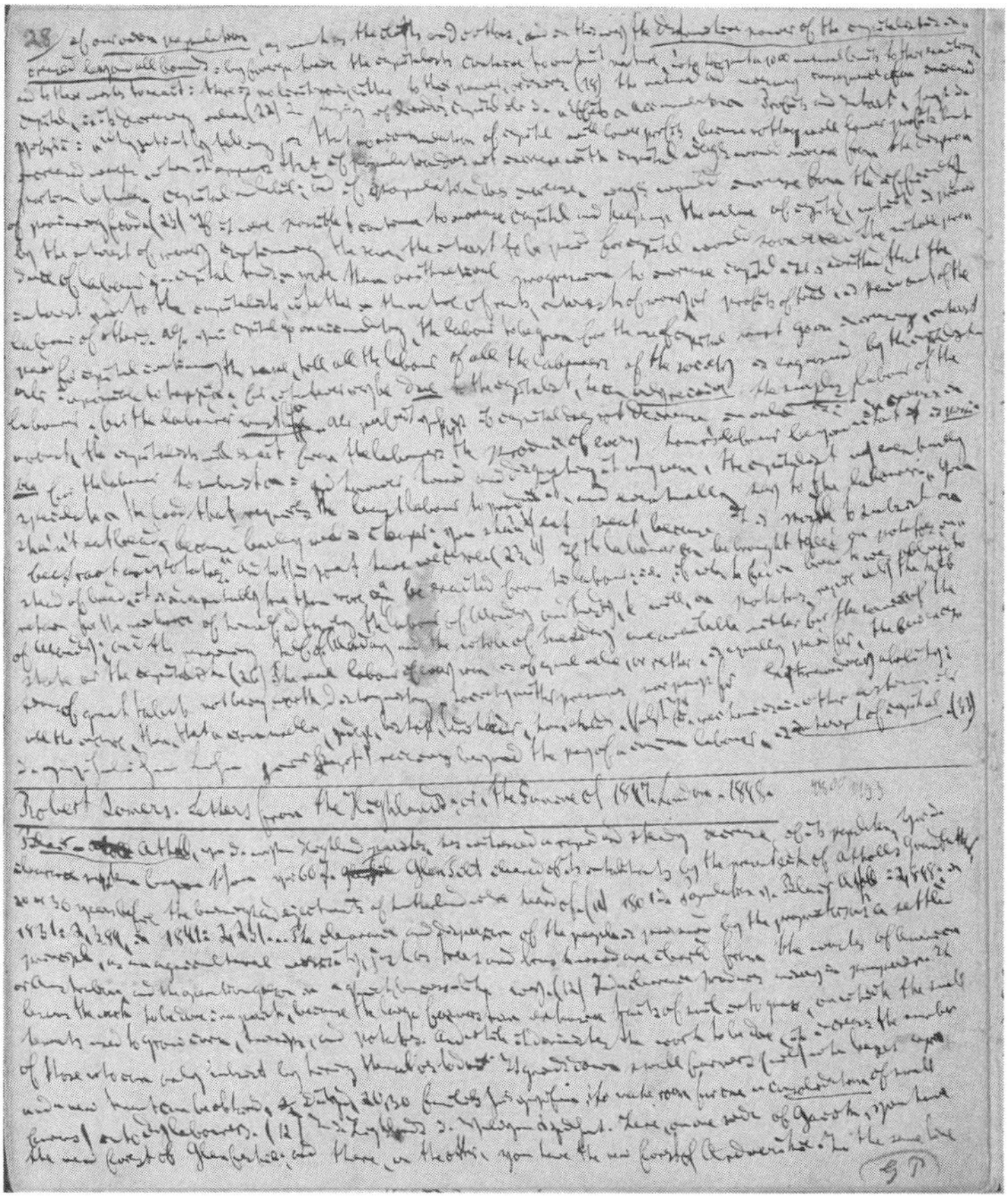

「ロンドン・ノート」第12冊の27ページ（右ページ）と28ページ（左ペ
き出した後、ディルク抜粋がはじまっている。（社会史国際研究所のホ

困がなぜ生まれるのか、またその救済の方法は何なのか、について、後に首相になった下院議員ジョン・ラッセル卿宛の手紙の形式で、明らかにする」ものでした（『資本蓄積と失業・恐慌――リカードゥ、マルクス、マルサス研究』、法政大学出版局、二四一ページ）。

マルクスは、このパンフレットのどこに着目したのでしょうか。手がかりは、マルクスによるパンフレットからの抜粋と、抜粋を利用したその後の研究の足取りのなかにあります。

マルクスによるパンフレットからの抜粋は、こんにち、「ロンドン・ノート」第一二冊（一八五一年七月作成）のなかに残されています（同ノート一二七～一二八ページ。新メガ第Ⅳ部門第九巻一六三～一六五ページに収録。以下、ディルク抜粋と呼ぶ）。

ノートに書き込まれたディルク抜粋では、パンフレットの書名を書きだした後に、一〇余りの抜き書きが改行なしでびっしりと続いています（一八～一九ページに掲載）。

マルクスは、「ロンドン・ノート」第一二冊で、ピーター・ギャスケル、ジェイムズ・アンダースン、サミュエル・ベイリー（匿名書）、エドワード・ウェスト、トマス・ホプキンズ、デイヴィド・リカードウ、ロバート・サマーズ、ユストゥス・リービヒなど一五人の著作から、労働者階級の状態、地代論、農業問題などを中心とした抜粋を、四四ページにわたって行いました。なかには、〝読むに耐えない〟として書名のみを書き出して終わったものもあります。同時に、それまでの経済学の到達を〝批判的に研究し尽くそう〟とした抜粋ですから、著作からの抜粋自体に、マルクスの問題関心がするどく現われる場合も少なくありません。ディルク抜粋も、そうした抜粋の一つでした。

2　「自由に処分できる時間」と研究の足場

ディルク抜粋とこれを利用したその後の研究の足取りをたどってみると、マルクスは、パンフレットの論述のなかから、とくに二つの点に関心を寄せたようです。

一つは、パンフレットが、一日の労働時間を一二時間から六時間に短縮するという提案を大胆に提起し、富とはこうして人々が得ることになる「自由に処分できる時間」のことだという命題を押し出していたことです。

マルクスは、経済学草稿の一つである「一八五七～五八年草稿」のなかで、ディルクの所論の要点をつぎのようにまとめています（ノート第七冊三ページ）。

「一二時間のかわりに六時間の労働がなされるとき、一国民は真に豊かである。富〔wealth〕とは剰余労働時間（実在的な富）への指揮権ではなく、すべての個人と全社会のための、直接的生産に使用される時間以外の、自由に処分できる時間〔disposable time〕である」（『資本論草稿集』[*6]②四九一ページ、強調はマルクス〔以下、特記しない限り強調は引用元のもの〕。この文章はマルクスによる要約で、後掲の〈資料　マルクスによるディルク抜粋〉の③の部分にあたる）。

マルクスは、この提起にも刺激を受け、人間にとっての「自由に処分できる時間」の意義に注目し、労働時間の短縮が直接的な労働の時間以外の「自由な時間」をひろげ、この時間が人間の全面的発達の場、諸条件をつくり出してゆくことをつかみ、この面での研究を続けました。[*7]

もう一つは、パンフレットの論述が、資本家が労働者の剰余労働を利潤、利子、地代など、さまざまな形で手にすることを把握していたことです。

資本主義的搾取の基本点を解明したマルクスは、二つ目の経済学草稿である「一八六一～六三年草稿」のなかで、あらためてディルク抜粋の全体を検討しなおし、資本家を「剰余生産物の所有者」と説明するパンフレットの所論について、「ここでは直接に〔資本家の得る〕利潤などが、労働者がその等価を受け取ることのない労働時間の取得に帰着させられている」（『資本論草稿集』⑦二九〇ページ）と述べています。マルクスは、「いっさいの剰余価値を剰余労働に還元している」（同⑦三〇九～三一〇ページ）、「剰余価値を剰余労働というその原形態において把握している」（同⑦三一五ページ）点に、ディルクの所論の経済学史的な意義を見たのでした。[*8] この把握は、古典派経済学の代表者の一人であるデヴィッド・リカードウ（一七七二～一八二三年）にもまさっていたもので、そこに資本の自己増殖の秘密を解き明かすカギがありました。

「一八六一～六三年草稿」では、社会が資本による剰余労働時間の取得――「他人の剰余労働にたいする請求権」を与えず、生産力の発展を考慮に入れるならば、人々は、直接的な生産的な労働によって吸収されない「自由に処分できる時間を、自分たちの発展のための自由な時間を、もつことになる」、言い換えれば、「真の富」をつくりだす、と述べています（同⑦三一一～三一三ページ）。そして、「この筆者〔ディルクのこと〕は明らかにわかっていない。それにもかかわらず、次のような、みごとな文句はやはり生きている」と述べ、先に紹介した「自由に処分できる時間」の一節を重ねて、引用するのです（同⑦三一三ページ）。

このようにマルクスが関心を寄せた二つの点は、人間の豊かな発展の場、条件となりうる「自由な時間」が、資本主義社会では「剰余労働時間」として資本家に取得されていること、社会的生産諸力の発展した社会で資本主義的搾取をなくし、労働時間の短縮によってすべての人々に自由な時間を保障して新たな社会への道を開く、というマルクスの分析的な視点につながるものでした。

マルクスは、匿名パンフレットは、「けっして理論的な論文」ではなく、「経済学者たちが当時の窮状や『国民的苦難』をまちがった原因のせいにしていることにたいする抗議」を内容にしていたと述べています（同⑦三〇九ページ）。マルクスが関心を寄せた二つの点も、パンフレットの検討からマルクス自身がつかみ取ったもので、自らの経済学研究の進展のなかで、剰余価値の生産と労働時間の関係を厳密に解明し、その内容を豊かにしていったものでした。[*9]

「自由な時間」をめぐるマルクスの研究の展開には、もう一つ、重要な足場がありました。

マルクスは、新聞論説を作成する準備もあって、イギリスの労働者階級の状態と一日の労働時間の法的制限（標準労働日）を勝ち取ってきた闘争の歴史を研究し、その際、労働現場の実態をまとめた『労働監督官報告書』などの公的刊行物を細部まで読み込んでいました。[*10]

次節で見るように（本書五五～五九ページ）、マルクスは、この『報告書』などの検討によって、労働者の運動によって実現した労働時間の規制・短縮が、労働者にも彼ら自身の時間、「自由な時

「間」を生みだし、これが労働者運動にも大きな影響をあたえ、社会的進歩の条件をつくることを見いだしていったのでした（同⑨三二ページほか）。

＊6　『資本論』とその諸草稿を収録した新メガ第Ⅱ部門は、二〇一二年に一五巻二三冊で完結した。大月書店から刊行された『マルクス　資本論草稿集』（一九七八～九四年）は、そのうちの最初の三巻九分冊（以下、①～⑨と表記）を翻訳・刊行したもの。そこには、「一八五七～五八年草稿」（①、②）、『経済学批判。第一分冊』（③）、「私自身のノートにかんする摘録」（③）、「資本にかんする章へのプラン草案」（③）、「一八六一～六三年草稿」（④～⑨）などが収められている。

＊7　マルクスは、経済学研究をはじめた一八四〇年代から労働の疎外について把握し、労働時間のありように深い関心を寄せていた。それは、労働時間が資本と労働者の攻防の中心点であり、人間としての生活のあり方に深くかかわっているからだった。そのことは、一八四四年の「経済学・哲学草稿」（シュルツ『生産の運動』からの抜粋を含む。『全集』第四〇巻三九二ページ、三九六～三九九ページ）、一八四五年に刊行された『聖家族』（マルクス執筆部分、『全集』第二巻四六～四八ページ）の論述でも確認できる。マルクスは、『聖家族』のなかで、「社会が人間的に発達をとげる時間をもっているかどうかは、〔物質的な生産に費やされる労働〕時間にかかっている」と指摘していた（同前四八ページ）。

＊8　『資本論』では、第一部第二二章と第二部へのエンゲルスの「序言」に、匿名パンフレットへの言及がある（新版④一〇二一～一〇二二ページ、Ⅰ614ページ／新版⑤二四～二七ページ、Ⅱ18～20ページ）。いずれも、著者（ディルク）による剰余生産物、剰余労働のとらえ方を高く評

価している。

＊9　ディルク抜粋を収録した新メガ第Ⅳ部門第九巻（一九九一年）の編集者の「序文」は、ディルクはリカードウをこえる諸論点の重大な意義を意識しておらず、「自由に処分できる時間」をめぐるマルクスの解釈は、これにはじめて「十全の重みを与えた」と述べている（「序文」二三ページ）。同巻の「序文」は、八柳良次郎氏によって訳出されている（『マルクス・エンゲルス・マルクス主義研究』二一号）。

＊10　標準労働日を勝ち取ってきたイギリスの労働者階級の闘争の歴史については、本書第四章で検討している（三二五〜三二七ページ「標準労働日の獲得へ」参照）。

つぎに、〈資料〉として、〝マルクスによるディルク抜粋〟の全体を訳出します。

〈資料　マルクスによるディルク抜粋（一八五一年七月）〉

訳出にあたって

i　ディルク抜粋は、新メガ第Ⅳ部門第九巻から訳出しました（「ロンドン・ノート」第一二冊二七〜二八ページ、新メガ第九巻163〜165ページ）。

ii　原文（英語、一部独語ほか）は、段落のないひと続きの文章です。この資料では、今後の研究のために、丸数字を使って、①～⑪に分けました（抜粋の利用にさいしては、ディルク抜粋③などと呼ぶ）。ディルク抜粋⑧の太字箇所は、パンフレットからの抜粋ではなくマルクスの文章です。また、［ ］内に蛯原良一氏の著作『資本蓄積と失業・恐慌――リカードゥ、マルクス、マルサス研究』のページを示すことで、抜粋箇所を蛯原氏によるパンフレットの邦訳でも確認できるようにしました。（ ）内のページ数は、マルクスが記入したパンフレットのページ数です。〔 〕内は、山口による補記です。

iii　ディルクのパンフレット『ジョン・ラッセル卿への書簡において、経済学の原理から導き出された、国民的苦難の根源と救済策』（ロンドン、一八二一年）は、天野光則氏（千葉商科大学名誉教授）の援助を受け、「ゴールドスミス・クレス両文庫所蔵社会科学系学術図書データベース」を利用しました。

iv　訳出にあたっては、『資本論草稿集』（大月書店）の訳語、訳文を参考にしました。マルクスによる抜粋の利用と研究の経過を同書によって検討するためです。

v　「ロンドン・ノート」第一二冊は、アムステルダムの社会史国際研究所（ＩＩＳＧ）のホームページで確認できます（本書一八～一九ページ参照）。

『国民的苦難の根源と救済策……ジョン・ラッセル卿あての書簡』

ロンドン　一八二一年

①　一国の全労働が、全人口を支えるのにちょうど間に合うだけのものを生産するものと仮定しよう。そこには剰余労働〔surplus labour〕は存在せず、したがって、資本として蓄積できるようなものは何ら存在しないことは明らかである。一国の全労働が、全人口を二年間維持するだけのものを一年で生産すると仮定しよう。そうすれば、一年分の消費分がだめにならざるをえないか、または一年間、人々は生産的労働をやめなければならない、ということは明らかである。しかし、剰余生産物または資本の所有者たち〔強調はマルクス〕は、次の年に人口を無為の状態にさせてはおかないであろうし、生産物をだめにもさせないであろう。彼らは、それらの人々を直接的にはまたただちには生産的でないものに、たとえば機械の組み立て、等々に、使用するであろう。しかし、第三年目には全人口が再び生産的労働に復帰できるであろうし、前年に組み立てられた機械がいまや運転されるようになって、明らかに、生産物は機械の生産物が加わる分だけ初年度のそれよりも大きくなる。したがって、この剰余生産物は、以前よりももっとたくさんだめになるか、またはもっとたくさん利用されなければならない。そして、この利用が再び社会の生産力につけ加わって、ついには、人々はしばらく生産的労働をやめなければならないか、または彼ら

の労働の生産物がだめにならざるをえなくなる。これは社会の最も単純な状態における明白な結果である。（四、五ページ。）〔蛯原二四九～二五〇ページ〕

② 資本増加の進展は、諸制度が整備された諸社会においては、貨幣利子の減少によって示される。あるいは同じことだが、資本の使用にまかされる他の人々の労働量の減少によって示される。（六ページ）〔蛯原二五一ページ〕

③ しかし、一国民は、資本に利子が支払われないとき、真に豊かである。一二時間ではなく六時間だけ労働がなされるときに〔〕「富とは自由に処分できる時間〔disposable time〕のことなのであって、それ以外のなにものでもない」。（同上〔六ページ〕）〔蛯原二五一～二五二ページ〕

④ すべての不生産階級は、自ら生産することをやめるばかりでなく、また積極的に、他の人々の労働の生産物を破壊するという、常に二重の作用をする。（九ページ）〔蛯原二五五ページ〕

⑤ 他の国々の需要は、単にわれわれの生産力によって制限されるばかりでなく、彼らの生産力によっても、制限されている。なぜならば、あなたたちがどんなにしたいことをしようとも、引き続く数年間をとれば、全世界がわれわれから獲得しうるものは、われわれが世界から獲得しう

るものよりも多いことはないので、多くの話題になっているあなたたちの対外貿易はすべて、国家の富に一シリング、あるいはもっとわずかな金額も付け加えなかったし、付け加えることができなかった、あるいは付け加えることはできないのである。というのは、かつて輸入されたすべての絹の梱、すべての茶の箱、すべてのぶどう酒の樽と引き換えに、等しい価値の何かが輸出されたからである。そして、わが国の商人たちが対外貿易で得た利潤でさえも、こちらへの返り荷の消費者によって支払われるのだからである。（一七、一八ページ）〔蛯原二六五ページ〕

⑥　対外貿易は、単なる物々交換であり、資本家の便益品や享楽品の交換でしかない。彼は身体を百ももっていないし、脚を百ももっていない。彼は、製造されるすべての衣服や木綿の靴下を、衣服や木綿の靴下のまま消費することはできない。だからそれらは、ぶどう酒や絹と交換されるのである。しかし、それらのぶどう酒や絹は、服地〔cloths〕や木綿と同じだけの、わが国自身の人口の剰余労働を表しているのであって、こうして資本家のもつ破壊的な力はあらゆる限界を越えて拡大されるのである〔強調はマルクス〕。——対外貿易によって、資本家たちは、彼らの搾取や搾取したいという意欲にたいして無数の自然的諸限界を設けてきた自然を、出し抜こうと目論んでいる。今では彼らの力にたいして、あるいは欲望にたいして、なんの限界もないのである。（一八ページ）〔蛯原二六六ページ〕

⑦　資本増加の自然的で必然的な結果は、資本価値の減少である。(〔二一、〕二二ページ)〔蛯原二七一ページ〕

⑧　**リカードウの『蓄積の利潤と利子に及ぼす影響』についての章**〔『経済学および課税の原理』の章〕**に関して、筆者**〔ディルク〕**は述べている。**「なぜ〔リカードウは〕資本の蓄積が利潤を低下させないであろうとわれわれに述べることから始めているのか、その理由は、次のようなことが明らかになれば、賃金の上昇よりほかに利潤を低下させるものは何もないであろうからである。すなわち、もし人口が資本とともに増加しないならば、賃金は資本と労働との不均衡のために上昇するであろうし、また、もし人口が増加すれば、賃金は食料獲得の困難のために上昇するであろう、ということがそれである。」(二三ページ)〔蛯原二七二、二七三ページ〕

⑨　資本の増加を続けながら資本の価値を維持するということ、これは貨幣の利子が引き続き同じだということによって確かめられることであり、もしこういうことが可能であるならば、資本に支払われるべき利子はやがて労働の全生産物をこえるであろう。……資本は算術級数的な割合以上に資本を増大させる傾向がある。資本家に支払われる利子は、その性質が地代であろうと、貨幣の利子であろうと、事業の利潤であろうと、他の人々の労働から支払われる、ということは明白である。したがって、もし資本が蓄積を続けて、しかも資本にたいして支払われる利子が引

き続き同じであるならば、資本の使用に供されるべき労働は増加を続けて、ついには社会の全労働者の全労働が資本家によって独占されてしまうだろう。しかし、こんなことが起こることは不可能である。なぜならば、資本家の手に帰せられるべきものがどんなものであろうと、彼は、労働者の剰余労働を受け取ることができるだけだからである。なぜならば、労働者は生きていかなければならないからである。……しかし、もし資本が量において増加するだけ価値において減少しないならば、資本家は労働者から、すべての時間の労働の生産物のうち、労働者が生きていけるのに必要とするもの以上の生産物をしぼり取るであろう、ということは、完全に真実である。そして、どんなにいまわしく、いやなことであろうと、資本家は、結局は、生産するのにもっとも少ない労働しか必要としない食料を考え出し、そしてついには労働者に向かって言うだろう。「おまえたちはパンを食べてはいけない。大麦粉のほうが安いからだ。おまえたちは肉を食べてはいけない。なぜならば、飼料用ビートとジャガイモとで生きていくことができるからだ。」そして、われわれはもうそこまで来ているのだ。（二三、（二）四ページ）〔蛯原二七一～二七二ページ〕

⑩　もし労働者たちに、パンの代わりにジャガイモを食べて生きていかせることができるならば、彼の労働からもっとたくさんしぼり取ることができる、ということは争う余地なく確かである。すなわち、労働者がパンを食べていた時には、自分と家族との維持のために月曜日と火曜日との労働をとっておくことが必要であったとすれば、ジャガイモ食の場合には、月曜日の半分を必要

とすることだけになるだろう。そして、月曜日の残り半分と火曜日の全部とが国家かまたは資本家への奉仕のために利用できるだろう。(二六ページ)〔蛯原二七六ページ〕

⑪ すべての人の現実の労働は等しい価値を持っている。あるいはむしろ、優れた能力という少数の例外が区別するのに値しないほどであるときは、平等に支払われる。社会は、並外れた才能というものを推定もしなければ、それにたいして支払いもしない――したがって、法律顧問、裁判官、主教、土地所有者、あるいは家屋所有者(職工および他の職人が通常の賃金を超えて得るものでさえ)が通常の労働者の報酬を超えて受け取るすべての収入は、資本の利子である。(三三ページ)〔蛯原二八五ページ〕

二 ディルク抜粋と二つの経済学草稿

1 「一八五七~五八年草稿」での探究

「ロンドン・ノート」(一八五〇年九月~五三年一一月)を作成したマルクスは、その後、経済的な困難にあえぎ、新聞論説の仕事にも時間をとられていました。マルクスは、論説準備のなかでヨーロッパからアメリカ、アジアにおよぶ世界の歴史と現状の分析に取り組み、新たな知見も得ながら、一八五六年秋、経済学研究を再開します。

こうして翌五七年八月、マルクスは、科学的社会主義の経済学の確立をめざし、のちに「一八五七～五八年草稿」（「経済学批判要綱」）と呼ばれるようになった経済学草稿の執筆をはじめました（邦訳『資本論草稿集』①、②）。新聞論説に加え、『ザ・ニュー・アメリカン・サイクロペディア』という百科辞典の項目執筆にもあたる日々でした。同年秋、アメリカで起こった恐慌がイギリスにも波及し、〝革命も近い〟と考えたマルクスは、〝恐慌ノート〟もつくり、経済学批判の「要綱」だけでもはっきりさせたいと、意気込みます（一八五七年一二月八日、一八日のエンゲルス宛の手紙、『全集』第二九巻）。草稿は、「序説」を別として、七冊のノートに書き込まれ、五八年五月、マンチェスターのエンゲルスの家で最後の手を入れました。

マルクスは、この草稿でディルク抜粋からの引用と検討を四カ所で行っています。そこには、『資本論』での未来社会論の展開に道を開く多くの貴重な考察がありました。[*11]

＊11　「一八五七～五八年」草稿のノート第一冊（五七年一〇月）には、貨幣論に進んだところで、商品生産の社会で成立する人間関係の特徴を、商品経済以前の社会、共同社会的生産の社会（共産主義社会）と比較した考察がある（第一冊二〇～二四、二七～二八ページ／『資本論草稿集』①一三五～一四九、一六〇～一六三ページ）。マルクスは、ここで、諸個人の歴史的な発展という角度

から問題をとらえ、人格的な独立性をもった諸個人が商品生産とブルジョア社会（資本主義）で形成されること、この段階の人格的独立性は、「物象的依存性」のうえにきずかれるが、この段階は、次の段階（共産主義社会）の「自由な個体性〔個性〕」の諸条件をつくりだす（『資本論草稿集』①一三八ページ）と述べ、「〔共産主義社会では〕普遍的に発展した諸個人は、彼らの社会的諸関係を、彼ら自身の共同社会的諸関連として、やはり彼ら自身の共同社会的な諸統制に服させているのであるが、このような普遍的に発展した諸個人は、自然の産物ではなくて、歴史の産物である」とした（同①一四五ページ）。また、未来社会での生産者の協働と結びつき、社会の活動の全面性は「〔労働〕時間の節約」にかかっているとの考察も、ここで行われている（同①一六〇～一六三ページ）。

剰余価値、剰余労働の研究のなかで

「五七～五八年草稿」でのディルク抜粋をめぐる最初の検討は、剰余労働論についての考察に入った直後のノート第四冊一三ページにあります（一八五七年一二月執筆、『資本論草稿集』①五一八ページ）。

マルクスは、それ以前に執筆したノート第二冊、第三冊で、「資本と労働のあいだの交換」（資本による労働力の購買）から剰余価値[*12]の生産へと分析を広げ、必要労働時間と剰余労働時間などについて検討を行っていました。

冒頭は、つぎの一文です。

「剰余労働すなわち剰余時間は資本の前提であるから、したがって資本は、個々人の維持と生殖に必要な労働時間をこえる剰余が存在し、たとえば個人はまる一日生きるためには六時間だけ、また二日生きるためには一日だけ労働すればよい、などという基本前提にもとづいている。生産諸力が発展するにつれて、必要労働時間は減少し、またそれとともに剰余時間は増加する」（同①五一八ページ）。

マルクスは、この一文に対応させる形で、「富とは自由に処分できる時間のことなのであって、それ以外のなにものでもない」（強調はマルクス）という一句にはじまるディルク抜粋からの引用を（　）のなかに入れて、順次、抜き出しています。はじめにディルク抜粋の③、続いて抜粋①、ふたたび抜粋③にもどり、最後に抜粋⑨の部分を抜き出します。

これに続くのが、「富の発展のすべては、自由に処分できる時間*13〔disponible Zeit〕の創出にかかっている」という指摘からはじまる、「自由に処分できる時間」という用語を使っての一連の考察です（『資本論草稿集』①五二一～五二四ページ）。

マルクスは、資本の法則・傾向として、必要労働時間にたいする剰余労働時間の増加がはかられ、資本は、必要労働を切り詰め、生きた労働との交換をとおして、「剰余労働すなわち自由に処分できる時間」を手にしてゆくことを示します。これは、剰余価値の生産と労働時間の関係を詳しく検討してきた地点にたっての新しい解明となるもので、マルクスが、「自由に処分できる時間」（自由な時間）という用語を重要な規定として使いはじめたことがわかります。剰余価値をめぐる研究のなかで、六年前に作成したディルク抜粋を読み、その内容を再認識したのかもしれません。

マルクスは、草稿の続くページで、こんどは、「自由に処分できる時間」の創出が人間と社会発展にとってもつ意義を取り上げ、{ }[*14]のなかで考察します（同①五二四〜五二五ページ）。

「全社会とのかかわりでいえば、自由に処分できる時間の創出は、やがてまた科学、芸術などの生産のための時間の創出ともなる。社会の発展の歩みは、一個人が彼の必要を充たしたから、こんどは彼の過剰物をつくりだすのだ、というようにはならない。そうではなく、一個人または諸個人からなる一階級がその必要を充たすのに必要である以上に労働しないわけにいかないから――剰余労働が一方で生みだされるから――、他方で非労働と剰余の富が生みだされるのである。現実性からすれば、富の発展はもっぱらこれらの対立のうちに存在するのだが、可能性からすれば、ほかならぬ富の発展がこれらの対立の止揚の可能性なのである」（ノート第四冊一五ページ、『資本論草稿集』①五二五ページ）。

マルクスは、「自由に処分できる時間」を、「科学、芸術などの生産のための時間」ともとらえ、剰余労働の問題を「対立の止揚の可能性」をふくめて、人類史の流れのなかでとらえようとしています。この部分の考察の最後には、剰余労働をめぐる奴隷制と賃労働の条件のちがいについての言及もあり、この点は、今後、人類史における剰余労働論として展開されてゆくことになります。

ディルク抜粋の二回目の検討は、ノート第四冊二二〜二三ページにあります（一八五七年一二月、同②二八〜二九ページ）。

マルクスは、ノート第四冊一八ページから、「資本の文明化[*15]」という用語も使って、生産の無制限的な発展という資本の本来的な傾向を分析し、この傾向のなかに過剰生産などとして現われる資本にもとづく生産の限界（制限）があることを指摘しています（同②一四〜二八ページ）。

この考察のなかで、〔 〕にくくって、ディルク抜粋からの抜き書きを行っています。抜き出されたディルク抜粋は、抜粋⑤と抜粋⑥の部分で、抜粋⑥はつぎの要約的な引用です。

「資本家は、綿製品等々を外国産のぶどう酒や絹製品と交換する。けれども、これらの外国製品も、服地や綿製品が表わすのと同じだけの、わが国自身の人口の剰余労働を表わすにすぎない。このようにして、資本家のもつ破壊的な力はあらゆる制限を越えて拡大される。このようにして、〔さまざまの制限を置いている〕自然が出し抜かれるのである」（強調はマルクス、同②二九ページ）。

マルクスは、ディルク抜粋⑤と抜粋⑥について、「対外貿易によって、交換圏域の制限が押し広げられ、資本家がより多くの剰余労働を消費することができるようになることについて」と、説明を付けています（同②二八ページ）。

＊12　「剰余価値」という用語は、一八五七年一一月末〜一二月半ばに執筆されたノート第三冊の一九ページにはじめて登場する（『資本論草稿集』①三八三ページ）。ここでは資本が増殖するという経験的事実の命名として現われ、ついで剰余労働によって実現されることが、淡々と説明されている（同①三九一〜三九八ページ）。

＊13　『資本論草稿集』では、“disposable time/disponible Zeit”を「自由に使える時間」、「自由に処

分できる時間」、「自由にできる時間」、「思うままに処分できる時間」とさまざまに訳出している。本書では、これを「自由に処分できる時間」に統一した。マルクスはディルク抜粋を独訳や要約、言い換えを交えて利用している。

＊14　〔　〕（草稿の原文では角括弧［　］）は、マルクスが用いた独特の符号で、当面の考察の流れや主題とは異なる、あるいは、重要な岐論となる内容などを書き留めていた。

＊15　マルクスは、「資本の文明化」作用という用語で、ブルジョア的生産（資本主義的生産）が人間社会の発展のなかでになう歴史的役割を表現した。

資本家は「自由な時間」、文明を横領する

「自由に処分できる時間」、あるいは「自由な時間」をめぐる論及は、その後、アダム・スミス（一七二三〜九〇年）、リカードウをはじめとした経済学の諸学説の検討に入っていたノート第六冊に現われます（一八五八年二月）。マルクスは、ここで、スミスやプルードン（一八〇九〜六五年）などの労働観・人間観を批判し、ひらめいたことはすべて書き込むという感じでペンを走らせ、剰余労働と自由な時間をめぐる経済学的分析の重要性を強調しています。

「〔プルードンを批判して〕むしろ肝要なことは、絶対的な諸欲求をなんとか満たしていくのに必要な労働時間は自由な時間〔freie Zeit〕を残す（生産諸力の発展の段階が異なれば異なった程度で）ということ……。しかし、目的は〔剰余労働が行われるという〕この関係そのものを止揚する

ことである。この止揚の結果、剰余生産物そのものが必要生産物として現われるようになる。ついには、物質的生産があらゆる人間に、他の活動のための剰余時間を残すようになるのである。このことのなかには、もはや神秘的なことはなにもない」[*16]（ノート第六冊一七ページ、『資本論草稿集』②三四一ページ）。

「さて、本題に戻ろう」（同②三五六ページ）と述べたマルクスは、つぎに、固定資本と流動資本の問題を検討します（一八五八年二月）。

この考察には、かなりの模索と曲折がありますが、このなかでマルクスは、資本家が「取得」している「他人の労働時間」（剰余時間）をとりあげ、「自由な時間」とは、「すべて、自由な発展のための時間」だと指摘し、資本家が〝社会のための自由な時間、すなわち文明〟を横領していると書き込みました。[*17]

「労働者が剰余時間を労働しなければならない、ということは、資本家は労働する必要がない、ということ、……彼〔資本家〕は必要時間さえも労働しない、ということと同じなのである。……自由な時間とは、すべて、自由な発展のための時間であるから、資本家は、労働者によってつくりだされた、社会のための自由な時間、すなわち文明を、横領する」（ノート第六冊二四ページ、『資本論草稿集』②三七九～三八〇ページ）。

＊16　同様の指摘は、同じノートの一〇ページ先にもある。

「必要労働以上に労働が行なわれるということを、プルードンは労働の神秘的な属性に転化している。……人間は、生存のために必要な労働時間を超えて、自由に処分できる自由な時間をもっており、だからまたそれを剰余労働にあてることができるということである。だが、こうしたことは神秘的なことではまったくない」(ノート第六冊二七ページ、同②三九一～三九二ページ)。

＊17　数年後、ノートを読み返したマルクスは、この一文に「資本家たちの自由な時間」という見出しをつけた(「私自身のノートにかんする摘録」、同③五二五ページ)。

未来社会と「自由に処分できる時間」

ディルク抜粋にかかわるつぎの論及は、ノート第七冊三ページ以降に連続して登場します(一八五八年二月末、『資本論草稿集』②四九一、四九五ページ)。ここは、固定資本論の一部として、機械制工業の問題を考察した部分ですが、技術学的な観点からの本格的な分析はまだありません。

この部分でマルクスは、現在の富は「他人の労働時間の盗み」に立脚していると論じます(同②四九〇ページ)。〝文明の横領〟として述べていた問題です。この横領をやめて、「直接的な物質的生産過程それ自体から、窮迫性と対抗性という形態」をはぎとり、「諸個人の自由な発展、だからまた、剰余労働を生み出すために必要労働時間を縮減することではなくて、そもそも社会の必要労働の最小限への縮減」が行われる場合に、「この縮減には、すべての個人のために自由になった時間と創造された手段とによる、諸個人の芸術的、科学的、等々の発達開花が対応する」(同②四九〇ページ)と指摘しています。

探究途上でのなかなか込み入った言い回しですが、マルクスは、「自由な時間」には諸個人の〝発達開花〟が対応するとつかみ出しました。

これに続くのが、ディルク抜粋③からの引用です（この部分は、先に〔本書二一ページ〕紹介した）。

「一二時間のかわりに六時間の労働がなされるとき、一国民は真に豊かである。富とは剰余労働時間（実在的な富）への指揮権ではなく、すべての個人と全社会のための、直接的生産に使用される時間以外の、自由に処分できる時間である」（『資本論草稿集』②四九一ページ。ディルクの文章を要約したもので、強調もマルクス。新メガ編集者によれば、「富とは……」の一文はあとから書き加えられている）。

マルクスは、関連の考察を〔　〕のなかで続けます（同②四九四～四九五ページ）。

「社会一般と社会のすべての構成員とにとっての必要労働時間以外の多くの自由に処分できる時間」は、「個々人の生産諸力を、それゆえにまた社会の生産諸力を十分に発展させるための場〔Raum〕[*18]」であり、その時間の創造は、資本の立場のうえでは、「少数者〔資本家〕にとっての非労働時間、自由な時間」として現われる。そして、資本は剰余価値の取得を目的として活動し、「技能と科学とのあらゆる手段」を用いて生産力を発展させることで、「図らずも」、社会全体が必要とする労働時間を縮減し、「万人の時間を彼ら自身の発展のために解放するための手段」を創造することに役立つ、という分析です（同②四九四ページ）。この分析には、「自由な時間」をめぐる〝対立と没落の弁証法〟を述べているような展開があります。

真実の経済、新たな主体

続いて、社会が発展して資本による剰余労働の搾取がなくなった時、「万人の富」が考量され、「自由に処分できる時間」を万人のものとする社会が実現するとの展望を、つぎのように述べています。

「資本の傾向はつねに、一方では、自由に処分できる時間を創造することであるが、他方では、それを剰余労働に転化することである。……この矛盾が発展すればするほど、ますますはっきりしてくるのは、生産諸力の増大はもはや他人の剰余労働の取得に縛りつけられたままでいることができないということ、労働者大衆自身が自分たちの剰余労働を取得しなければならないということである。彼らがそれをやりとげたならば、――そしてそれとともに、自由に処分できる時間が対立的な存在をもつことをやめるならば、……その結果として、生産はいまや万人の富を考量したものであるにもかかわらず、万人の自由に処分できる時間が増大するであろう」（同②四九四ページ）。

マルクスは、この考察のすぐあとにも、ディルク抜粋①からのまとまった引用を行っています（同②四九五ページ）。

マルクスは、「自由な時間」についての考察を、同じノート第七冊の五ページから新たな〔　〕のなかで続けます（一八五八年三月、『資本論草稿集』②四九九～五〇〇ページ）。ここでは、「時間の経済」、「労働時間の節約」が、より広いとらえ方で問題にされています。

「真実の経済[*19]――節約――は労働時間の節約（生産費用の最小限（と最小限への縮減））にある。だが、この節約は生産力の発展と一致している。だからそれは、享受を断念することではけっしてなく、生産のための力、能力を発展させること、だからまた享受の能力をもその手段をも発展させることである。享受の能力は享受のための条件、したがって享受の第一の手段であり、またこの能力は個人の素質の発展であり、生産力である。労働時間の節約は、自由な時間の増大、つまり個人の完全な発展のための時間の増大に等しく、またこの発展はそれ自身がこれまた最大の生産力として、労働の生産力に反作用を及ぼす。……ちなみに、直接的な労働時間そのものが、自由な時間と抽象的に対立したまま――ブルジョア経済の視点からはそのように見える――ではありえない、ということは自明である。……余暇時間でもあれば、高度な活動のための時間でもある、自由な時間は、もちろんそれの持ち手を、これまでとは違った主体に転化してしまうのであって、それからは彼は直接的生産過程にも、このような新たな主体としてはいっていくのである」（同②四九九～五〇〇ページ）。

「自由に処分できる時間」を「自由な時間」と言い換え、労働時間の節約は、自由な時間の増大、つまり、「個人の完全な発展のための時間」、「余暇時間でもあれば、高度な活動のための時間」の増大に等しく、人間の能力、生産のための力を発展させると、その意義を高く評価します。人間の労働時間と自由な時間とは、本来、対立的にとらえられるものではないと言うのです。さらに、

「自由な時間」の持ち手は、これまでとは違う新たな主体として、直接的生産過程に入ってゆく、これによって経済も新たな発展の力を得るとされます。個人の完全な発展を「最大の生産力」と述べ、直接的な労働時間は自由な時間と対立的ではない、と述べている点も注目されます。

このように、「自由な時間」をめぐるマルクスの考察は、「一八五七～五八年草稿」を通じて、資本家による他人の労働時間の取得、労働時間の短縮と個人の完全な発展の場の創出、生産力の発展との結びつきなど、未来社会への展望を含む、より広い視野での探究に進んでいったのでした。また、マルクスは、人間的諸力の発展と富についての考察も行っていました（同②一三七～一三八ページなど）。

＊18　「場」（Raum）は、『資本論草稿集』では「余地」と訳出されている。マルクスは、この言葉を「時間」とも呼んでいる（『資本論草稿集』④四八五ページ、⑦三一三ページ）。

＊19　「真実の経済」、「時間の節約（経済）」という用語は、「五七～五八年草稿」で用いられたもの。内容的には、労働時間の節約によって、自由に処分できる生活時間が広がり、人間の活動と能力の発展が全面性を獲得することを展望している。

マルクスは、＊11で紹介した考察のなかでつぎのように述べていた（ノート第一冊二七ページ）。「共同社会的生産（未来の共同社会のこと）が前提されているばあいでも、時間規定はもちろんあいかわらず本質的なものでありつづける。社会が小麦や家畜などを生産するために必要とする時間が少なければ少ないほど、社会はますます多くの時間をその他の生産、物質的または精神的な生産のために獲得する。個々の個人のばあいと同じく、社会の発展の、社会の享受の、そして社会の活動の全面性は、時間の節約にかかっている。時間の経済《エコノミー》〔時間の節約〕、すべての経済〔節約〕は結局のところそこに帰着する」（『資本論草稿集』①一六二ページ）。

独語および英語、仏語のエコノミーは、「経済」と「節約」の二つの意味をもっている。

2　『経済学批判。第一分冊』の刊行と続巻の準備（一八五九年〜六一年）

「一八五七〜五八年草稿」の執筆を終えたマルクスは、一八五八年六月、著作として研究をまとめる仕事にとりかかり、「七冊のノートへの索引」をつくります（『資本論草稿集』③に収録）。これは、大部分が貨幣論についての索引で、ディルクに関連する事項は登場しません。マルクスは、五九年一月までに著作原稿の執筆をおえ、商品と貨幣の章を含む『経済学批判。第一分冊』を刊行しました（五九年六月）。

同じ頃、マルクスは、続巻の準備として、一八四〇年代から作成してきた数十冊の抜粋ノートを読み返し、今後の研究で利用可能な箇所を別のノートに抜き出しはじめます。

1〜91のページ番号がつけられたこのノートは、「引用ノート」と呼ばれ、主要部分は五九年秋から六〇年一月の作成と推定されています（現存のノートは25〜28ページを欠いている）。佐武弘章氏によると、ディルクのパンフレットからの抜粋は、ノートの18、19、76ページにあるとのことです

（10ページ、27ページ、81ページにも抜き出されていたと思われる）。[*20]引用ノートへの索引や「一八六一〜六三年草稿」を読むかぎり、ディルク抜粋のかなりの部分が「ロンドン・ノート」から「引用ノート」に書き写されたようです。

＊20 佐武弘章「マルクス『引用ノートCitatenheft』と1861─63年草稿」一八三ページ（『社会問題研究』三三巻一号）。「引用ノート」は未公刊だが、このノートを活用するためにマルクスが作成した「引用ノートへの索引」（六〇年一月〜二月に作成と推定）が公表されている（『資本論草稿集』③四六五〜四九八ページ）。これによると、「引用ノート」の27ページと81ページにもディルク抜粋⑨からの抜き書きが見られる（同③四七九ページ）。また、「一八六一〜六三年草稿」は「引用ノート」10ページからディルク抜粋③を引用している（同⑦三一一、三一二ページ）。「引用ノート」の項目中、ディルク抜粋は、「H　利潤（剰余価値）」などで抜き書きされている。

「ノートにかんする摘録」、「プラン草案」の作成

一八六〇年に入り、マルクスは、『経済学批判』の続巻作業を一時中断します（一月〜一二月）。マルクスと革命の事業にかけられたカール・フォークト（一八一七〜九五年）の陰謀的な攻撃との闘争に、全力をあげるためでした。

『フォークト君』（六〇年一二月、『全集』第一四巻）の刊行で反共攻撃を打ち破ったマルクスは、経済学著作の準備にもどり、これまでの経済学草稿を通読しながら、ノート一〇ページあまりの

「私自身のノートにかんする摘録」（六一年六月～七月作成と推定）をまとめます（『資本論草稿集』③四九九～五三九ページ）。この「摘録」は、「一八五七～五八年草稿」を含む諸ノートを今後の研究で活用するための心覚えでした。

ディルク抜粋に関連した「摘録」は、つぎのとおりです（「　」内の文はマルクスがつけた見出し）。

「資本は（所有は一般にそうであるが）労働の生産性に立脚している。（一三、一四）」（同③五一二ページ）

「社会にとっての自由な時間の創造。（一五）」（同③五一二ページ）

「生産の制限としての資本。……（二二、二三）」（同③五一三ページ）

「自由に処分できる時間。それを生みだすことが資本の主要な使命。資本におけるそれの敵対的形態。（三、四）／労働の生産性と固定資本の生産。（『根源と救済策』）（四）」（同③五二九ページ）

「真実の節約＝経済＝労働時間の節約＝生産力の発展。自由な時間と労働時間との対立の止揚。（五）」（同③五二九ページ）

はじめの三項目で指示された「一三、一四」、「一五」、「二二、二三」とは、「五七～五八年草稿」のノート第四冊のページ数、あとの二項目の「三、四、五」とは、同じくノート第七冊のページ数を表します。『根源と救済策』は、ディルクのパンフレットのことです。『資本論草稿集』では、それぞれ、①五一八～五二三ページ、①五二四～五二五ページ、②二八～三〇ページ、②四八九～四九四ページ、②四九四～四九八ページ、②四九九～五〇〇ページにあたります。主な内容は、すでに見てきたものです。
マルクスは、『経済学批判。第一分冊』に続く第三章以降の構想として、「資本にかんする章へのプラン草案」も作成しています。ディルクに関係する部分は、つぎのものです。
「自由に処分できる時間。(Ⅳ、一四)」(同③四四九ページ)
「自由に処分できる時間。Ⅶ、三、四。Ⅶ、四。労働そのものが社会的な労働に転化される。(同、四)」(同③四五四ページ)
「真実の経済。労働時間の節約。ただし、対立的にではなく。(Ⅶ、五。)」(同前)
最初の項目は「1　貨幣の資本への転化」の下位項目「δ価値増殖過程」で、後の二項目は「5　賃労働と資本」で、拾われているものです。
「資本にかんする章へのプラン草案」で指示されたⅣ、Ⅶのローマ数字はノート番号を、一四、三、四、五の和数字は、ノートのページを表します。これは、「一八五七～五八年草稿」のノート第四冊一四ページ、第七冊三、四、五ページにあたり、第七冊の該当箇所の欄外にはマルクスによる印もつけられています。『資本論草稿集』では、それぞれ、①五二〇～五二一ページ、②四八九～四九四ページ、②四九四～四九六ページ、②四九九～五〇〇ページの記述となります。これらの記述の主な内容も、すでに紹介してきたものです。
「私自身のノートにかんする摘録」と「資本にかんする章へのプラン草案」を見ると、続巻の準備にあたっていたマルクスが、「自由に処分できる時間」と「労働時間の節約」の関連に注目していたことがわかります。指示された草稿の該当部分では、自由な時間と人間の発達という角度で未来社会への展望も述べられていました。この整理は、社会変革の展望の経済学的なとらえ方にもかかわるもので、未来社会論が、今後の著作執筆プランの一翼に顔を出したものだと思います。

新メガの編集者は、「プラン草案」の作成を、一八五九年春あるいは六一年夏と推定しています。「摘録」と「プラン草案」を読み比べると、項目の立て方は、著作での原稿の執筆を想定している「プラン草案」のほうが、より整理されているようです。経過的には、「摘録」の後に、「プラン草案」が作成されたとも考えられます（その場合、「プラン草案」の作成は、六一年夏となる）。

3　「一八六一～六三年草稿」での新たな展開

こうした準備を経て、マルクスは、一八六一年八月から二つ目の経済学草稿の執筆をはじめました。冒頭に、「経済学批判　第三章　資本一般」と明記したこの研究は、書きながら扱う分野をひろげ、内容も変化・発展をとげて、六三年七月まで執筆が続きました。この草稿は、ノートで二三冊、一四六九ページにもおよぶ膨大なもので、こんにち、「一八六一～六三年草稿」と呼ばれています（邦訳『資本論草稿集』④～⑨）。

この草稿では、ノート第三冊一〇五ページ、一一一～一一二ページ、ノート第一四冊八五二～八六〇ページに、ディルク抜粋への論及があります。『資本論草稿集』では、それぞれ④二九九ページ、④三二〇～三二一ページ、⑦二八八～三一四ページにあたります（そのほか、⑦三一五ページ、三二八ページ、三三〇ページにパンフレットへの言及がある）。ディルク抜粋の検討には、「引用ノート」を利用したようです。

「e　剰余労働の性格」という項をたて

マルクスは、ノート第三冊で資本主義的搾取の原理的な解明を行った後に、絶対的剰余価値の検討をはじめ、まもなく、「次の諸点を剰余価値のところで考察しなければならない」と書き込み、その一つに「労働時間と自由な時間。対立」をあげました（ノート第三冊九九ページ、『資本論草稿集』④二七八～二七九ページ、一八六一年秋と推定）。

その具体化は、同じノート第三冊の一〇四～一〇六ページ、「e　剰余労働の性格」という項ではじまります（同④二九六～三〇一ページ）。

マルクスはこのなかで、労働者への搾取が存在する社会では、社会の上部構造の全体が労働者の剰余労働を存在条件としており、「自由に処分できる時間」（自由な時間）をめぐって、労働する者と労働しない階級との間に深刻な対立が存在することを詳細に論じ、経済学者たちは「この対立を自然的なものと見ている」（同④二九九ページ）と批判しました。

この考察は、それから四年後、マルクスが『資本論』第三部草稿で展開する未来社会論の一節のうち、〝人類史における剰余労働〟を分析した前半部分につながる内容をもっていました（第七篇

第四八章「三位一体的定式」、新版⑫一四五七～一四五九ページ、Ⅲ826～828ページ)。

「労働せずに(使用価値の生産に直接参加せずに)生きていく人々が少しでもいるような社会が存在する場合には、社会の上部構造の全体が労働者の剰余労働を存在条件としていることは明らかである。彼らがこの剰余労働から受け取るものには二とおりある。第一に、生活の物質的条件……。第二に、余暇のためであろうと、直接には生産的でない諸活動(たとえば戦争や国家機関)の遂行のためであろうと、直接的には実用的な目的を追求するのではないような人間の諸能力や社会的諸力能(芸術等々、学問)の発展のためであろうと、彼らが思うままに処分できる自由な時間は、労働する大衆の側での剰余労働を前提する」(『資本論草稿集』④二九六ページ)。

マルクスによれば、搾取社会で支配的階級が剰余労働から受け取るものには「二とおり」ある。それは、「生活の物質的条件」であり、「思うままに処分できる自由な時間」だというのです。

マルクスは考察を続けます。

「労働しない諸々の社会部分の側での自由な時間は剰余労働あるいは超過労働を、労働する部分の剰余労働時間を基礎としており、一方の側での自由な発展は、労働者が彼らの全時間を、したがって彼らの発展の場を、特定の諸使用価値の単なる生産のために使わなければならない、ということを基礎としており、一方の側での人間諸能力の発展は、他方の側での発展を押し止めるような制限を基礎としている。これまでのすべての文明や社会的発展は、これらの敵対を基礎としている」(同④二九六ページ)。「社会はこのように、その物質的土台をなす労働する大衆の発展喪失状態によって、つまり対立において、発展する」（同④二九七ページ）。

労働する者の「自由な時間」が剰余労働という形によって、資本の側に奪われているという指摘は、「五七～五八年草稿」にも見られましたが（同②三七九～三八〇ページ、②四九四～四九五ページ）、「六一～六三年草稿」では、この問題が階級社会（搾取社会）全体を見渡す、人間社会の歴史的な大問題として提起されています。

そして、一方の側での自由な時間と他方の側での隷属化された時間との対応、「自由な時間」の拡大と人間の能力の発展をめぐる考察に入ります。

「さらに明確に表現すれば、労働する大衆が彼ら自身の労働能力の再生産のために、彼ら自身の生存のために必要な限度を越えて、つまり必要労働を越えて労働する剰余労働時間、剰余価値として表わされるこの剰余労働時間は、同時に剰余生産物に物質化されるのであって、この剰余生産物が、労働する階級以外の生活しているすべての階級の、社会の全上部構造の、物質的な存在基盤なのである。この剰余生産物は同時に時間を自由にして〔時間をつくって〕、これらの階級に、〔労働する能力以外の〕そのほかの能力の発展のための、自由に処分できる時間を与える。一方の側での剰余労働時間の生産は、このように、同時に他方の側での自由な時間の生産である。人間の自然的な生存のために直接に必要な発展を越えるものであるかぎりでの人間的発展の全体が、この自由な時間の利用にほかならないのであり、この時間をその欠くべからざる土台として前提するのである。社会の自由な時間はこのように不自由な時間、つまり自分自身の生存に必要な労働時間を越えて延長された労働者の労働時間、この時間の生産によって生産されている。一方の側での自由な時間が他方の側での隷属化された時間に対応するのである」（同④二九七ページ）。

マルクスは、続く文章で、こうした関係が搾取社会のすべてに共通であると指摘し、「e　剰余労働の性格」のまとめ部分に、ディルク抜粋③を言い換える形で、つぎの文章を書き込みました。

「植物が大地によって、動物が植物または草食動物によって生きていくのと同様に、社会のうち、自由な時間をもつ、生活手段の直接的生産に吸収されない、自由に処分できる時間をもつ部分は、労働者の剰余労働によって生きていく。それゆえ、富とは自由に処分できる時間である」（同④二九九ページ。「それゆえ」以下はあとから書き加えられた）。

マルクスは、この考察を裏づける研究として、草稿の少し先に加えられた「追補」と題された部分で、ディルク抜粋から抜粋①、⑩、⑨、③の部分を英文と独文で抜き出しています（ノート第三冊一一一～一一二ページ、『資本論草稿集』④三一〇～三一二ページ）。

この「追補」では、一日の労働時間を九時間に短縮するよう要求したロンドンの建築労働者のストライキを含む大闘争[*21]が分析されています（同④三〇一～三〇二ページ）。そして、「eへの追補」（同④三〇五～三〇九ページ）で、資本家が労働者から取り立てる剰余労働は「一方では社会の自由な時間の土台であり、同時に他方では、社会の全発展の、また文化一般の物質的土台である」（同④三〇六ページ）と指摘しています。マルクスはこの論点を重視し、関連の論及は、その後も続きました（同④三三〇ページ、四〇二、四八五ページ）。その一部を紹介しておきます。

「多くの人々が余暇をもつためには賃労働者は多くの苦労をしなければならないということ、言い換えれば、この一部分の自由な時間は労働者の必要労働時間にたいする剰余労働時間の割合にかかっているということである」（同④三三〇ページ）。

「社会の自由な時間は、強制労働によって労働者の時間を吸収することにもとづいているのであり、こうして労働者は、精神的な発達に必要な場を失うのである。というのは、この場は時間だからである」（同④四八五ページ）。

マルクスが「e　剰余労働の性格」と、「追補」で述べた内容は、人間の自由を中心とする未来社会論の展開にとって重要な論点をなすものですが、自由な時間をめぐる「敵対」をどのような形で解決してゆくかについての論及は見られません。マルクス自身は、「五七～五八年草稿」で、資本主義的搾取の敵対的性格[*22]（ある階級による他の階級の搾取という性格）の把握に成功しており、この論点は、「六一～六三年草稿」のもう少し先、ノート第一四冊（六二年一〇月執筆）のなかで、詳しく論及されることになります。

＊21　建築労働者の闘争は、合同大工指物工組合を生み出し、ロンドン労働組合協議会結成（一八六〇年五月）へのきっかけともなった。『資本論』は、三カ所でこの闘争に言及している（新版②四〇四ページ、Ｉ249ページ／同③九四八ページ、Ｉ568ページ／同③九五一ページ、Ｉ570ページ）。

＊22　マルクスが、今日の経済体制の特徴づけとして、「資本主義」という用語を使ったのは「一八六一～六三年草稿」の準備過程においてだった（一八六〇～六一年頃）。

「自由な時間」と社会的進歩の条件

マルクスは、ノート第三冊の同じ「追補」のなかで、草稿の「b　必要労働にたいする剰余労働の割合。剰余労働の限度」（『資本論草稿集』④二七九～二八七ページ）に関連して、剰余労働時間への資本家の渇望と標準労働日（一日の労働時間の法的制限）の獲得をめぐる闘争について、工場監督官レナド・ホーナー（一七八五～一八六四年）の工場法改正提案、『工場監督官報告書』などからの詳細な抜き書きを行っています（同④三四四～三六六ページ）。ここで一八四三年から六一年に発表された『工場監督官報告書』のうち一二冊からの抜粋が行われ、その多くは『資本論』第一部の「労働日」などで活用されることになります。[＊23]

マルクスが『工場監督官報告書』から抜き出した文章には、つぎのものがあります。

「工場諸法は、『かつての長時間労働者たちの早老を終わらせた。それらは、労働者たちを彼ら自身の時間の主人とすることによって彼らにある精神的エネルギーを与えたのであって、このエネルギーは彼らを、最終的には政治権力を握ることに向けつつある』」（強調はマルクス、一八五九年一〇月三一日にいたる半年間の報告書、同④三五五ページ）。

「もっと大きい利益は、労働者自身の時間と彼の雇主の時間とが、ついにはっきりと区別されたことである。労働者はいまでは、彼の売る時間はいつ終わっているのか、また彼自身の時間はいつ始まるのか、ということを知っている。そしてこのことをまえもって確実に知ることによって、彼自身の時間を彼自身の諸目的のためにまえもって予定しておくことができるようになる！」（強調はマルクス、一八五九年一〇月三一日にいたる半年間の報告書、同④三五六ページ）。

「彼ら自身の時間」についてのマルクスの論評はここにはありませんが、『報告書』からの二つの抜粋は、ドナウ諸侯国（ワラキアとモルダヴィア侯国（現在のルーマニア周辺））の夫役労働とイギリスの賃労働とを対比し、他人の労働時間にたいする工場主の渇望を示す例証のなかで、抜き出されたものです（この対比は、『資本論』第一部第三篇第八章「労働日」で論じられている。本書第四章三一三〜三一四ページ参照）。

マルクスは、「六一〜六三年草稿」の「b」項の部分で、剰余労働、労働時間の絞り出しにかんする資本の「無際限な衝動」を示し、これを抑えるもろもろの「社会的バリケード〔sociale Hindernisse〕[*24]」の必要性（『資本論草稿集』④二七九〜二八〇ページ）、資本の「無際限な要求」にたいする労働者の抵抗力が階級闘争という形態をとること（同④二八六ページ）についても、すでに論及していました（執筆時期はノートに記載されていないが、六一年秋と考えられる）。

さらに、マルクスは、ノート第一八冊に書き込んだ「第一篇『資本の生産過程』」のプラン草案のなかで、「三、絶対的剰余価値」の項目の一つとして、はじめて「（d）標準労働日のための闘争」（同⑧五四二ページ）を立てています（六二年一二月頃の執筆と推定）。

その後、六三年一月頃のことですが、一年間の猛勉強で機械の技術学を研究したマルクスは、機械論部分の草稿を執筆し、機械制大工業の段階に到達した資本主義的生産の独自の特徴についての立ち入った考察を展開してゆきます。

マルクスは、この考察のなかで、『工場監督官報告書』にまとめられていた工場での労働時間の短縮のたたかいとその成果に注目します。そして、労働者階級の反抗を「主動力」とした労働時間の短縮が「労働者にも自由な時間」を生みだし、「この過程が、イギリスの労働者階級の肉体的、精神的〔道徳的〕、知的な改善に及ぼした非常な好影響」を生んでいることは「統計が立証している」と述べ、これを、「社会的進歩の一定の条件である」と位置づけたのでした（同⑨三二ページ、六三年一月）。

マルクスは、草稿の先の部分の「h」の項で、国の法律による労働日の制限（工場法）を論じたさいにも、この問題の意義づけを述べています（ノート第二〇冊一二八三ページ、六三年三～五月）。

「このような国家介入――大工業の母国たるイギリスで最初に現われる――の必要が避けられないということ」は、「一方では、資本主義的生産には、他人の労働時間をわがものにすることにたいしてなんの制限もないことを、他方では、資本主義的生産の確立した体制内では、労働者たちは、彼らだけでは、――階級として国家に、そして国家をつうじて資本にはたらきかけることがなければ――肉体の維持に必要な自由な時間ですらも資本のハルピュイア〔ギリシア神話に登場する強欲な怪物〕の爪から守る力がないことを証明しているのである」（同⑨三一一ページ）。

こうした提起は、自由な時間をめぐるマルクスの新しい認識といえるもので、マルクスは、『資本論』第一部の労働日論、機械と大工業論、また蓄積論で、その内容を本格的に展開することになります。

このような考察のなかで、マルクスは、現実の労働者運動とその成果のなかに、人間の自由で全面的な発展への展望、未来社会につらなる諸課題を見いだしたのではないかと思います。マルクス自身、翌六四年九月から、労働者運動のはじめての国際組織・国際労働者協会（インタナショナル）の執行部で活動をはじめています。[*25]

草稿では、続くノート第二一冊（六三年五月）の〔 〕のなかにも、資本主義的生産の発展のなかに労働者の結合、社会変革の主体的諸条件の基盤を見てゆく、覚え書が書き込まれています（同⑨三八九～三九〇ページ）。

＊23　イギリスでは、一八三三年、労働時間などを規制する工場法の規定が公正に実施されているかどうかを点検するために、工場監督官の制度が敷かれた（当初はレナド・ホーナーを含む四人）。法律を無視する資本の横暴とたたかう監督官もおり、そのとりくみは、四月と一〇月を区切りとした半年ごとの『工場監督官報告書』として発表された。「五七～五八年草稿」では、ノート第三冊からホーナーと『報告書』への言及が登場している（『資本論草稿集』①四一五ページ）。『報告書』を活用したマルクスの研究成果は、それ以前から「ニューヨーク・デイリー・トリビューン」（アメリカで発行）、「新オーダー新聞」（ドイツで発行）などの論説にも利用されていた（一八五二

年一一月「貧困と自由貿易――迫りくる商業恐慌」〔『全集』第八巻〕、一八五五年七月「パーマストン――大ブリテンの支配階級の生理学」〔『全集』第一一巻〕、五七年四月「工場労働者の状態」、同「イギリスの工場制度」〔『全集』第一二巻〕ほか）。本文で紹介した一八五九年の『報告書』から書き写された文章は、『資本論』第一部第八章「注二〇一」にそのまま再現している（新版②五三三ページ、Ⅰ320ページ）。

マルクスは、この研究を自ら起草した「国際労働者協会創立宣言」（六四年一一月）にも生かし、労働時間を規制する一〇時間労働法の獲得が、「工場労働者にもたらした巨大な肉体的・精神的・知的な利益は、工場監督官の報告書に半年ごとに記録されて、いまでは各方面の承認するところとなっている」と述べ、これは、「社会的先見によって管理される社会的生産」という労働者階級の経済学の原理の勝利であると強調した（古典選書『インタナショナル』一七～一八ページ、『全集』第一六巻八～九ページ）。

＊24　『資本論草稿集』では、「社会的障害」と訳出されている。ここでは、資本の「無際限な衝動」を抑えるという、事柄の性質をあらわす訳語として、「社会的バリケード」を用いた。その内容は、『資本論草稿集』④二八六ページも参照。

＊25　マルクスのインタナショナルでの活動と『資本論』を中心とした理論探究との関連については、本書第二章で論じた。

「剰余価値に関する諸学説」のなかで

ディルク抜粋に戻ります。

マルクスは、草稿での「剰余価値に関する諸学説」の検討のなかで、「リカードゥ学派の解体」の過程を研究し、「l《エル》 経済学者たちにたいする反対論（リカードゥの理論を基礎とする）」の項の最初で、ディルクのパンフレット『国民的苦難の根源と救済策。ジョン・ラッセル卿への手紙として』への詳細な研究を行っています[*26]（ノート第一四冊、一八六二年一〇月）。

ノートで九ページにわたるこの論究には、経済学の諸問題を探究するプロセスとして、自らの新しい研究の到達点から大英博物館で抜粋した諸学者たちの所論を読み直したと思われる展開があり、ディルク抜粋も抜粋④と抜粋⑪の部分を除くすべてが利用されています（ノート第一四冊八五二〜八六〇ページ、『資本論草稿集』⑦二八八〜三一四ページ）。

この項の全体は、ディルクの所論の経済学史的な意義を解明した部分（同⑦二八八〜三一〇ページ）と、「自由な時間」にかかわるまとまった考察の部分（同⑦三一一〜三一四ページ）からなっています。私が本章第一節で、ディルク抜粋でマルクスが関心を寄せた二つの点と述べたのは、この展開によったものです（本書二一〜二三ページ）。

前者の中心点については、第一節で取り上げました。つぎの一文が、ディルクの所論にたいするマルクスの評価点です。

「彼〔ディルク〕がリカードゥにまさっている点は、第一にいっさいの剰余価値を剰余労働に還元しているということであり、また、彼が剰余価値を資本の利子と呼ぶときには、それと同時に、自分が資本の利子を剰余労働の一般的な形態と解して剰余労働の特殊な諸形態である地代や貨幣利子や産業利潤とは区別する、ということを強調しているということである」（同⑦三〇九〜三一〇ページ）。

＊26　久保誠二郎氏が、当該項目でのディルク研究について、詳しい検討を行っている（大村泉、宮川彰、大和田寛編『「学説史」から始める経済学　剰余価値とは何か』の第三章「剰余価値と剰余労働　J・S・ミル、ディルク」、八朔社）。

「自由な時間」論の新たな展開

本節では、「自由な時間」にかかわる部分を中心に検討したいと思います。

ここで論じられた「自由な時間」論の最大の特徴は、『資本論』第三部第七篇第四八章で述べられる未来社会論、とくにその後半部分の展開（「剰余労働一般は……」ではじまる、新版⑫一四五八〜六〇ページ）につながる考察が、つぎつぎと湧き出していることです。

マルクスは、草稿で、未来社会と「自由な時間」の意義に言及し、ディルク抜粋③を二回にわたって引用したうえで、「これは次のように言うことができる」として、自らの見解を詳しく述べました。

「万人が労働しなければならず、過度に労働させられる者と無為に過ごす者との対立がなくなるならば――そして、これは、いずれにせよ、資本が存在しなくなるということの、生産物がもはや他人の剰余労働にたいする請求権を与えなくなるということの、帰結であろう――、そしてさらに、資本が生みだした生産力の発展を考慮に入れるならば、社会は、必要な物の豊富さを、いま一二時間で生産している以上に六時間で生産するであろうし、同時に、万人が六時間の『自由に処分できる時間』を、真の富を、もつであろう。この時間は、直接的に生産的な労働によって吸収されないで、享楽に、余暇に、あてられ、したがって自由な活動と発展とに場を与える。時間は、諸能力などの発展のための場である」（ノート第一四冊八六〇ページ、『資本論草稿集』⑦三一二～三一三ページ）。

「他人の剰余労働にたいする請求権」を与えないとは、資本主義的搾取をなくした社会ということですが、マルクスは「生産力の発展を考慮に入れるならば」、社会にとって必要な一日の労働時間は一二時間から六時間に半減し、万人は、差し引かれた六時間の自由な活動と諸能力などの発展の場（時間）、「真の富」をもつと明快に述べています。人間の活動（時間）を、「直接的に生産的な労働」の時間と「自由な活動」の領域に分けている点も、『資本論』第三部での未来社会論の考察につながるものです。

さらに、「次のように言うこともできる」として、マルクスは、考察を続けます。

「労働者たちは、彼らが彼ら自身の再生産のために（いま）必要とするよりも今日では六時間長く労働している。（……）もし資本がなくなれば、彼らは六時間だけ労働する。そして怠け者たちも同じだけ労働しなければならない。これによって物質的な富は万人にとって労働者の水準まで押し下げられるであろう。しかし、万人が、自由に処分できる時間を、自分たちの発展のための自由な時間を、もつことになるであろう」（同⑦三一三ページ）。

このあとにつぎの一節が続きます。

「この筆者〔ディルクのこと〕は明らかに自分ではわかっていない。それにもかかわらず、次のような、みごとな文句はやはり生きているのである。『一国が真に豊か〔wirklich neich〕であるのは、一二時間ではなく六時間だけ労働がなされるときである。富とは、自由に処分できる時間であって、それ以外のなにものでもない。』」（引用はディルク抜粋③の部分、同⑦三一三ページ）。

マルクスは、この項での検討を、つぎの文章で結びました。

「労働時間は、たとえ交換価値が廃棄されても、相変わらず富の創造的実体であり、富の生産に必要な費用の尺度である。しかし、自由な時間、自由に処分できる時間は、富そのものである――一部は生産物の享受のための、一部は自由な活動のための。そして、この自由な活動は、労働とは違って、実現されなければならない外的な目的の強制によって規定されてはいないのである。この目的の実現が自然必然性であろうと、社会的義務であろうと。

自明のことであるが、労働時間そのものは、それが正常な限度に制限されることによって、さらにそれがもはや他人のためのものではなく自分自身のためのものとなり、同時に雇い主対雇い人などの社会的な諸対立が廃止されることによって、現実に社会的な労働として、最後に自由に処分できる時間の基礎として、まったく別な、より自由な性格をもつようになり、そして、同時に、自由に処分できる時間をもつ人でもある人の労働時間は労働するだけの人間の労働時間よりもはるかにより高度な質をもつにちがいないのである」（同⑦三二四ページ）。

マルクスは、資本による他人の剰余労働の搾取がなくなれば、労働時間は「正常な限度」に制限（短縮）され、これが「基礎」ともなって、「自分たちの発展のための自由な時間」を万人がもつようになること、「自由な時間」は、「自由な活動と発展とに場を与え」、「諸能力などの発展のための場」になることを、あらためて確認しています。しかも、自由な活動の時間は、「外的な目的の強制」によって規定されたものではありません。また、マルクスは、自由な時間をもつ人々の労働時間が、労働するだけの人間のそれよりも「はるかにより高度な質をもつ」、「より自由な性格をもつ」と指摘しています。

資本主義社会では、搾取者（資本家）が「自由な時間」を、労働者からとりあげています。これにたいして、未来社会は、すべての諸個人に自由な時間と発展の場を保障します。ここに、資本主義社会とはまったく違う新しい社会の特徴がある――「六一～六三年草稿」でのマルクスの探究は、この点を明確につかみ出し、『資本論』で展開されてゆく未来社会論を準備し、その基礎をきずくものでした。こうして、「真の富」と〝自由な時間〟をめぐるマルクスの探究は、人々が人間らしくともに自由に生きる道をどう開いてゆくかという、根源的な課題に迫るものとなりました。[*27]

なお、「六一～六三年草稿」では、ノート第二〇冊に、ドイツの著作家でフランクフルト国民議会議員でもあったヴィルヘルム・シュルツ（一七九八～一八六〇年）の著作『生産の運動』（チューリヒ、一八四三年）からのまとまった抜き書きがあります（同⑨三〇五～三〇八ページ）。国民が精神的に自由に発展するためには、労働組織の進歩がかせぎだす時間のゆとり、「精神的な創造と享受のための余地〔Spielraum〕」が重要だという一文は、「経済学・哲学草稿」（一八四四年）でも重視され、抜粋されていた箇所でした（『全集』第四〇巻三九七～三九八ページ）。

＊27　二つの経済学草稿での自由な時間をめぐる研究では、不破哲三氏の『マルクス「資本論」発掘・追跡・探究』（二〇一五年、新日本出版社）に収録されている「補論　二つの草稿に未来社会論の成熟過程を読む」から多くの示唆を得た（同書八八～一〇六ページ）。この問題をめぐるマルクスの探究の足跡については、志位和夫氏が論文「『自由な時間』と未来社会論――マルクスの探究の足跡をたどる」（『前衛』二〇二四年九月号）で詳細な検討を行っている。同『Q＆A　共産主義と自由――「資本論」を導きに』（二〇二四年、新日本出版社）参照。

三　『資本論』の準備と執筆を通じての探究

「一八六一～六三年草稿」の執筆を終えたマルクスは、〝経済学を印刷のために清書しよう、磨きをかけよう〟と決意し、一八六三年八月、『資本論』草稿の執筆を開始します。[*28]

第一部「資本の生産過程」の草稿執筆に続き、六四年夏頃から第三部「総過程の諸姿容」の最初の三つの章（初稿、現行の第一～第三篇）に取り組みます。六五年の前半には第二部「資本の流通過程」の初稿（第二部第一草稿）の執筆に移り、資本主義経済の運動過程と恐慌をめぐる考察も行います。そして、六五年中には、第三部の続きの部分（おおよそ現行の第四～第七篇）をともかくも書き上げました。

こうして、二年がかりで全三部の最初の草稿を書きおえたマルクスは、六六年一月から第一部草稿の仕上げをはかり、新たな構想のもとでの大幅な書き直しを行って、六七年四月、第一部完成稿をまとめました。[*29]

一八六七年九月、マルクスの歴史的な著作『資本論』の第一部は、ドイツ・ハンブルクのマイスナー書店から刊行されます。このとき、マルクスは四九歳になっていました。その後、マルクスは、

第一部の第二版（七二年七月～七三年三月）、第一部フランス語版の校閲・改訂作業（七二年九月～七五年一一月）をやりとげています。

第一部刊行後、マルクスは、第二部の草稿執筆を続けますが、第八草稿を書いたところで病に倒れて執筆を中断し、第三部は、第一章冒頭の短い書き直しの試みを除けば、六四～六五年に執筆した初稿（主要草稿）を残したのみでした。マルクスは、八三年に亡くなり、盟友エンゲルスが苦労のなかで草稿を整理・編集したうえで、第二部（一八八五年）、第三部（一八九四年）を刊行しました。

本節では、一八六〇年代の研究を中心にしながら、マルクスによる〝自由な時間〟と未来社会の探究を追いたいと思います。

＊28　マルクスは、『資本論』第一部「資本の生産過程」の刊行時点で、理論的な三つの部にくわえて「第四部　理論の歴史」を含む四部構成を計画していた。

「この著書の第二巻は資本の流通過程（第二部）と総過程の諸姿容（第三部）とを取り扱い、最後の第三巻（第四部）は理論の歴史を取り扱うであろう」（初版への「序言」、新版①一五ページ、Ⅰ17ページ）。

マルクスが実際に執筆できたのは、第三部までの草稿で、第四部については、その主題の一部をなすと考えられる「剰余価値に関する諸学説」についての草稿が「六一～六三年草稿」のなかに残されるにとどまった。

＊29　第一部完成稿での新たな構想の特徴は、「資本」と「賃労働」を別個の部にしていた従来の構想をあらため、両者を統合して、資本の分析のなかで社会変革の主体的条件をなす労働者階級の発展の問題をも解明することにあった。この仕事では、「六一〜六三年草稿」の最後の時期に行った労働者階級論の考察が重要な意味をもった。またこの解明は、マルクスが国際労働者協会の活動のなかで労働者運動への見方を豊かにしていった時期と重なりあっていた。マルクスは、現行版でいえば第三篇第八章や第四篇第一三章で労働者階級の発展過程を研究し、第七篇では第二三章で資本の蓄積にともなう労働者の状態への影響を取り扱い、第二四章に資本の側の搾取強化とそのもとで「訓練され結合され組織される」労働者階級の闘争を軸にした社会変革論を書き込んでいる。

1　〝資本の強奪〟を制限、「時間は人間の発達の場」（一八六五年六月）

『資本論』執筆中のマルクスは、一八六五年六月、国際労働者協会[＊30]の会合に出席し、労働組合の賃金闘争に否定的な議論への反論に立ちます（その内容は残された英文原稿にもとづき、一八九八年、『価値、価格および利潤』〈ドイツ語版は『賃金、価格および利潤』〉の名で公表された）。マルクスはこの講演で、商品の価値や賃金の基本点について述べながら、労働時間の短縮をめざす労働者の闘争の意義にふれ、資本による「自由な時間」の強奪を制限することを提起し、「時間は人間の発達の場」だと意義づけました。[＊31]マルクスは、「一八六一〜六三年草稿」のなかでも、自由な時間は、諸個人にとっての「精神的な発達に必要な場」（『資本論草稿集』④四八五ページ）、「時間は、諸能力などの発展のための場」（同⑦三一三ページ）と述べていました。六五年の講演は、この問題を取り上げた公の場での言明でした。

「労働者が労働日をもとの合理的な範囲にまで短縮しようとくわだてるのは、……彼ら自身と彼らの種族にたいする義務をはたすだけのことである。労働者は資本の暴虐な強奪を制限するだけである。時間は人間の発達の場である。思うままに処分できる自由な時間をもたない人間、睡眠や食事などによるたんなる生理的な中断をのぞけば、その全生涯を資本家のために労働によって奪われる人間は、牛馬〔役畜〕にもおとるものである」（古典選書『賃労働と資本／賃金、価格および利潤』一七〇～一七一ページ、『全集』第一六巻一四五ページ）。

労働者は、ただ食べ、眠り、働くという存在ではない。他者と豊かに交流し、自分のもっている能力を伸ばそうとのぞみ、そのための条件を求める。しかし、どんな能力をもっていても、それを伸ばす時間がなければ、その希望、意欲は実らない。自由な時間があってこそ、人間は発達することができるし、労働時間の短縮はそのためのカギとなる。それをかち取る闘争は、労働者運動の義務ではないか。こうした自らの探究の到達点を、「労働者は資本の暴虐な強奪を制限する」、「時間は人間の発達の場」という言葉に込めたのでしょう。この言葉にも、人間がのびのびと自由に生きる社会の実現を求める、マルクスの強い願いを感じます。

講演の続きでは、「資本は、もしそれをおさえるものがなければ、むちゃくちゃに情容赦もなくふるまって、全労働者階級をこの極度の退廃状態におとしいれることをやるであろう」と警告していました（同一七一ページ、『全集』第一六巻一四五ページ）。

＊30　一八六四年九月、イギリス、フランス、ドイツ、イタリア、ポーランドなどの労働者たちがロンドンで国際労働者集会を開き、労働者運動の国際組織・国際労働者協会（インタナショナル）の創立を決議した。著名な活動家としてこの集会に招かれていたマルクスは、執行部に選出され、「創立宣言」、「暫定規約」をはじめ、一連の重要文書を起草した。マルクスは、『資本論』の準備と執筆という苦闘のさなかにあったが、国際的にも新たな展望を開く可能性をもった運動に飛び込み、労働者運動との直接のかかわりのなかで自らの理論探究をすすめることになった。インタナショナルを舞台としたマルクスの活動は、『資本論』研究とも密接な関連をもった。

＊31　作家・宮本百合子は、戦時下での古典学習のなかで、この一文に出会い、獄中の宮本顕治に、つぎのような感想を伝えている（一九三九年三月一五日）。

「この本の中にこういう忘れられない一句がありました。『時間は人間発達の室である』（百合子は、ナウカ社版『マルクス・エンゲルス二巻選集』の訳文からこの一句を引いている）……。人間が生活と歴史について、まじめな理解を深めれば深めるほど、時間がいかに人間発展の室であるかを諒解してくる。『睡眠、食事等による生理的な』云々と、時間の実質が討究されているわけですが、こういう一句は適切に自律的な日常性というあなたからの課題へ還って来て、それの真の重要性というか、そのものが身についたときの可能性ポテンシャリティの増大について、人間らしい積極性というものが、決して低俗な几帳面さと同じでないということについて理解させる。……時間につかわれるか。或は時間を使うか。ここにも実際に必然から自由への動きがあり得るわけです。面白い。実に面白い」（『宮本百合子全集』第二三巻二〇四ページ、二〇〇三年、新日本出版社）。

なお、マルクスは『資本論』で、役畜としての馬は、一日「八時間」しか働けない（新版②四〇〇、Ｉ２４６ページ／同③六六三ページ、Ｉ３９７ページ）と述べ、資本による過度労働の促進を「労働者の労働家畜への転化」と呼んでいる（同⑧一五〇ページ、Ⅲ97ページ）。

2　「真の自由の国」――第三部での展開

『資本論』第一部での未来社会の最初の登場は、第一篇第一章の商品論のなかで、「商品の物神的性格」を論じたところにあります（以下、篇と章・節の表記は、断りのない限り現行版による）。

そこでは、生産手段の社会化をへた社会について、「共同的生産手段で労働し自分たちの多くの個人的労働力を自覚的に一つの社会的労働力として支出する自由な人々の連合体《フエアアイン》」（新版①一四〇ページ、Ｉ92ページ）と説明し、「社会的生活過程の、すなわち物質的生産過程の姿態は、……自由な社会化された人間の産物として彼らの意識的計画的管理のもとにおかれる」（新版①一四二ページ、Ｉ94ページ）と述べています。ここでは、自由な生産者（自由な社会化された人間）たちが共同の生産手段を使って互いに協力して労働し、生活するという未来社会の姿が、簡潔とはいえ鮮明に表現されています。

また、第一部後半の蓄積論では、資本主義にとってかわる共産主義社会を、「各個人の完全で自由な発展を基本原理とするより高度な社会形態」（新版④一〇三〇ページ、Ｉ６１８ページ）と特徴づけ、第二四章第七節「資本主義的蓄積の歴史的傾向」では、資本主義的所有の社会的所有への転化の歴史的な位置づけを規定しました（新版④一三三三ページ、Ｉ７９１ページ）。

自由な人間社会を求めて

マルクスは、第一部で述べた「自由な人々の連合体」、「各個人の完全で自由な発展を基本原理とするより高度な社会形態」の内容、すなわち「自由な人間社会[*32]」の基本的な性格とその発展方向を、一八六五年後半に執筆したと考えられる『資本論』第三部草稿の最後の章（現行の第七篇）のなかで示していました。

マルクスの貴重な説明は、現行の『資本論』第三部第七篇第四八章「三位一体的定式」（草稿では「1)三位一体的定式」）の冒頭部分にあります（「すでに見たように」ではじまり、「労働日の短縮が根本条件である」で終わる、新版⑫一四五七～一四六〇ページ、Ⅲ８２６～８２８ページの部分）。

未来社会論を展開したこの一節は、これまでの探究の成果を基礎においたものですが、草稿では、かなりの部分が［ ］括弧のなかに入っており、マルクスがこれを完成稿に仕上げることができれば、さらにその内容を整理したものと考えられます。

この一節は、エンゲルスの編集では、「Ｉ」から「Ⅲ」の番号をつけた「断片」と、〝粗雑な現象のもっともらしい説明をおこなう〟俗流経済学への批判の文章との間に挟み込まれていました。新版『資本論』第一二分冊は、断片「Ⅰ」から「Ⅲ」を移動させて、この一節がマルクスの草稿どおりに第四八章の冒頭に来るようにし、監修者の注で配列を変えた経過を説明しています（新版⑫一四五七ページの＊2参照。本書第三章二六〇ページを参照）。

マルクスは、この文章の前半部分で（新版⑫一四五七～一四五九ページ後ろから二行目、「大小に依存する」まで）、剰余労働論を軸にして、資本主義的生産が未来社会への発展の諸条件をどのように準備するのかを語ります。草稿執筆の経過を振り返ってみると、『資本論』の第一部、第三部前半、第二部、第三部後半と執筆を続け、第三部の最終章に入ったところで、これまでの分析の上に立って、資本主義的生産様式の独自の歴史的性格をあらためて検討しておく、という流れでの考察でした。[*33]

「剰余労働は、資本主義制度においては、奴隷制などでと同じように、ただ敵対的形態をとるほかなく、社会の一部分のまったくの無為によって補足される。……資本がこの剰余労働を、奴隷制、農奴制などの以前の諸形態のもとでよりも、生産諸力の発展にとって、社会的諸関係の発展にとって、またより高度の新社会の形成のための諸要素の創造にとって、いっそう有利な様式と諸条件とのもとで強制するということこそは、資本の文明化的諸側面の一つである」（新版⑫一四五八～一四五九ページ、Ⅲ827ページ）。

「こうして資本は、一方では、社会の一部分による、他の部分を犠牲にしての、強制と社会的発展（その物質的および知的諸利益を含む）の独占化とが見られなくなる一段階をもたらす。他方では、それは、社会のいっそう高度な一形態において、この剰余労働を、物質的労働一般にあてられる時間のいっそう大きな制限と結びつけることを可能にする諸関係に向けた、物質的諸手段およびその萌芽をつくりだす」（新版⑫一四五九ページ、Ⅲ827ページ）。

マルクスは、このように広い歴史的な視野に立って、「より高度の新社会の形成のための諸要素」、条件をつくりだす資本主義的生産様式の役割を確認し、文章の後半部分（新版⑫一四五九ページ後ろから二行目～一四六〇ページ）で、未来社会とそのもとでの人間の生活の変化の考察に入ってゆきます。ここには、「一八五七～五八年草稿」、「一八六一～六三年草稿」を通じて、マルクスが一貫して探究してきた〝自由な時間〟と未来社会の全体像、その到達点が示されていました。

＊32　第一部草稿の多くは、完成稿に利用されたと考えられ、断片をのぞくと当初、最終章に予定されていた「第六章　直接的生産過程の諸結果」の原稿だけが残された（執筆は一八六四年前半と推定）。「自由な人間社会」〔freie menschliche Gesellschaft〕という用語は、この草稿で使われたもの（国民文庫『直接的生産過程の諸結果』三二ページ、光文社文庫『資本論第一部草稿　直接的生産過程の諸結果』二〇四ページ）。

＊33　この部分の展開は、第二節で紹介した「六一～六三年草稿」（『資本論草稿集』④二九六～二九九ページ）の論述に続く展開となっている（本書五〇～五三ページ）。

第三部で展開した未来社会論の特徴

未来社会の本論にあたる文章の後半部分にも区切りはありません。ここでは、内容的なまとまりも考え、文章を四つに区切って、見てゆきたいと思います。

◇「自由の国」と「必然性の国」

まず、第一の文章です。

「自由の国は、事実、窮迫と外的な目的適合性とによって規定される労働が存在しなくなるところで、はじめて始まる。したがってそれは、当然に、本来の物質的生産の領域の彼岸《ひがん》にある」（新版⑫一四五九～一四六〇ページ、Ⅲ828ページ）。

この文章は、「自由の国」についての説明ですが、この説明によって「必然性の国」の規定も出てくるという組み立てになっています。

「必然性の国」とは、人間が「本来の物質的生産の領域」にたずさわる時間のことです。人間が生活し、社会を成り立たせてゆくためには、物質的生産のための労働が必要です。この時間は、自分自身と家族の生活を含め、社会全体の生活を維持し、再生産するために必要なもので、「外的な目的適合性」をもちます。社会にとって、欠くことのできない重要な活動です。マルクスも、その意味でこれを「必然性の国」（あるいは「自然的必然性の国」）と呼んだのでしょう。この点は、第二の文章でも説明されています。物質的生産の領域での「自由」は、第三の文章で取り上げています。「自由の国」とは、「本来の物質的生産の領域」以外の、人間が自由に使うことのできる「自由に処分できる時間」部分のことです。「六一〜六三年草稿」では、「自分たちの発展のための」、外的な目的の強制、自然的必然性によって規定されてはいない「自由な活動」の時間と述べていました（『資本論草稿集』⑦三一三、三一四ページ、本書六三〜六四ページ参照）。人間は、この時間をどんな活動にも自由にあてることができ、諸生産物を享受し、生活と余暇を多面的に楽しみ、知的活動、社会的活動をすすめ、自分のなかに潜在する能力を試し、育て、伸ばす活動を自由に行うでしょう。そのことによって、社会自身も大きな発展の力をえます。マルクスは、これを窮迫と外的な目的適合性とによって規定される労働が存在しなくなるところで、「はじめて始まる」と述べ、「自由の国」は、「必然性の国」の向こう側の領域（彼岸）にあるとしています。

このように、「自由の国」、「必然性の国」という二つの用語は、あれこれの国のことではなく、人間の生活時間、その領域を二つに区分して使われているものです。

◇人間社会の歴史

第二の文章では、「必然性の国」の変化を人間社会の歴史からふりかえります。

「未開の人が、自分の諸欲求を満たすために、自分の生活を維持し再生産するために、自然と格闘しなければならないように、文明人もそうしなければならず、しかも、すべての社会諸形態において、あらゆるすべての生産諸様式のもとで、彼は、そうした格闘をしなければならない。彼の発達とともに、諸欲求が拡大するから、自然的必然性のこの国は拡大する。しかし同時に、この諸欲求を満たす生産諸力も拡大する」（新版⑫一四六〇ページ、Ⅲ828ページ）。

マルクスは、「未開の人」でも「文明人」でも、という表現を使って、「自然との格闘」という性格をもつ本来の物質的生産の領域（必然性の国）は、すべての社会形態のもとで必要なものだと語ります。人間の欲求の発展はこの領域を拡大しますが、これを満たすように社会的生産諸力も拡大します。ですから、全体としては、物質的生産に必要な時間は小さくなり、これに応じて自由な時間が拡大するという流れとなります。しかし、階級社会では、被支配階級（奴隷、農奴、労働者など）が「必然性の国」の仕事を担い、支配階級はその支えの上に、自由な時間を〝横領〟、独占してきました。

マルクスは、こういう歴史を経ながら、人間社会は、未来社会にむかう条件をつくりだしてきたと見ています。

◇未来社会での労働論

第三の文章では、未来社会での労働の性格を取り上げています。

「この領域〔必然性の国〕における自由は、ただ、社会化された人間、結合した生産者たちが、自分たちと自然との物質代謝によって――盲目的な支配力としてのそれによって――支配されるのではなく、この自然との物質代謝を合理的に規制し、自分たちの共同の管理のもとにおくこと、すなわち、最小の力の支出で、みずからの人間性にもっともふさわしい、もっとも適合した諸条件のもとでこの物質代謝を行なうこと、この点にだけありうる。しかしそれでも、これはまだ依然として必然性の国である」（新版⑫一四六〇ページ、Ⅲ828ページ）。

「社会化された人間、結合した生産者たち」という言葉は、生産手段が社会のものになっている社会では、人間が一人一人でバラバラに生産活動をやるのではなく、自由な人間が社会集団としてまとまった力を発揮することを指した、マルクス独自の用語です。[*34]

マルクスは、生産手段が社会化され、搾取もなくなった未来社会では、物質的生産の領域で、生産者たちは、〝自分たちと自然との物質代謝を合理的に規制し、共同の管理のもとにおく〟、〝最小の力（短い労働時間、人間的な労働密度など）の支出で人間性にもっともふさわしい、もっとも適合した諸条件のもとで、物質代謝を行う〟と展望しました。

「物質代謝」〔Stoffwechsel〕とは、もともと生化学の用語[*35]で、生命体が外界から栄養物質をとりこみ、これを変化させて、自分の構成物質やエネルギー源としたうえで、不要な部分を体外に排出する作用を指します。マルクスは、この言葉を転用することで、人間が「労働」を通じて自然と取り結ぶ関係、人間と人間社会にとっての物質的生産の活動の意義を表現しています（新版①七九ページ、Ⅰ57ページ／②三二〇ページ、Ⅰ192ページほか）。

〝合理的に規制・管理し、最小の力の支出で、人間性にふさわしい諸条件のもとで活動する〟

――これは、資本による「生産のための生産」とはまったく違う、未来社会での労働の性格、そのあり方の大変化を示すものです。しかも、その労働は、〝自発的な手による、喜びに満ちた〟、より自由で人間的なものに変わっています。[*36]

しかし、「それでも、これはまだ依然として必然性の国」です。なぜなら、自発的な楽しい労働に変わっていても、この時間は、やはり社会と人間の生活の維持と拡大という外的目的のための活動の時間だからです。

＊34　「結合した生産者たち《アソツィイールテ》」　マルクスは、未来社会において、共同的生産手段をもって、自分たちの個人的労働力を「自覚的に一つの社会的労働力として支出する自由な人々」（新版①一四〇ページ、Ⅰ92ページ）のことを、この用語で呼んだ。

＊35　河上肇は、マルクスが術語を転用していることを重視し、『資本論』第一部の邦訳にあたり、「物質代謝」という訳語を用いると述べていた（『資本論入門』三五一ページ、一九三二年、改造社）。それ以前の邦訳では、「物質交換」（生田長江訳）、「材料の交換」（松浦要訳）、「代謝機能」（高畠素之訳）などと訳出されている。

＊36　マルクスは、未来社会において、労働が自分自身と社会のための生産活動という、本来の性格をとりもどすことを、つぎのように特徴づけている。

「賃労働は、奴隷労働と同じように、また農奴の労働とも同じように、一時的な、下級の社会的形態にすぎず、やがては、自発的な手、いそいそとした精神、喜びにみちた心で勤労にしたがう結合的労働に席をゆずって消滅すべき運命にある」（「国際労働者協会創立宣言」、一八六四年、古典選書『インタナショナル』一九ページ、『全集』第一六巻九ページ）。

◇人間の全面的な発達が社会の目的に

第四の文章に、人間社会の歴史のなかで未来社会がもつ画期的な意義、未来社会の本論ともいうべき、最も重要な命題が出てきます。

「この国〔必然性の国、物質的生産の領域〕の彼岸において、それ自体が目的であるとされる人間の力の発達が、真の自由の国が――といっても、それはただ、自己の基礎として右の必然性の国の上にのみ開花することができるのであるが――始まる。労働日の短縮が根本条件〔草稿では土台〕である」（新版⑫一四六〇ページ、Ⅲ８２８ページ）。

ここからは、大きく三つの内容を読み取ることができます。

一つは、未来社会では、「人間の力の発達」そのものが、人間の生活、社会の「目的」になるという新しい言明です。だれもが「自由な時間」を持ち、諸能力を発達させる諸条件を保障されることは、「六一～六三年草稿」で明らかにされていました。『資本論』第三部では、そのことを確認し、人間の全面的発達そのものが社会の目的になるというのです。人間の全面的な発達を自己目的とする、人類史上最初の社会という位置づけです。

二つ目は、「自由の国」と「必然性の国」との相互関係を示していることです。

物質的生産の領域における変革が基礎となって、生産労働で一人一人がになう時間が短くなり、自由な時間の領域が拡大します。そして、「自由の国」における人間の能力の発展は、生活の領域、科学・技術の発展、直接的な生産過程にも生かされます。これによって、「必然性の国」における本来の物質的生産の領域も合理的に規制・管理され、「最小の力の支出」での活動となってゆくでしょう。それに応じて労働時間もいっそう短縮され、その結果、「自由の国」がさらに拡大します。二つの経済学草稿には、自由な時間の〝労働の生産力への反作用〟（『資本論草稿集』②四九九ページ）、自由な時間は、「それの持ち手を、これまでとは違った主体に転化」させる（同②五〇〇ページ）、労働時間の〝高度な質〟（同⑦三二四ページ）という指摘もありました。

こういう相互関係を、マルクスは〝「真の自由の国」は自己の基礎としての「必然性の国」の上にのみ開花することができる〟という簡潔な言葉で表現したのだと思います。

三つ目は、「真の自由の国」が花開く最大の「土台」が、「必然性の国」における労働日（一日の労働時間のこと）の短縮・縮小にあることを太く打ち出したことです。

資本主義社会では、長時間・過密労働が横行しており、マルクスの言葉を借りれば、人間の生きた労働が浪費されています（第三部第一篇第五章「不変資本の使用における節約」、新版⑧一五四ページ）。[*37]

これにたいして、未来社会では、生産手段が社会化され労働時間が縮小されることによって、資本の搾取もなく、労働の性格とあり方が根本的に変わります。「必然性の国」での一日の労働時間は、自由な時間の領域での活動との相互作用によって、さらに短縮されます。こうして「労働日の短縮」

が、自由な時間の領域での人間の活動と人間の全面的発達を実現してゆく土台となり、「真の自由の国」が花開いてゆくだろう――マルクスは、自由な人間社会の発展をこのように展望したのでした。

これらが、『資本論』第三部第七篇の冒頭部分に書き込まれた、マルクスの未来社会論の核心的な内容です。

共産主義社会を、「諸個人の独自な自由な発展がけっして空文句でない唯一の社会」（『ドイツ・イデオロギー』）、「各人の自由な発展が、万人の自由な発展のための条件である連合体」（『共産党宣言』）と特徴づけた若き日の言明は、一八五〇年代から六〇年代に執筆した二つの経済学草稿をふくめ、長年にわたる研究を経て豊かな内容を獲得し、『資本論』での未来社会論の展開に至ったのです。

資本主義社会は、搾取者が「自由な時間」を働く人々から奪うのにたいし、未来社会は、すべての人に自由な時間の獲得と発達の場を保障します。マルクスは、一八五〇年代以来の経済学研究の進展のなかで、この点を明確につかみ、『資本論』第三部の草稿のなかで、資本主義的生産の諸矛盾をのりこえた人間社会が、労働時間の短縮・縮小を土台にして人々の知恵と力でのびのびと発展をとげ、自由な人々が自然と豊かに交流・共生しながら、連帯と希望に満ちた社会をつくりあげてゆく、との壮大な展望を明らかにしたのでした。

＊37　マルクスの指摘は、つぎのとおり。「資本主義的生産は、他のどの生産様式よりもずっとはなはだしく、人間の、生きた労働の浪費者であり、血と肉の浪費者であるだけでなく、神経と脳髄の浪費者でもある。人間社会の意識的な再構成に直接に先行するこの歴史時代においては、人類一般

の発展が確保され達成されるのは、実際には、ただ個々人の発展の膨大このうえない浪費によってのみである」（新版⑧一五四ページ、Ⅲ99ページ）。

◇人間社会の「本史」の幕が開く

マルクスは、『経済学批判。第一分冊』の「序言」（一八五九年）のなかで、資本主義社会をもって人間社会の「前史」が終わると書きつけました。つぎの一節です。

「ブルジョア的生産諸関係は、社会的生産過程の最後の敵対的形態である。敵対的というのは、個人的敵対という意味ではなく、諸個人の社会的生活諸条件から生じてくる敵対という意味である。しかしブルジョア社会の胎内で発展しつつある生産諸力は、同時にこの敵対を解決するための物質的諸条件をもつくりだす。それゆえ、この社会構成体をもって人類社会の前史は、終わりを告げる」（古典選書『「経済学批判」への序言・序説』一六ページ、『全集』第一三巻七ページ）。

『資本論』は、「解決するための物質的諸条件」を主体的諸条件の形成をふくめて詳しく分析し、「前史」を終えた人類が、未来社会において本来の歴史（本史）の幕を開き、すべての人間が豊かな自由時間を持ち、人間的発達の機会と条件を保障され、人間の全面的な発達それ自身が社会発展の大きな力となって人間社会の新しい時代をひらく、というところまで解明をすすめたのです。マルクスは、ここに、資本主義社会を共同社会に変革する事業の巨大な人類史的意義、一番の輝きを見ていたのだと思います。

3　第一部完成稿での考察（一八六六〜六七年）

マルクスは、第三部の初稿（主要草稿）を書きあげた後、一八六六年〜六七年に第一部の完成稿を仕上げました。

資本主義社会と未来社会を念頭に、労働と諸個人の自由との関係を対比したつぎの展開も、第一部完成稿での未来社会にかかわる重要な考察です。

「労働の強度と生産力が与えられているとすれば、そして労働が社会の労働能力あるすべての成員のあいだに均等に配分されていればいるほど、また、ある社会層が労働の自然的必要性を自分自身から他の社会層に転嫁することができなくなればなるほど、社会的労働日のうちで物質的生産のために必要な部分〔〝必然性の国〟にあたる〕がそれだけ短くなり、したがって、諸個人の自由な精神的および社会的な活動のために獲得される時間部分〔〝自由の国〟にあたる〕がそれだけ大きくなる。労働日短縮のための絶対的限界は、この面からすれば、労働の普遍性である。資本主義社会においては、一階級の自由な時間は、大衆のすべての生活時間を労働時間へ転化することによって生み出される」（第一部第五篇第一五章「労働力の価格と剰余価値との大きさの変動」、新版③九二〇〜九二一ページ、Ⅰ552ページ）。

マルクスは、労働者からの剰余価値の搾取を絶対的剰余価値（現行版第三篇）と相対的剰余価値

（同第四篇）の角度から分析し、第五篇では、両者をあわせた総合的な考察を行っていました。いま引用した直前の文章では、資本主義的生産が生み出す浪費と無駄をとりあげて、「社会的に考察すると、労働の生産性は、労働の節約によっても増大する。労働の節約は、生産手段の節約だけでなく、あらゆる無用な労働を避けることをも含んでいる」、「資本主義的生産形態が廃止されれば、労働日を必要労働に限定することが可能となる」とあります（新版③九二〇ページ、Ｉ552ページ）。

使われている用語と論じている内容からいっても、ここでの考察は、第三部草稿での未来社会論に対応したもので、第三部第七篇の未来社会論が、その後に執筆した第一部完成稿に引きつがれていることを示すものだと思います。

また、マルクスは、第一部の各所で、未来社会と人間的発達の問題にふれています。

機械制大工業のもとでの労働者の状態を論じながら、「工場制度から未来の教育の萌芽が芽ばえた」と述べ、「未来の教育」の大きな使命が「全面的に発達した人間をつくる」点にあることを指摘しているのも、その一つです（第一部第四篇第一三章「機械と大工業」、新版③八四四〜八四五ページ、Ｉ507〜508ページ）。マルクスは、機械制大工業の発展が労働者の多面的な能力の発達を準備する働きをしていることにも注目していました。[*38]

＊38　マルクスは、『資本論』でつぎのように分析している。

「近代的工業は、機械、化学的工程、その他の方法によって、生産の技術的基礎とともに、労働者の諸機能および労働過程の社会的諸結合を絶えず変革する。近代的工業は、それとともに社会の内部における分業も絶えず変革し、大量の資本および大量の労働者をある生産部門から他の生産部門へ間断なく投げ入れる。だから大工業の本性は、労働の転換、機能の流動、労働者の全面的可動性を条件づける」。こうして「大工業は、……一つの社会的な細部機能の単なる担い手にすぎない部分個人を、さまざまな社会的機能をかわるがわる行なうような活動様式をもった、全体的に発達した個人で置き換えることを、死活の問題とする」（新版③八四九〜八五〇ページ、Ⅰ511〜512ページ）。

新しい社会への変革の諸条件

マルクスは、『資本論』で、資本主義社会が人間社会の永遠に続くシステムではなく、一時的な性格をもつもので、矛盾する現実のなかに新しい社会への変革の諸条件を生みだしていることを明らかにしています。

「彼〔資本家〕は容赦なく人類を強制して、生産のために生産させ、したがって社会的生産諸力を発展させ、そしてまた、各個人の完全で自由な発展を基本原理とするより高度な社会形態の唯一の現実的土台となりうる物質的生産諸条件を創造させる」（第一部第七篇第二二章「剰余価値の資本への転化」、新版④一〇三〇ページ、Ⅰ618ページ）。

「各個人の完全で自由な発展を基本原理」とする新しい社会に向かう変革の諸条件として、マルクスは、社会的生産力の発展と国民の生活と権利を守る諸制度、経済への規制・管理の諸形態の発展とともに、新しい社会をつくりだす主体的な勢力の成長を重視しました。第一部完成稿では、労働時間を規制・短縮する工場法などの獲得の歴史をふりかえり、労働者の「自由に処分できる時間」が、資本の自己増殖のために強奪されていること、工場法獲得の成果と労働者の階級的成長が社会変革の契機となってゆくことを明らかにしています（第一部第三篇第八章「労働日」ほか）[*39]。

この研究では、『工場監督官報告書』に記載された多くの事例と国際労働者協会での活動の分析が、重要な意味をもっていました。

マルクスは、第三篇第八章「労働日」で、イギリスにおける「標準労働日獲得のための闘争」（同章第五節）を分析し、労働時間を一日の生活時間（生活日）のなかに位置づけ、労働者が剰余労働という形で資本に奪われているものが、労働者の「自由に処分できる時間」であることを示しています。そこでは、資本にとっての一日の労働時間は、「まる二四時間から労働力が新たな役に立つために絶対欠かせないわずかばかりの休息時間を差し引いたもの」であること、剰余労働をもとめる資本の渇望にとっては、「自由に処分できる労働者の時間」は「まったくばかげた」ものであり、労働者は「身体の成長、発達、および健康維持のための時間」、「外気と日光にあたるために必要な時間」まで強奪・略奪されていると指摘します（新版②四六二～四六三ページ、Ｉ２８０ページ）。

ここで問題にされている労働者にとっての「自由に処分できる時間」とは、労働力の再生産のための時間をこえる「人間的教養のための、精神的発達のための、社会的役割を遂行するための、社会的交流のための、肉体的・精神的生命力の自由な活動のための時間」（新版②四六二ページ、Ｉ２８０ページ）です[*40]。簡潔な叙述ですが、二つの経済学草稿を通じて探求してきた〝自由な時間〟の内容が、ここに示されています。

イギリスでの工場法の制定と拡張の経過を追跡したマルクスは、第八章の最後で、労働時間の規制を求める国際的な労働者運動の動きを紹介し、労働時間を規制する国法を獲得した労働者が、「彼自身のものである時間がいつ始まるかをついに明瞭」につかみ、当初の姿から大きく変わって生産過程から出てくることを明らかにして、〝なんと大きく変わったことか!〟と結びました（新版②五三二ページ、Ｉ３２０ページ）。

そして、第八章の末尾につけた注（二〇一）で、『工場監督官報告書。一八五九年一〇月三一日にいたる半年間』から次の一節を引用したのです（新版②五三三ページ、Ｉ３２０ページ）。

〝工場法の獲得は、労働者を自分自身の時間の主人にすることによって、彼らに「いつか起こりうる政治権力の獲得に向かわせる精神的エネルギー」を与えた〟[*41]。

労働時間を制限することで、労働者階級は、「知的発達をとげ、社交や社会的・政治的活動にたずさわる可能性」（国際労働者協会ジュネーヴ大会決議、一八六六年九月）をもつ自らの時間を得ました。この時間の活用は、資本の利潤への渇望を規制するだけでなく、「労働者にたいする資本家の支配」（新版④一二八七ページ、Ｉ７６５ページ）を打ち破り、変革主体を形成する契機になることを示した論述です[*42]。そして、マルクスは、第三部の主要草稿のなかで、未来社会では、自らの時間（自由な時間）が質的にも充実したはるかに大きな領域となって実現されることを解明していました。

続く第一部第四篇では、労働者が社会的生産の担い手となってゆく過程、さらに、工場法の実施が社会全体に拡大してゆく過程を分析し、ふたたび労働者階級による政治権力の獲得の問題に言及したうえで、労働時間を制限する工場法などの諸成果を「変革の酵素」（新版③八五一ページ、Ｉ512ページ）と呼んでいます。

マルクスは、第四篇の研究で、「工場立法の一般化」が「新しい社会の形成要素と古い社会の変革契機とを成熟させる」という二重の意義を持つと説きました。

「工場立法の一般化は、生産過程の物質的諸条件および社会的結合とともに、生産過程の資本主義的形態の諸矛盾と諸敵対とを、それゆえ同時に、新しい社会の形成要素と古い社会の変革契機とを成熟させる」（新版③八七七ページ、Ｉ526ページ）。

私たちが現在の日本で取り組んでいる「社会的ルール」をかちとる闘争は、マルクスの時代よりもより広い規模と分野で問題になっています。マルクスは、「社会的ルール」をかちとる闘争が現在の労働者の状態改善に役立つという当面の意義をもつだけでなく、社会変革の条件を広げる役割を果たすし、新しい社会に発展的に引き継がれ、未来社会を形づくる要素の一つにもなるというのです。

未来社会を視野におさめるマルクスの考察は、ここでも、現実にある搾取関係の分析、人間社会の現実に即した観察に根差していたと言えるでしょう。「一つの歴史的な生産形態の諸矛盾の発展は、その解体と新たな形成との唯一の歴史的な道である」（新版③八五一ページ、Ｉ512ページ）――これが、未来社会の開拓者・マルクスの立場でした。

＊39　第一部第三篇第八章「労働日」でのマルクスの研究内容については、本書第四章参照。

＊40　『資本論』での「自由に処分できる時間」の初出は、第一部第三篇第八章「労働日」（新版②四〇一ページ、Ⅰ247ページ）である。本書第四章三一〇～三一一ページ参照。一八五〇年代以来の〝自由な時間〟の研究は、第三部での未来社会の展開にとどまらず、剰余価値の生産をめぐる一連の論述の基盤にも置かれている（新版②四六二～四六四ページ、Ⅰ279～281ページ／同③八九一～八九二ページ、Ⅰ534～535ページ／同③八九六～八九八ページ、Ⅰ537～538ページほか）。

＊41　『工場監督官報告書』のこの一節は、先に（本書五五～五六ページ）紹介した「六一～六三年草稿」のノート第三冊「追補」部分（『資本論草稿集』④三五五～三五六ページ）で抜き書きされ、マルクスによって、労働時間の短縮を勝ち取ることは「社会的進歩の一定の条件である」と分析されていた（同⑨三二一ページ）。

＊42　国際労働者協会（インタナショナル）は、ジュネーヴ大会で「資本にたいする労働の隷属にもとづく、窮乏を生みだす現在の専制的制度を、自由で平等な生産者の連合社会という、福祉をもたらす共和的制度とおきかえる」（一八六六年「個々の問題についての暫定中央評議会代議員への指示」、マルクス執筆、古典選書『インタナショナル』五五ページ、『全集』第一六巻一九四ページ）ことを確認した。『資本論』第一部では、八時間労働を国際的な労働運動の要求として掲げたジュネーヴ大会の決議を紹介している（新版②五三〇ページ、Ⅰ319ページ）。決議の全文はつぎのとおり。

「労働日の制限は、それなしには、いっそうすすんだ改善や解放の試みがすべて失敗に終わらざるをえない先決条件である。それは、労働者階級、すなわち各国民中の多数者の健康と体力を回復するためにも、またこの労働者階級に、知的発達をとげ、社交や社会的・政治的活動にたずさわる可能性を保障するためにも、ぜひとも必要である。われわれは労働日の法定の限度として八時間労働を提案する」（マルクスが起草した決議。古典選書『インタナショナル』五一ページ、『全集』第一六巻一九一ページ）。

インタナショナルは、二年後のブリュッセル大会（一八六八年）で、この決議を実践する重要性を確認した。マルクスは、ブリュッセル大会の決議案を執行部に提案するさいにも、「立法によって労働日を制限することは、労働者階級を精神的および肉体的に向上させ、彼らの究極の解放を達成するための第一歩である」と強調している（「労働時間の短縮についてのマルクスの演説の記録」『全集』第一六巻五五三ページ）。本書第二章一五九ページ参照。

4　自由な人間社会を求めて――その後のマルクス

マルクスは、若い時期の労作からその死をむかえるまで、資本主義社会を乗り越える将来の社会を語るさいには人間が「自由」であることを、くりかえし強調しました。そこには、搾取からの解放、政治的抑圧からの解放と同時に、人間が自分の時間の主人となり、「自由な時間」をもつことが、重要な内容として含まれていました。

『資本論』第一部刊行後には、つぎのような言明があります。

「結局は、工業であろうと農業であろうと、資本主義的生産を完全に廃止するであろう。そうなったときにはじめて、階級差異と特権とは、それを生みだした経済的土台といっしょに消滅し、社会は一つの自由な『生産者』の結合社会に変わるであろう。……生産手段の国民的集中は、合理的な共同計画に従って自覚的に活動する、自由で平等な生産者たちの諸結合体からなる一社会の自然的基礎となるであろう」（一八七二年「土地の国有化について」、古典選書『インタナショナル』二二〇ページ、『全集』第一八巻五五ページ、本書第二章二一四～二一八ページ参照）。

「生産階級の解放は、性や人種の差別なしに、すべての人間の解放であること、生産者は生産手段を所有する場合にはじめて、自由でありうること」（一八八〇年「フランス労働党の綱領前文」、古典選書『多数者革命』一〇一ページ、『全集』第一九巻二三四ページ）。

これらの言明では、生産手段の社会化が、資本主義的搾取をなくし、さまざまな差別や特権を乗り越えることなど、自由な人々の社会への前進とのかかわりのなかで論じられています。[*43]

マルクスは、自らの病気の進行と妻イエニーの死という衝撃のなかで、『資本論』続巻のための草稿執筆を第二部の第八草稿で中断しました（一八八一年前半と推定）。

この時期に、マルクスは、世界史的な規模での歴史研究にも着手し、とくに、原始共同体の問題に関心を寄せていました。マルクスは、アメリカの古代社会研究者ヘンリー・モーガン（一八一八～八一年）の著作『古代社会』を読み、共同体社会を「自由、平等、友愛」を根本原理とする社会と特徴づけた文章をふくむ、詳細な抜き書きと批評を残しています（一八八〇年末～八一年三月頃執筆、「モーガン『古代社会』摘要」、『全集』補巻④）。

ちょうどそのころ、マルクスは、ロシアの革命家ヴェ・イ・ザスーリチ（一八四九～一九一九年）から手紙を受け取ります（八一年二月）。その手紙は、ロシア社会に存続している村落共同体が、ロシアの社会主義的再生の事業においてなんらかの積極的役割を果たしうるかについて、マルクスの見解を聞きたいというものでした。マルクスは、八一年三月、ザスーリチに簡潔な返事を送りますが、その手紙の準備のために四つの下書き（草稿）を残しました。そこには、マルクスが、モーガンの研究を契機にして、社会主義・共産主義の社会を人類文明の入口にあった原古的な構成体の「より高次な形態での復活」（モーガン）ととらえる見地が含まれていました（ヴェ・イ・ザスーリチの手紙への回答の下書き「第一草稿」、『全集』第一九巻三八八ページ）。

マルクス死後のことですが、エンゲルスは、イタリアの社会主義者ジュゼッペ・カネパ（一八六五～一九四八年）から、創刊を予定している雑誌のために〝きたるべき社会主義時代の理念を簡潔に表現する標語を示してほしい〟との依頼を受けます。九四年一月九日、「未来の新しい時代の精神を数語に要約することは、空想主義や空文句に陥ることなしには、ほとんど不可能です」との断り書きをつけながら、エンゲルスは、この要望への回答として、本章の「はじめに」でも紹介した『共産党宣言』のつぎの一節を引きました。

「階級および階級対立をもつ古いブルジョア的社会の代わりに、各人の自由な発展が、万人の自由な発展のための条件である連合体が現われる」（古典選書『共産党宣言／共産主義の諸原理』八六ページ、『全集』第四巻四九六ページ）。

『資本論』第三部の編集にあたっていたエンゲルスは、マルクスが第三部草稿で示した未来社会論の展開を知っており、マルクスの残したモーガン『古代社会』研究の抜き書きなどを導きの糸にした著作もすでに発表していました（『家族、私有財産および国家の起源』一八八四年）。エンゲルスは、カネパへの回答を準備しながら、『共産党宣言』での言明を、四〇年余の研究の到達点にたって、あらためて読みかえしたのではないかと思います。[44]

このように、マルクス、エンゲルスにとって、自由な人間社会を求める立場は、最後まで揺るぎないものでした。

＊43　マルクスは、「生産手段の社会化」を実現して以後、新しい経済体制が発展の軌道に乗るまでに、労働者階級がぶつかるであろう諸問題についても、「環境と人間とをつくりかえる」一連の過程を経過するとして、立ち入った解明にのりだしていた。

「労働者階級は、……自分自身の解放をなしとげ、それとともに、現在の社会がそれ自身の経済的作用〔ドイツ語版では経済的発展〕によって不可抗的に目ざしている、あのより高度な形態をつくりだすためには、長期の闘争を経過し、環境と人間とをつくりかえる一連の歴史的過程を経過しなければならないことを、知っている」（一八七一年「フランスにおける内乱」、『全集』第一七巻三二〇ページ）。

＊44　エンゲルスは、『資本論』第三部の編集中に、マルクス『賃労働と資本』の新版のための「序論」を執筆し、つぎのような未来社会論を述べていた（一八九一年四月）。人間の自由な発展を重視し、「新しい社会秩序」を可能だとした「序論」の展開には、マルクスの「自由の国」論との深い接点が見られる。

「一つの新しい社会秩序、すなわち、そこでは今日の階級差別がきえうせており、またそこでは――おそらくあるみじかい、いくらか不足がちの、しかしおそらく道徳的にはきわめて有益な過渡期ののちに――社会のすべての成員がすでに手にしている巨大な生産諸力の計画的な利用と発達とによって、平等な労働義務のもとで、生活のための、生活の享受のための、あらゆる肉体的および精神的能力の育成と発揮のための諸手段が、均等に、かつますます豊富に、自由になるところの、一つの新しい社会秩序が可能である」（古典選書『賃労働と資本／賃金、価格および利潤』二六～二七ページ、『全集』第二二巻二一五～二一六ページ）。

むすびに

マルクスは、匿名パンフレットの著者（ディルク）が資本家を「剰余生産物の所有者」（ディルク抜粋①にあたる部分）と規定していたことを、『資本論』第一部の本文と注で紹介しました（新版④一〇二一、一〇二二ページ、Ｉ６１４ページ）。その一方で、「自由に処分できる時間」の研究とディルクのパンフレットとの関わりについては、触れていません。

第三部の草稿が、完成稿として仕上げられていないもとで、確定的な判断はできませんが、後者の扱い方には、「自由な時間」をめぐるマルクスの研究が、未来社会論の展開、標準労働日をめぐる闘争史の意義づけをはじめ、ディルクの提起を大きくこえた独自の考察として進んできたという経過も反映しているように思います。

本章では、〝自由な時間〟の研究に注目しながら、未来社会論を開拓してゆくマルクスの探究の一端を、一八五〇年代から六〇年代後半までの研究と活動を中心に見てきました。この追跡によっても、マルクスが人間の自由で全面的な発達、その保障の追求を未来社会論の核心にすえていたことを確認できると思います。

最後に、マルクスの〝自由な時間〟研究と未来社会論には、二一世紀を生きる私たちが現代の日本と世界の条件のもとでさらに研究し、深めるべき多くの達成があることを述べ、むすびとします。

第二章　インタナショナルと『資本論』
――マルクスの探究と活動を追って

はじめに

一八六四年九月二八日、イギリス、フランス、ドイツ、イタリア、ポーランドなどの労働者たちがロンドンの中心部、トラファルガー広場に近いセント・マーティンズ・ホールに集まり、国際的な労働者集会を開きました。著名な活動家として集会に招かれていたカール・マルクスは、その夜の模様を「息詰まるほど満員だった」と伝えています。

この集会は、ポーランドの独立運動を支援するイギリスとフランスの労働者の交流のなかで開催されたもので、二〇〇〇人ともいわれる参加者は、労働者運動のはじめての国際組織・国際労働者協会（インタナショナル）の創立を決めました。マルクスも執行部の一員に選ばれ、発足当初からその活動に参加することになります。

マルクスは、一八四〇年代から社会変革の運動に踏み出していましたが、ヨーロッパでの四八年革命[*1]の敗北と共産主義者同盟の解散（一八五二年一一月）にともない、その後は、労働者運動との直接的な関係をもたずにいました。[*2]一方、ヨーロッパ諸国は、一八五〇～六〇年代を通じて、産業の様相を大きく変え、労働者階級とその運動も、活力ある新たな段階を迎えていました。四八年革命の時期のドイツやフランスの労働者運動では、職人集団と呼ばれた人々が中心でしたが、インタナショナルには、建築、繊維、鉱山をはじめ、さまざまな産業の担い手となった労働者と労働者団体が参加していました。

『資本論』執筆の最中にあったマルクスは、イギリスの労働者運動が労働時間を制限する工場立法を実現し、社会的進歩の条件をたたかい取ってきたことに注目していました。[*3]こうしたもとで、マルクスは労働者運動の新たな展望と可能性を考え、インタナショナルへの参加を決断したのだと思います。

インタナショナルの活動では、新たな理論的探究に迫られることもあれば、『資本論』研究の達成が活動を支える場合もあったでしょう。本書第一章で取り上げた〝自由な時間〟の探究もその一つだったと思います。マルクスがこうした研究の達成を労働者運動のなかでどう具体化しようとしたのかも注目される点です。

本章では、インタナショナルでの活動とマルクスの理論探究との結びつきを、『資本論』との関わりを軸にしながら追いたいと思います。

インタナショナルについては、マルクス、エンゲルスの手によるまとまった著作がなく、二人の活動の研究にあたっては、総評議会の議事録（全五冊、英文）やハーグ大会（一八七二年）の議事録（全二冊、英文）などを手掛かりに、関連する文献、手紙を邦訳『全集』（大月書店、以下『全集』）のなかで探して読む方法をとらざるをえませんでした。

二〇一〇年、科学的社会主義の古典選書の一冊として『インタナショナル』（編集・不破哲三、新日本出版社）が刊行されたことで、私たちは、インタナショナルでの活動に関連する二人の主要文献をまとめて読めるようになりました。[*4] 国際マルクス／エンゲルス財団（アムステルダム）の刊行する新しい『マルクス・エンゲルス全集』（新メガ）も、この時期の研究と活動記録をおさめる諸巻を刊行しています。本章での探究では、このような新たな条件も生かしたいと思います。

＊1　一八四八年、前年にイギリスで起きた経済恐慌の影響がヨーロッパ大陸にも波及するなかで、経済的矛盾と社会的緊張が高まり、フランス（二月）、オーストリア（三月）、ドイツ（三月）で民主主義的な要求を掲げた革命的激動が広がった。それぞれ二月革命、三月革命と呼ばれたが、これらを総称して一八四八年の革命という。

＊2　『資本論』執筆中のマルクスは、イギリスの資本家と労働者階級の攻防の歴史に関心をよせ、『工場監督官報告書』、『公衆衛生報告書』をはじめ、労働現場の実態を示す数々の公的資料を読み込んでいた。アメリカの日刊紙「ニューヨーク・デイリー・トリビューン」（一八五一年一〇月～六二年三月まで寄稿）などに寄稿した新聞論説でも、イギリスの産業と労働者階級の状態について

報告しており、マルクスは、労働者集会にも参加して、運動の実情をつかむ努力を続けていた。

＊3　マルクスが注目していた動きの一つに、労働時間の短縮を求めたロンドンの建築労働者のストライキを含む大闘争がある（一八五〇年代末から六〇年代前半）。マルクスはこの闘争を新聞論説で取り上げ（「政治的概観」、『全集』第一三巻四八九～四九〇ページ）、『資本論』でも三カ所で言及している（新版②四〇四ページ、Ｉ２４９ページ／同③九四八ページ、Ｉ５６８ページ／同③九五一ページ、Ｉ５７０ページ）。この大闘争からイギリスの有力な労働組合や労働団体が生まれ、その関係者は、発足直後のインタナショナル執行部三四人のうちの三分の一近くを占めていた（デイヴィド・マクレラン『マルクス伝』三六七ページ、ミネルヴァ書房）。

＊4　古典選書『インタナショナル』に収録された文献ついては、山口「マルクスとエンゲルスの古典案内　マルクス『インタナショナル』」（『経済』二〇二四年一一月号）で、その特徴を紹介した。

一　インタナショナルの創立（一八六四年）とマルクス

マルクスが、国際労働者協会（インタナショナル）で最初に手掛けた仕事は、新しい国際組織の大方向を決める文書づくりでした。六四年一〇月五日に開かれた会議で、綱領文書起草小委員会の一員に選ばれていたのです（議事録①37ページ、新メガⅠ／⑳268ページ）。委員会では、マルクスが病気で参加できない間に、いくつかの案文が用意されていました（六四年一〇月）。活動に復帰したマルクスは、この案文を「駄文」と見て、ただの一行も残しておくべきではないと決意し、新たに二つの文書をつくり上げます。出来上がった文書は、作成の手法、内容ともに精魂を傾けたマルクスならではのもので、「国際労働者協会創立宣言」、「国際労働者協会暫定規約」として、中央評議会で採択のうえ、発表されました（六四年一一月）。

この時から一八七二年九月（オランダ・ハーグ大会）までの八年間、マルクスは、『資本論』研究とインタナショナルでの活動という、二つの大仕事に取り組むことになります。

「創立宣言」、「暫定規約」の作成と採択までの諸事情は、マルクス自身がイギリス・マンチェスターにいた盟友フリードリヒ・エンゲルスに送った手紙のなかで、詳しく報告しています（一八六四年一一月四日）。マルクスは、この手紙で「非常に厄介だったのは、われわれの見解を労働運動の現在の立場に受け入れられるような形であらわすように取り計らうことだった」と述べ、「再び目ざめた運動が以前の大胆なことば使いを受け入れるようになるまでには、時間がかかるのだ。実質を強くし体裁をおだやかにするのは、やむをえない」と二つの文書を作成した舞台裏を語っています（古典選書『インタナショナル』三六ページ、『全集』第三一巻一三ページ）。

創立時に選ばれた執行部の主な人々は、イギリスの労働組合の指導者と各国の亡命者たちで、そのなかには、マルクスなどごく少数の人々を除けば、社会主義、共産主義への明確な意識をもった人はほとんどいませんでした。イギリスの労働組合の幹部たちの関心は労働者の当面の要求が中心でしたし、イタリア、フランスからの亡命者のなかには、本質的に労働者階級の運動とは無縁の人々も含まれていました。

＊5　中央評議会（総評議会）の議事録は、『第一インタナショナル総評議会。議事録』として、一九六二～六八年にモスクワ・プログレス出版から刊行された（全五冊、七三～七四年再版）。議事録の一部復元を含めた新メガ諸巻への収録は継続中である（新メガ第Ⅰ部門第二〇巻～第二三巻、第二三巻は未刊）。以下、本章では議事録と表記。議事録①は五巻本の第一冊を指し、新メガⅠ／⑳は新メガ第Ⅰ部門第二〇巻を指す。大月書店版『全集』の各巻「補録」に収められた総評議会でのマルクスの発言記録も、この議事録によっている。

＊6　表題が「暫定規約」となったのは、第一回大会の開催までの「暫定」という意味で、六六年九月のジュネーヴ大会（第一回大会）は、基本的な原則を受けつぐ「規約」を承認し、「細則」を追加した（『全集』第一六巻、新メガⅠ／⑳に収録）。

＊7　創立当初、暫定委員会などと呼ばれた執行部は、六四年一〇月一八日以降、中央評議会と呼ばれ、ジュネーヴ大会で決定した規約で「総評議会」と改称された。

1　「創立宣言」――『資本論』研究とも結んで

「国際労働者協会創立宣言」は、イギリスの労働者階級がおかれている一八四八年以降の状態を、公的な『報告書』や政府関係者（グラッドストン大蔵大臣）の言明を使って説明し、そこから必然的に出てくる展望として労働者運動の当面する課題と目標を提起しています。ここでマルクスが利用している公的な『報告書』とグラッドストンの言明は、いずれも『資本論』第一部（第一巻）で取り上げたもので、「創立宣言」の随所に『資本論』研究との結びつきが見てとれます。[*8]

「創立宣言」がイギリスの諸事情を詳しく紹介したのは、同様の事態が「大陸のすべての進歩した工業国」で再現しており、「偏見をもたないすべての人にとって明白な真理」になっているからでした。マルクスは、その真理として、「労働の生産力の新たな発展」も、「現在の欠陥のある基礎のうえでは……社会的敵対を鋭くする結果」となり、「勤労大衆の貧困」をなくせないこと、「商工業恐慌とよばれる社会的疾病」がくりかえされていることをあげています（古典選書『インタナショナル』一五～一六ページ、『全集』第一六巻七ページ）。こうした説明は、『資本論』の「序言」（初版）で、「イギリスが私の理論的展開の主要な例証」だと述べていたことに重なるものです（新版①一一ページ、Ｉ12ページ）。

続いて「創立宣言」は、一八四八年革命の敗北後の労働者階級の運動の苦闘を述べたうえで、「明るい半面もなかったわけではない」（古典選書『インタナショナル』一七ページ、『全集』第一六巻八ページ）として、二つの「顕著な事実」をあげています。

一つは、イギリスの労働者階級が労働時間を制限する一〇時間労働法を獲得し、工場法の適用範囲を拡大させるなど、生活と運動上の成果をあげてきたことです。[*9]

「イギリスの労働者階級は、三〇年にわたって最も驚嘆すべきねばりづよさでたたかったのち、土地貴族と貨幣貴族のあいだの一時的な分裂を利用して、一〇時間法案を通過させることに成功した」（古典選書『インタナショナル』一七ページ、『全集』第一六巻八ページ）。

マルクスは、労働時間の制限をめぐる闘争は、資本家階級の支配と「労働者階級の経済学である社会的先見によって管理される社会的生産とのあいだの偉大な抗争」に影響するだけに激しくたたかわれたと述べ、一〇時間労働法の実現は、労働者階級の経済学の「原理の勝利」だと指摘しました（古典選書『インタナショナル』一八ページ、『全集』第一六巻九ページ）。さらに、この運動と労働時間を制限することで得た〝自分の時間〟が「工場労働者にもたらした巨大な肉体的・精神的・知的な利益は、工場監督官の報告書に半年ごとに記録されて、いまでは各方面の承認するところとなっている」（古典選書『インタナショナル』一七ページ、『全集』第一六巻八ページ）と力強く述べています。マルクスは、「一八六一〜六三年草稿」と呼ばれる経済学草稿のなかで、これらの事実を分析し、現実の労働者運動の成果が「社会的進歩の一定の条件」をつくっていると評価していました[*10]（一八六三年一月、『資本論草稿集』⑨三三一ページ）。この視点は、「労働日」の章（現行の第八章）をはじめとして、『資本論』のなかでも貫かれているものです（新版②五三三〜五三四ページ、Ⅰ319〜320ページほか）。

「顕著な事実」の二つ目は、イギリスで協同組合工場の運動が広がっていたことです。[*11] マルクスは、これを「偉大な社会的実験」と呼び、この試みが、議論ではなく行為によって生産者は「働き手の階級を雇用する主人の階級がいなくてもやっていける」こと、労働手段は「働く人自身にたいする支配の手段、強奪の手段として独占されるにはおよばない」ことを示していると述べ、「主人の階級」がいなくなり労働の性格が根本的に変化する未来社会への展望を、つぎのようにまとめています。

「賃労働は、奴隷労働と同じように、また農奴の労働とも同じように、一時的な、下級の社会的形態にすぎず、やがては、自発的な手、いそいそとした精神、喜びにみちた心で勤労にしたがう結合的労働に席をゆずって消滅すべき運命にある」（古典選書『インタナショナル』一九ページ、『全集』第一六巻九ページ）。

マルクスは、労働者が試みたこうした諸実験の結果は、一八四八年に声高く宣言された諸理論から生まれた「実践的な帰結であった」と述べます。〝宣言された諸理論〟とは、明示はされていませんが、『共産党宣言』（一八四八年）を念頭においたものでしょう。

＊8　『工場監督官報告書』のほか「創立宣言」で利用されたつぎの資料は、いずれも『資本論』第一部で利用されており、引用箇所も同じものが多い。資料の発表時期からみて、第一部の草稿段階（一八六三年八月～六四年前半の執筆）で検討したのではないかと考えられる。

六三年四月と六四年四月のグラッドストンの言明、『公衆衛生報告書（第六次）』（六四年発表）、『児童労働調査委員会第一次報告書』（六三年）、『製パン職人によって申し立てられた苦情にかんする報告書（第一次）』（六二年）、『一八六一年度のイングランドおよびウェイルズの国勢調査』（六三年）。

＊9　最初の一〇時間労働法は、一八四八年から年少労働者、女性労働者に適用され、五〇年の追加新工場法で「その適用を受ける産業諸部門において、すべての労働者の労働日〔一日の労働時間〕を規制した」（新版②五一八ページ、Ｉ311～312ページ）が、その実効性は、五三年の補完新工場法によって補完された。

＊10　マルクスが研究した『工場監督官報告書』の内容は、『資本論』第一部第三篇第八章「労働日」の「注二〇二」で紹介されている（新版②五三三～五三四ページ、Ｉ320ページ）。この引用は「六一～六三年草稿」のなかでも抜粋されていたもの（『資本論草稿集』④三五五～三五六ページ）。本書第一章五五～五六ページ、第四章三三二ページ参照。

＊11　『資本論』では、第一部第四篇第一一章「協業」の「注二一」などで、イギリスの協同組合工場の例を引いている。これらを別とすれば、正面から協同組合工場を分析したのは、第三部第五篇第二三章「利子と企業者利得」がはじめてで、マルクスは、つぎのように論じている。

「最高の発展をとげた資本家自身が、大土地所有者を余計であるとするのと同じように、資本家が生産の機能者としては余計になったということは、協同組合工場がこれを証明している」（新版⑨六六七ページ、Ⅲ400ページ）。

マルクスは、この叙述を「六一～六三年草稿」のノート第一五冊「収入とその諸源泉」（六二年一〇月執筆）からとっている（『資本論草稿集』⑦四七三～四七四ページ）。

政治権力の獲得と労働者党の結成

さらにマルクスは、労働者階級による政治権力の獲得の意義と、それをめざす労働者党の結成の問題を、「創立宣言」のなかに、ごく自然な筆の運びで書き込みます。

「勤労大衆を救うためには、協同《コーオペラティブ》労働を全国的規模で発展させる必要」があるが、「土地の貴族と資本の貴族は、彼らの経済的独占を守り永久化するために、彼らの政治的特権を利用することを常とする」（古典選書『インタナショナル』二〇ページ、『全集』第一六巻一〇ページ）。

その証拠として、イギリス議会で「下院は土地所有者の議院なのだ」と叫んだ六三年六月のパーマストン首相の言葉を引用し、こう続けたのです。

「したがって、政治権力を獲得することが、労働者階級の偉大な義務となった。労働者階級はこのことを理解したようにみえる。なぜなら、イギリス、ドイツ、イタリア、フランスで、同時に運動の復活が起こり、労働者党の政治的再組織のための努力が同時になされているからである」（同前）。

そして、労働者運動は、「団結によって結合され、知識によってみちびかれる」ことが重要だと述べ、この思想に促され、われわれは「国際〔労働者〕協会を創立した」と宣言しました。

対外政策のためのたたかい

「創立宣言」は、最後の部分で、戦争の陰謀に満ちた国際政治の現状を指摘し、これらの陰謀を告発しながら、平和をまもるたたかいが、労働者階級の解放闘争の大事な任務だと訴えています。一九世紀のヨーロッパでは、支配階級の略奪欲とならんで、専制諸国の王朝的利害の衝突が戦争の重要な動機となっていました。

「これらのことは労働者階級に、国際政治の秘密に通暁《つうぎょう》し、自国政府の外交行為を監視し、必要とあればそのもちあわせているあらゆる手段をもちいてこれを妨害し、阻止できない場合には団結していっせいに弾劾し、私人の関係を規制すべき道徳と正義の単純な法則を諸国民の交際の至高の準則として確立することが彼らの義務であることを教えた。

このような対外政策のためのたたかいは、労働者階級の解放をめざす一般的闘争の構成部分である」（古典選書『インタナショナル』二二ページ、『全集』第一六巻一一ページ）。

当時の世界では、諸国民を巻き込む戦争と紛争がくりかえし起きており、この原則は、平和の世界秩序をめぐるマルクスの歴史的な提起でした。そして、この原則は、ヨーロッパで起きた戦争への実際の対応のなかで、生きた力を発揮することになります。

マルクスは、「創立宣言」を、『共産党宣言』の結びと同じ句である「万国のプロレタリア、団結せよ！」で結びました。

2 「暫定規約」――運動の発展に道を開く

マルクスは、「創立宣言」と同時に「暫定規約」（前文と本文一〇条）を書き上げました。規約の組み立てと条文の規定は、さまざまな発展段階にある各国の労働者運動が共同と連帯の道をともに歩んでゆけるように、考え抜かれたものだと思います。

「暫定規約」前文は、労働者階級の解放運動の現状と任務について、つぎのように述べます。

「労働者階級の解放は、労働者階級自身の手でたたかいとられなければならないこと、労働者階級解放のための闘争は、階級特権と独占をめざす闘争ではなく、平等の権利と義務のため〔マルクスによればこの一句は小委員会で入れられたもの〕、またあらゆる階級支配の廃止のための闘争を意味すること、……現在ヨーロッパの最も工業的な国々にみられる労働者階級の運動の復活は、新しい期待を生みだすとともに、古い誤りをくりかえさないようにという厳粛な警告をあたえるものであり、いまなおばらばらな運動をただちに結合するよう要請している」（古典選書『インタナショナル』二六～二七ページ、『全集』第一六巻一二ページ）。

そして、国際労働者協会は、「以上の理由にもとづいて」創立されたとします。

「暫定規約」は、団体とともに「個人」も加盟できると明記しました（前文）。加盟にさいしての条件は、「労働者階級の保護、進歩および完全な解放」の目的を承認することで（第一条）、加盟する労働者諸団体は、「その既存の組織をそのまま維持する」ことをうたっています（第一〇条）。こうして、労働者の解放という大目的を共有するかぎり、さまざまな傾向や歴史をもつ個人、諸団体がインタナショナルに加盟できるようになったわけです。

中央機構としては、中央評議会の設立と年一回の大会開催を決め（第三条）、中央評議会をロンドンに置きました（第四条）。

各国における組織形態については、のちに連合評議会などと呼ばれた「全国的団体に結合する」最大の努力を払うとする一方で、いかなる「独立の地方的団体」も、ロンドンの中央評議会と直接に通信する権利を認めるという柔軟な運用方式をとりました（第七条）。

イギリスでは各分野の労働組合が発展しはじめていましたが、ほかの国ぐにでは、さまざまな潮流が労働者協会、協同組合、教育団体など、いろいろな形態で活動していました。労働者党はどこにも存在せず、ドイツでも、フェルディナント・ラサール（一八二五～六四年）を指導者とする労働者組織「全ドイツ労働者協会」が生まれたばかりでした（六三年五月）。マルクスは、「暫定規約」として、こうした当時の運動の状況にみあう弾力的な組織形態を定めようとしたのだと思います。

「創立宣言」と「暫定規約」は、一八六四年一一月一日の執行部の会議で、マルクス自身が読み上げ、全員一致で承認されました（議事録①43ページ、新メガI／⑳276ページ）。マルクスは、二つの文書の仕上げを、「厄介」な仕事と呼びましたが、この「厄介」な仕事こそ、インタナショナルのその後の発展に道を開いたものでした。

マルクスは、アメリカに亡命して活動を続けていたヨーゼフ・ヴァイデマイアー（一八一八～六六年）に、インタナショナルに参加する意気込みを、つぎのように語っています（一八六四年一一月二九日）。

「印刷された『〔創立〕宣言』を四部郵送する。これは僕が作成したものだ。……僕は長年にわたって、いっさいの『組織』等々への参加をすべて系統的に断わってきたのだが、今回は引き受けた。というのは、こんどの一件では有意義な活動をすることができるからだ」（『全集』第三一巻三六〇ページ）。

「創立宣言」と「暫定規約」という、〝インタナショナルの原理〟をまとめる仕事も、マルクスにとって「有意義な活動」の一つだったでしょう。

そして、マルクスは、二つの文書を広く宣伝するよう評議会に提起し、協会は、労働者集会の場や労働者団体への訪問で〝インタナショナルの原理〟を説明し、広く加盟を呼びかける活発な活動を開始しました。こうして、イギリス、フランス、スイスなどでインタナショナルの支部がつくられはじめます。労働者団体の支部としての最初の加盟は、ロンドンの石工労働者統一組合（石工協会）で、六五年二月のことでした（「加入団体にたいする加入許可状」、『全集』補巻③五〇四ページ）。

3　創立直後の活動から

インタナショナルの中央評議会の会議は毎週火曜日の夜に開かれ、ときには午前零時をこえました。マルクスは特別の事情がない限り、毎回出席し、討議に参加します。会議の様子は、遺された会議の「議事録」を追うことによって知ることができます。

創立直後の活動から、いくつか取り上げてみましょう。

国際政治の舞台で――リンカーンとの交流

アメリカの南北戦争（一八六一～六五年）が最後の局面に向かっていた一八六四年一一月、リンカーン（一八〇九～六五年）がアメリカの大統領に再選されます。国際労働者協会は、一一月二二日の中央評議会で、リンカーンに再選の祝辞を送ることを決め（議事録①50ページ、新メガＩ／⑳283ページ）、マルクスが起草した祝辞を二九日の会議で採択しました（議事録①51ページ、新メガＩ／⑳285ページ）。マルクスは、このなかで、アメリカという国を、つぎのような言葉で特徴づけています。

「まだ一世紀もたたぬ昔に一つの偉大な民主共和国の思想がはじめて生まれた土地、そこから最初の人権宣言〔一七七六年の独立宣言のこと〕が発せられ、一八世紀のヨーロッパの革命に最初の衝撃があたえられたほかならぬその土地」（「アメリカ合衆国大統領　エーブラハム・リンカーンへ」、古典選書『インタナショナル』四一ページ、『全集』第一六巻一六ページ）。

この文章に表現されているような、国民の主権と人権を保障する政治、選挙での多数者の支持を得ながら政治を進める民主共和制をめざすことは、政治体制上のマルクスの一貫した目標でした。

この祝辞は、ロンドン駐在のアメリカ公使を通じてリンカーン大統領に送られました。

翌六五年一月二八日、リンカーンから礼状がとどき、一月三一日の総評議会で読み上げられます（議事録①68ページ、新メガⅠ／⑳297ページ）。マルクスは、その模様をすぐにエンゲルスに知らせ、ロンドンの名士たちが名を連ねた団体への返答が冷ややかなものだったのにたいし、「われわれにたいする彼の返書は、じじつ、人々が要求しえたかぎりのもの」で「形式的な返答以上の唯一のもの」だと語っています（六五年二月一日、『全集』第三一巻四一ページ）。

イギリスの代表的な新聞「タイムズ」（二月六日）が、「リンカーン氏と国際労働者協会」という表題の解説記事を掲載するなど、この交流は、発足したばかりのインタナショナルの民主主義擁護の立場を内外に知らせる役割を果たしました。イギリスの政界では、南北戦争の当初、奴隷所有者たちの側にたって、リンカーン政府を攻撃する空気が強く、そのなかで、労働者運動はアメリカ北部諸州への連帯集会を開き、武力干渉に反対していました。こうした経過もあって、リンカーンとの中身のあるやりとりが実現したのかもしれません。

アメリカの南北戦争は、一八六〇年の大統領選挙で反奴隷制派のリンカーンが勝利した後、奴隷制擁護の南部諸州によって引き起こされたものです。四年にわたる内戦は、リンカーン派の勝利に終わり、奴隷制度は一掃されました。大統領選挙の結果が、国の政治・経済の根本問題への解決に道を開くという出来事は、マルクスにとって、社会の変革を考えるうえでの重要な経験でした。その後、マルクスは、政権を失った支配勢力が反乱に訴えることを、「奴隷制擁護の反乱」、「奴隷所有者の戦争」などと表現するようになり、この用語は、『資本論』にもたびたび登場しています（新版②五〇一ページ、Ｉ302ページ／同②五〇八ページ、Ｉ305ページ／同③七五〇ページ、Ｉ450ページなど）。

ポーランド史の研究

リンカーンへの祝辞を送ってまもなく、中央評議会の常任委員会（小委員会とも呼ばれる日常的な執行機関）が開かれ、イギリスのジャーナリスト、ピーター・フォックス（一八六九年没）がイギリス支部の名でポーランド人民への連帯のメッセージを提案しました（六四年一二月六日）[*12]。フォックスのメッセージは、フランスをロシア・ツァーリズムに反対する、ポーランド独立の擁護者と描いていました。マルクスは、この点を批判し、「ルイ一五世からボナパルト三世に至るまで、フランス人はポーランド人を絶えず裏切ってきたという、歴史的に反駁《はんばく》しようもない一覧表を広げて見せ」（六四年一二月一〇日、エンゲルス宛の手紙、『全集』第三一巻三二ページ）、メッセージの書き換えを認めさせます。

続いて、マルクスは、一二月一三日の常任委員会と翌六五年一月三日の評議会で、フォックスの見解をより詳細に批判する演説を行います。「議事録」には、マルクスが「非常にすぐれた歴史のレジュメを用いて、フランスの伝統的な対外政策はポーランドの復活と独立にとって好ましくないもの」と論じたと記されています（議事録①61ページ、新メガI／⑳292ページ）。

マルクスは、これらの演説を前にして、一連の研究を行っています。その研究を記録した「第一インタナショナル総評議会におけるポーランド問題の討議のための資料」（表題は編集者による）を見ると、ポーランド人民にたいするフランスの裏切りを明らかにするために、マルクスが、一七一六～一八四八年までのポーランドとヨーロッパ諸国の歴史を詳しく検討し、評議会に臨んだことがわかります（『マルクス・エンゲルス・アルヒーフ』[*13]（遺稿集）第一四巻320～461ページ、一九七三年）。

評議会の「議事録」は、議事を淡々と記載したものですが、フォックスを批判したマルクスの演説については、「重要な歴史的事実を豊富に含んだもので、刊行されれば非常に価値あるものであろう」と書き込んでいました（議事録①61ページ、新メガI／⑳292ページ）。

評議会の会議には、さまざまな立場の活動家が出席し、共同していました。マルクスは、どのようなテーマであれ、事実はどうなのか、労働者階級の立場で考えればこうなるのではないかという態度で討論にのぞみます。こうした努力が説得力を発揮して、マルクスの主張や提案は、多くの出席者の賛同を得るようになり、インタナショナルの活動のなかで指導的役割を果たしてゆくことになります。マルクスは、「あの本〔『資本論』〕の仕事のほかに、国際〔労働者〕協会がまったく途方もなく多大の時間を取り上げるのだ」（六五年三月一三日、エンゲルス宛の手紙、『全集』第三一巻八三ページ）とこぼしていますが、彼自身は、科学的社会主義の理論と運動にとってのかけがえのない時間を、この二つの仕事のなかに見ていたと思います。

＊12　ポーランドは、一八世紀末までに、ロシア、プロイセン、オーストリアに国土を三分割され、第一次世界大戦終結までの一世紀以上のあいだ、被抑圧者の境遇におかれていた。それだけに、一九世紀のヨーロッパにあっては、ポーランド問題への対応が進歩と変革の事業全体のなかで特別な地位をしめていた。

＊13　『マルクス・エンゲルス・アルヒーフ』〔遺稿集〕は、旧シリーズで五巻（一九二四～三〇年）、新シリーズで一六巻（一九三二～八二年）がモスクワで不定期発行された。本文で紹介した資料は、「ポーランドにたいするフランスの関係についての演説の草案」（ピーター・フォックスとの論争〔草稿で一六ページ〕）、「ピーター・フォックスとの論戦のための資料、一七一六～一八四八年」〔草稿で五〇ページ〕からなっており、「演説の草案」は、英語版著作集第二〇巻（一九八五年）、新『メガ』第Ⅰ部門第二〇巻（一九九二年〔実際の刊行は九三年〕）に収録されている。

第二次選挙法改正への参加

インタナショナルの最初の大きな政治行動は、一八六五～六七年にイギリスで展開された第二次選挙法改正に参加したことです。

マルクスは、一八四八年のドイツ革命に参加したときから、民主共和制を高く評価し、人民主権の政治体制の確立、その一環としての普通選挙権の獲得を重視していました。イギリス亡命後も、労働者の選挙権獲得の大運動であるチャーティスト運動と連帯し、アーネスト・ジョーンズ（一八一九〜六九年）が創刊したチャーティスト派の週刊紙に寄稿していました。

六五年一月三一日、マルクスは中央評議会で、広がりはじめていた選挙法改正運動について演説し、二月に予定されていた議会改革連盟の準備会議にインタナショナルの代表団を送ること、普通選挙権を公然と主張し、改革連盟の指導機構に評議会メンバーが入るよう求めました（六五年二月一日、エンゲルス宛の手紙、『全集』第三一巻四二〜四三ページ）。議会改革連盟は、二月二三日に創立され、第二次選挙法改正の運動をすすめる政治的役割の発揮が期待されました。マルクスは、国際労働者協会が「新しい議会改革連盟の結成のための委員会〔執行委員会〕で多数派を形成して」いることをエンゲルスに報告しています（二月二五日、『全集』第三一巻六九ページ）。

一年後、議会改革連盟の指導部は、男性の五分の一ほどに選挙権を広げる選挙法改正案に賛成し、六七年五月には、事実上、普通選挙法のための運動を停止することになります。

それでも、国際労働者協会は、選挙権が労働者にひろげられたことを歓迎し、これを自分たちがつくりだした運動の成果とよび、「一八六七年という年は、イギリスの労働者階級の歴史上で永久に記念される年となるであろう」（「ローザンヌ大会への国際労働者協会総評議会の報告」、『全集』第一六巻五三三ページ）と評価したのでした。

4　一八六五年六月の講演

一八六五年四月二五日の「議事録」には、ライプツィヒ（ドイツ）の印刷労働者のストライキ闘争の現状を報告し、支援を呼びかけるマルクスの発言が記録されています[*14]（議事録①92ページ、新メガⅠ／⑳318ページ）。これが契機になって、インタナショナルでは、イギリスを含め各国でのストライキ闘争への連帯と支援が大きな活動分野となってゆきました。

この活動が始まったころ、評議会では、イギリスの評議員の一人ジョン・ウェストン（生没年不詳）が、賃上げ闘争有害論を言い出していました。〝賃金率の一般的な上昇は労働者たちにとってはなんの利益もない〟〝だから労働組合は有害な作用をする〟というのです。この意見は、評議会では、ウェストン一人の少数でしたが、問題の解決は、インタナショナルの運動の命運にもかかわるものでした。

五月二〇日の臨時の会合で、この問題の討論が行われ、マルクスもウェストンの主張への簡単な反論を行ったようです[*15]。続いてマルクスは、事柄の重大性を考え、六月二〇日と二七日の評議会の会議で準備した原稿を読み上げる形でウェストンの議論にこたえ、資本主義的搾取とはなにかという経済学の基本から、労働者の賃金闘争の意義、労働者運動の任務と展望まで、問題を全面的に解き明かすことにしました（議事録①109ページ、111ページ、新メガI／⑳334ページ、336ページ）。

＊14　マルクスのもとには、ベルリン印刷工協会幹事会から、ライプツィヒの印刷労働者の闘争への「国際労働者協会、とくにイギリスとロンドンの植字工」の支援を求める手紙が届いていた（六五年四月一五日、新メガ第Ⅲ部門第一三巻395〜396ページ）。

＊15　この会議は、臨時の開催だったためか議事録は残されておらず、マルクスのエンゲルス宛の手紙が、当日の様子を伝えている（六五年五月二〇日、『全集』第三一巻一〇二〜一〇三ページ）。

新たな考察のなかで

六月の講演に先立って、マルクスには、『資本論』研究での新たな考察がありました。

マルクスは、インタナショナルが創立された一八六四年に『資本論』の執筆にとりかかり、六四年中に第一部の草稿と第三部の前半部分（現行の第一篇〜第三篇）の草稿を書きあげ、六五年一月から、第二部の最初の草稿（第一草稿）の執筆を開始していました。マルクスは、この研究のなかで、恐慌がなぜ資本主義的生産の運動のなかで周期的に起こってくるのか、その経済学的なメカニズムをつかんだのです[＊16]。

マルクスの旧来の見方は、〝恐慌がくれば革命は近い〟とするものでしたが、恐慌問題の究明が進みはじめると、社会変革の理論としても、資本主義の発展のなかで労働者階級が革命の主体に成長・発展する過程そのものを経済学的に解明してゆくことが重要になります。

新たな考察から、マルクスは、何を引きだしたのか。その一端を示しているのが、六五年六月のインタナショナルでの講演でした。二回にわたった講演は、マルクスが生きている間には公刊されませんでしたが、その内容は、翌年のインタナショナル・ジュネーブ大会の諸決議のなかに実を結ぶことになります。マルクス死後、娘のエリナー（一八五五～九八年）がこの講演の英文原稿を発見し、講演は、三三年後に『価値、価格および利潤』というタイトルで刊行されました（ドイツ語版は『賃金、価格および利潤』、一八九八年）。

＊16　第二部第一草稿は、「資本の循環」を考察した最初の章のなかで、商人資本の介在によって、商品の販売が「現実の需要」から独立化し、「架空のW―G―W」の軌道を進むなかで、現実の需要との乖離《かいり》が拡大、累積し、恐慌が準備されてゆくことを明らかにしている（新版『資本論』⑦八五八～八六二ページの＊2参照）。

労働者階級の闘争の戦略を示す

マルクスの講演は、全体が一四章からなっています（一八九八年の刊行本による）。価値論の初歩から資本主義的搾取の理論までわかりやすく述べたうえで、第一二章から、いよいよ賃金闘争の意義と役割を説いてゆきます。

マルクスは、第一三章で、賃金をめぐる労働者と資本家の関係が、資本家の攻撃や景気の変動な

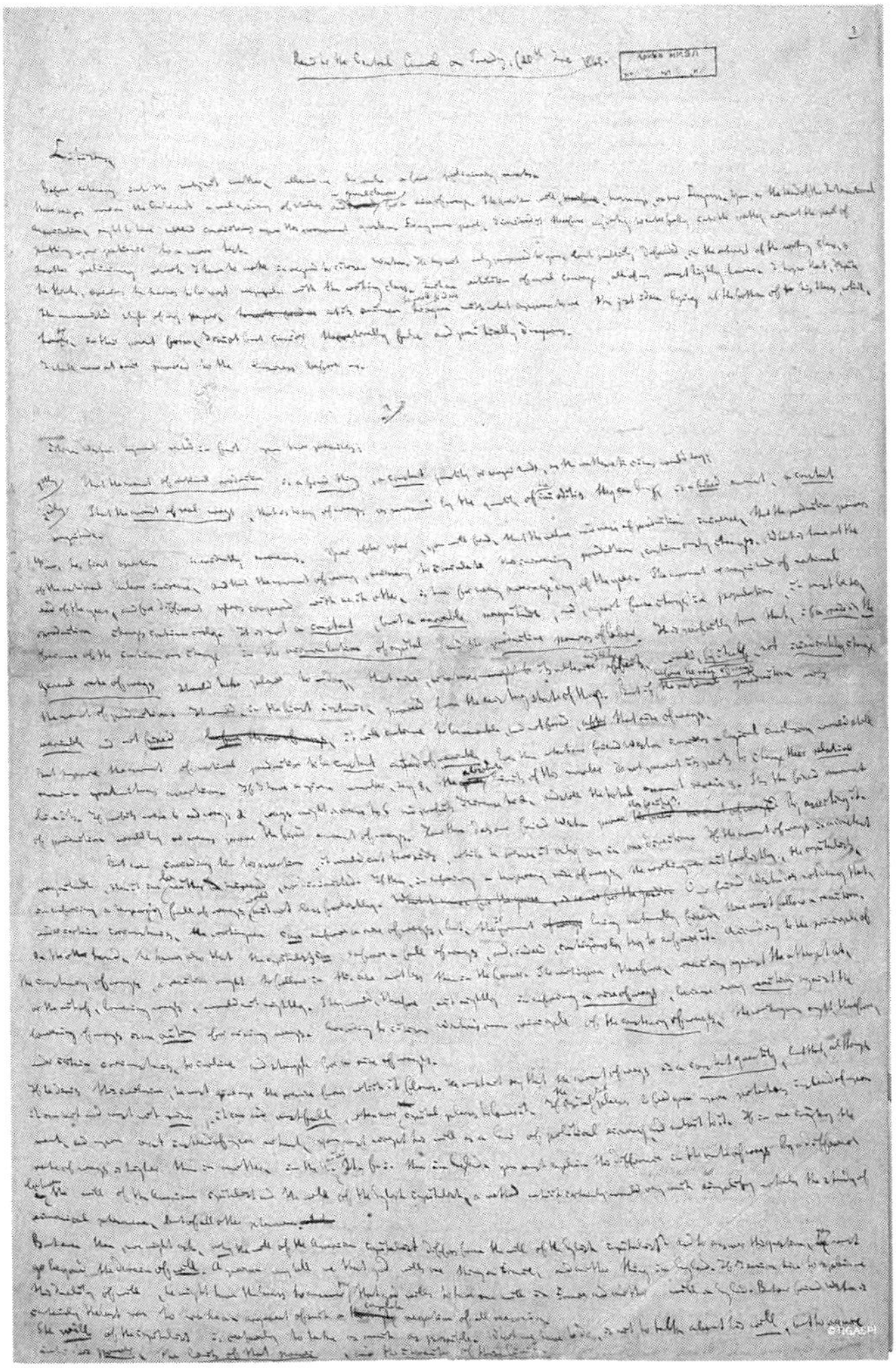

1865年６月の講演のためにマルクスが用意した英文原稿の最初のページ。全体は、16ページからなっている。新メガ第Ｉ部門第20巻（1992〔93〕年）から

ど、状況に応じて変化することをとりあげ、最後の部分で、こう述べます。

「諸君のすべてが知っているように、ここで説明する必要のないさまざまな理由から、資本主義的生産は一定の周期的循環を通じて運動するものである。それは、平穏、活気の増大、好況、過剰取引、恐慌、沈滞の状態を経過する」（古典選書『賃労働と資本／賃金、価格および利潤』一七二ページ、『全集』第一六巻一四六ページ）。

マルクスは、恐慌を産業循環[*17]の一局面として位置づけ、恐慌の時には、資本家は必ず賃金切り下げの攻撃をかけてくる、その時にも、切り下げとたたかうことが必要だが、重要なことは、好況の時に不況時の賃金の切り下げを埋めわせるだけの賃金引き上げを勝ちとっておくよう努めることだ、と言います。

「もし超過利潤の得られる好況の局面において彼〔労働者〕が賃金引き上げのためにたたかわなかったならば、彼は、一つの産業循環の平均をとってみれば、彼の平均賃金すなわち自分の労働の価値さえうけとらないことになるであろう」（古典選書『賃労働と資本／賃金、価格および利潤』一七三ページ、『全集』第一六巻一四六ページ）。

労働者階級は、資本の攻撃や景気の変動など、情勢が変動する全期間をつうじて、自分たちの生活を守りぬく立場にたたなければならない、というわけです。

続く第一四章では、資本主義的生産のもとでは、労働者階級の状態の悪化が必然の傾向になると述べ、その確認から出てくる闘争の発展方向をつぎのように示します。

「労働者階級はこれらの日常闘争の究極の効果を過大視してはならない。彼らは、〔資本主義的搾取が生みだした〕もろもろの結果とたたかっているだけであって、それらの結果の原因とたたかっているのではないということ……を忘れてはならない。……現在の制度は、彼らにあらゆる困苦をおしつけるが、それと同時に、それが社会の経済的改造に必要な物質的諸条件と社会的諸形態をも生みだすものであることを、彼らは理解すべきである。彼らは『公正な一日の労働にたいして公正な一日の賃金を！』という保守的な標語のかわりに、『賃金制度の廃止！』という革命的なスローガンを彼らの旗に書きしるすべきである」（古典選書『賃労働と資本／賃金、価格および利潤』一八五ページ、『全集』第一六巻一五三～一五四ページ）。

マルクスは、『資本論』研究のなかで、資本主義的生産が、社会の変革に必要な「物質的諸条件と社会的諸形態」をつくりだすことを明らかにしていました。六月の講演では、インタナショナルの活動家を前に、そこに目を向けて、日常の闘争のなかで、現在の制度のもとでの状態の改善にとどまるのではなく、階級意識を発展させ、社会変革の主体となる準備をしよう、との戦略方針を打ち出したのです。「賃金制度の廃止」とは、資本主義制度の変革を意味するスローガンです。

また、講演では、労働時間の短縮をめざす闘争をとりあげ、資本による「自由な時間」の強奪を批判するなかで、「時間は人間の発達の場」だと意義づけています（第一三章）。

「労働者が労働日をもとの合理的な範囲にまで短縮しようとくわだてるのは、あるいは……過度労働を阻止しようとくわだてるのは、彼ら自身と彼らの種族にたいする義務をはたすだけのことである。労働者は資本の暴虐な強奪を制限するだけである。時間は人間の発達の場である。思うままに処分できる自由な時間をもたない人間、睡眠や食事などによるたんなる生理的な中断をのぞけば、その全生涯を資本家のために労働によって奪われる人間は、牛馬〔役畜〕にもおとるものである」（古典選書『賃労働と資本／賃金、価格および利潤』一七〇～一七一ページ、『全集』第一六巻一四五ページ）。

前年の「創立宣言」でも、労働時間を制限することで得た〝自分の時間〟の意義が語られていました（本書一〇四ページ）。六五年の講演では、さらに踏み込んで、その時間がかけがえのない「人間の発達の場」であり、「資本の暴虐な強奪を制限」して勝ちとるものだとしています。痛烈な言葉の続く文章ですが、ここには、資本主義社会を変革し、自由な社会――社会主義・共産主義社会の実現をめざすマルクスの確固とした立場が示されていると思います[*18]。

また、講演の続く部分では、「近代産業の全歴史がしめしているように、資本は、もしそれをおさえるものがなければ、むちゃくちゃに情容赦もなくふるまって、全労働者階級をこの極度の退廃状態におとしいれることをやるであろう」（古典選書『賃労働と資本／賃金、価格および利潤』一七一ページ、『全集』第一六巻一四五ページ）と警告していました。

評議会は、この討論での特別の決定を行いませんでしたが、翌六六年九月のジュネーヴ大会で、労働組合運動の必然性とその任務を解明する決議「労働組合。その過去、現在、未来」（マルクス起草）を採択することになります（古典選書『インタナショナル』五六～五八ページ、『全集』第一六巻一九五～一九六ページ）。

こうして六五年の講演は、インタナショナルの関係者にとっては、マルクスの経済学研究の成果に接するはじめての機会となり、マルクスの側から言えば、この時点での『資本論』研究の内容をまとまった形で示す、はじめての場となったのでした。

＊17　「産業循環」は、マルクスが早くから注目してきた問題だが、『資本論』では、理論的に把握された資本主義経済の法則的な運動として、これを取り上げている（新版③七九四ページ、Ｉ４７６ページ／同⑩八六八ページ、Ⅲ５０７～５０８ページほか）。大谷禎之介氏によれば、マルクスが、『資本論』第三部主要草稿第五章（信用論）を執筆した一八六五年以前には、「商業循環」〔commercial cycle〕という語は使われていても、実業界や経済学の文献で「産業循環」〔industrial cycle〕という語は、ほとんど使われていなかったという。大谷氏は、マルクスがはじめて、この用語を積極的に使い始めたと言ってよいかもしれない、と指摘している（『マルクスの利子生み資本論』第三巻二五四ページ、二〇一六年、桜井書店）。

＊18　労働時間の短縮とそれによって獲得した〝自由な時間〟をめぐるマルクスの探究については、本書第一章で論じた。

二　ジュネーヴ大会からローザンヌ大会へ

1　ジュネーヴ大会と『資本論』（一八六六年）

一八六六年は、『資本論』の研究にとっても、国際労働者協会（インタナショナル）の活動にとっても、たいへん大事な年となりました。

『資本論』の研究では、この年の一月一日から、マルクスは、新たな構想のもとで第一部（第一巻）の仕上げと清書をはじめます。この作業の大きな特徴は、「資本」と「賃労働」を別個の部とした構想をあらため、資本の分析のなかで社会変革の担い手である労働者階級の発展過程を解明することにありました。マルクスは、前年三月、ドイツ・ハンブルクの出版者オットー・マイスナー（一八一九〜一九〇二年）と『資本論』の出版契約を結んでいました。

インタナショナルでは、初めての大会準備がはじまります。「暫定規約」は、年一回の大会開催を決めていましたが、各国の組織は建設の途上にあったため、中央評議会はマルクスの提案をいれて大会を一年延期し、代わりに六五年九月、各国代表による協議会を開いていました。ロンドンで開かれた協議会には、イギリス、フランス、ドイツ、スイス、ベルギーなどから三十数名が出席し、マルクスも全日程に参加しました（九月二五～二九日）。

協議会は、創立以来のインタナショナルの活動を交流し、六六年のジュネーヴ大会（第一回）の議題を、つぎのように決めました。

一　協会にかんする諸問題。……　二　社会的諸問題――（1）協同組合労働、（2）労働時間の制限、（3）女性労働と児童労働、（4）労働組合。その過去、現在、未来、（5）労資の闘争における国際協会の仲介による協力事業、（6）国際的信用。国際的信用機関の設立、その形態と活動方式、（7）直接税と間接税、（8）常備軍と生産にたいするその関係。　三　国際政治――諸民族の自決の権利を実現することによってヨーロッパにおけるモスクワの影響を除去する必要性、ならびに民主主義的および社会的な基礎のうえに立つポーランドの再興について。　四　哲学上の問題――宗教的理念と、社会的、政治的および知的発展にたいするその関係（一八六五年一一月二〇日、マルクスからヘルマン・ユング宛の手紙、『全集』第三一巻四〇六ページ、新メガI／⑳187～188ページ）。

これらの議題のうち、「労働時間の制限」と「労働組合。その過去、現在、未来」は、マルクスの提案によるとのことです。

インタナショナルは、各国・各地方の労働者のストライキへの支援と連帯に力をいれていました。六六年五月には、スコットランドのエディンバラ裁縫労働者のストライキにたいし、資本家側がドイツとデンマークで労働者を募集（マルクスによれば「輸入」）して〝ストライキ破り〟をはかっていることを告発、その阻止を訴えました（マルクスが起草したアピールはドイツの新聞各紙に掲載された。「警告」、『全集』第一六巻一六五～一六六ページ）。

こうした活動は、インタナショナルの存在意義を高め、ストライキに勝利した産業部門から団体加盟が相次ぎます。六六年四月には、イギリスのリボン職工・リボン製造工組合、裁縫労働者救援連盟全国組織がインタナショナルに加盟しました。さらに六六年七月、イギリスの労働組合運動史上、初の全国的な労働組合代表者会議がシェフィールドで開かれ、つぎのような決議をあげました。[*19]

「本会議は、すべての国の労働者を一つの共通の兄弟のきずなで結びつけようとする国際協会〔インタナショナルのこと〕の努力を十分に評価し、全労働者の進歩と福祉にとって協会が必要欠くべからざるものであることを確信して、本会議に代表を送った各組合に、国際協会への加盟を心から勧告する」（古典選書『インタナショナル』五八ページ、『全集』第一六巻一九六ページ）。

＊19　マルクスは、インタナショナルの活動の広がりを、ドイツの活動家ヴィルヘルム・リープクネヒト（一八二六～一九〇〇年）宛の手紙でつぎのように述べている。

「協会は急速に拡大しており、とくにフランスでそうだ。最近イタリアの労働者諸協会も加入した。ロンドンでの宣伝活動は新たに始められたが、それは主として、ロンドンの裁縫工と針金製造工のストライキが成功したのは、雇い主たちの意図したフランス、スイスおよびベルギーからの労働者の輸入をわれわれが干渉し妨げたことに負っている、という事情によるものだ。わが協会の直接的で実践的な有用性がこのように証明されたことは、イギリス人の実践的な感覚に影響を与えないではいなかったのだ」(一八六六年五月四日、『全集』第三一巻四三二ページ)。

「労働日」の篇の拡大と大会準備

マルクスは、インタナショナルでの活動に参加しながら、『資本論』第一部を仕上げるために、二年前に書き終えていた草稿の書き直しと完成稿への仕上げ作業を続けました。新聞報道で鉄道事故の凄惨さと法律的取り締まりを受けない鉄道労働者の苛酷な労働実態を知り、その現状を『資本論』に書き入れたのも、この頃のことです(新版②四三八～四三九ページおよび四四〇ページの注「八七」参照)。この作業は、病気で寝込みながら続けられたもので、マルクスは、エンゲルスにつぎのように報告しています(一八六六年二月一〇日の手紙)。

「今度は命にかかわるものだった。……僕は驚くほどやせて、まだいまいましく弱っている、頭がではなく、足腰なのだが。医者たちが、この〔病気の〕再発の主要な原因は過度の夜業だ、と言うのは、まったくそのとおりだ。……僕にとっていちばんいやだったのは、肝臓病がなおって一月一日以来すばらしく捗《はかど》っていた僕の仕事が中断されることだった。『腰掛けること』はもちろん問題外だった〔マルクスは皮膚の化膿性炎症に苦しんでいた〕。それは今でもまだ窮屈だ。だが、横になりながらも、昼のうちの短い合い間だけだったとはいえ、苦役を続けてきた。本来の理論的な部分では先に進むことはできなかった。そうするのには頭脳が衰えすぎていたのだ。そのため『労働日』にかんする篇〔現行の第八章〕を歴史的に拡大したのだが、これは僕の最初のプランにはなかったことだ。今度僕が『挿入したもの』は、君の本〔『イギリスにおける労働者階級の状態』[*20]〕への一八六五年までの補足（スケッチ的）になって〔いる。〕……その後の歴史的な補遺は、君が君の本の付録として書くべきものだが、これについては、『工場監督官報告書』と『児童労働調査委員会報告書』と『公衆衛生報告書』とのほかはどの資料もまったくの屑もので科学的には使いものにならない」（古典選書『マルクス、エンゲルス書簡選集』上巻二六四〜二六五ページ、『全集』第三一巻一四五〜一四六ページ）。

マルクスは、六六年三月中旬から転地療養を余儀なくされ、インタナショナルの会議も欠席し、その活動に戻ったのは一カ月後のことでした（四月一〇日の評議会に出席。議事録①１７０ページ、新メガI／⑳３９９ページ）。

中央評議会は、七月一七日の会議で、大会の議事について詳しい方針を作成することを決め、七月三一日、マルクスが報告を行います（「ジュネーヴ大会の議案についての常任委員会の提案」、『全集』補巻③三九一ページ、議事録①２１７〜２１８ページ、新メガI／⑳４３９ページ）。評議会での大会議事についての討論は、八月二八日まで続き、この日の会議後、マルクスは、大会議題について、「個々の問題についての暫定中央評議会代議員への指示」（古典選書『インタナショナル』四六〜六四ページ、『全集』第一六巻一八九〜一九九ページ）を執筆します。ジュネーヴ大会（九月三〜八日）では、マルクスが執筆した「指示」が評議会の報告として読み上げられ、審議されたのでした（マルクスは大会を欠席し、別の評議員が大会での報告にあたった)。「指示」の内容は、『資本論』での「労働日」の篇の〝歴史的な拡大〟が、大会議題となっていた「労働時間の制限」、「女性労働と児童労働」などの報告準備に連なっていたことを示しています。

マルクスは、「労働日」の篇で、エンゲルス宛の手紙(六六年二月一〇日)であげた『工場監督官報告書』など三つの『報告書』を活用して、剰余労働にたいする資本家の渇望のすさまじさと搾取をうける労働者の状態を詳細に描き出しています。なかでも女性と児童・年少労働者の長時間・過度労働の「真に恐るべき」(新版②四四九ページ、Ｉ273ページ)、「残酷で信じがたい」(同四五三ページ、Ｉ275ページ)実態の告発に力を入れました。この内容に対応するように、「指示」の「3　労働日の制限」では、八時間労働制を要求し、女性の夜間労働と身体への有害な作業の禁止を求めています(古典選書『インタナショナル』五一～五二ページ、『全集』第一六巻一九一～一九二ページ)。また、「指示」の「4　年少者と児童(男女)の労働」では、社会的理性[*21]を力にしながら、現制度の破壊的影響から児童・年少労働者を救おうと呼びかけました(前掲五二～五四ページ、『全集』第一六巻一九二～一九四ページ)。マルクスは、このなかで工場に駆り出されている児童の教育の問題を重視しています。この問題は、個人の全面的な発達の可能性にも触れながら、『資本論』の「機械と大工業」(現行の第一三章)にある「工場立法(保健および教育条項)。イギリスにおけるそれの一般化」に関する節で詳しく論じられていました(新版③八四四～八四五ページ、Ｉ507～508ページ)。

また、マルクスは、「指示」のなかで、インタナショナルの国際的事業として、労働者階級の状態の統計的調査を行うよう提起しました（「2　労資の闘争における、協会の仲介による国際的協力」）。調査項目は、「給料および賃金」のほかに、「工場における労働時間」「夜間労働と昼間労働」、「食事時間」「職場と作業の条件——人員の過密、換気の不良、採光の不足、ガス照明の使用、清潔さ」などです（古典選書『インタナショナル』五〇ページ、『全集』第一六巻一九〇〜一九一ページ）。これらの項目は、いずれも『資本論』の「労働日」および「機械と大工業」で、その現状が生々しく告発されているものです。当時の各国の組織事情では統計的調査の具体化は難しく、大会のたびにその必要性が強調されたものの、全面的な実現にまではいたりませんでした。

マルクスは、「指示」の「5　協同組合労働《コーオペラティブ》」のなかで、資本主義社会にとってかわる未来社会を、「自由で平等な生産者の結合社会《アソシエーション》」と特徴づけています。

「資本にたいする労働の隷属にもとづく、窮乏を生みだす現在の専制的制度を、自由で平等な生産者の結合社会という、福祉をもたらす共和的制度とおきかえる」（古典選書『インタナショナル』五五ページ、『全集』第一六巻一九四ページ）。

この特徴づけは、未来社会（社会主義、共産主義の社会）が、「自由で平等な生産者」の共同でつくりあげられてゆく「生産者が主役」の社会であることを示したものです。『資本論』では、「共同的生産手段で労働し自分たちの多くの個人的労働力を自覚的に一つの社会的労働力として支出する自由な人々の連合体《フェアアイン》」（新版①一四〇ページ、Ｉ92ページ）、「各個人の完全で自由な発展を基本原理とするより高度な社会形態」（新版④一〇三〇ページ、Ⅰ618ページ）と説明されています。

＊20　マルクスは、『資本論』の執筆の過程で、エンゲルスの著作『イギリスにおける労働者階級の状態』を読み返し、そこで描き出されていた労働者階級の状態を、それ以後の時期の状態と比較しての研究を行っていた（つぎのエンゲルス宛の手紙参照、一八六〇年一月一一日、六三年四月九日、同年八月一五日など。いずれも『全集』第三〇巻に収録）。

＊21　「社会的理性」とは、人間の社会的な知恵の発揮を表わしたマルクスの用語（新版⑥五〇〇ページ、Ⅱ317ページ）。『資本論』では、「結合した理性」という言葉も使われている（新版⑧四四一ページ、Ⅲ267ページ）。マルクスは、経済学草稿の一つである「一八五七～五八年草稿」のなかで、労働そのものが社会的な労働に転化している生産様式では、「自然諸力を社会的理性に従わせることが前提」になると述べていた（『資本論草稿集』②四九六ページ）。

「労働組合。その過去、現在、未来」

マルクスが執筆した「指示」には、「6」項として「労働組合。その過去、現在、未来」があります。

マルクスは、「国際労働者協会創立宣言」（一八六四年）で、政治権力の獲得が労働者階級の偉大な義務になったと述べ、六五年六月の講演では、労働者階級は、当面の利益を守る日常闘争にとどまらず、資本主義的生産のもとでの闘争において、階級意識を発展させ、社会変革の主体になる準備をせよ、という大戦略を打ち出していました（本書一二〇～一二五ページ）。

「6」項では、この大戦略がより系統だった内容で、インタナショナルの方針として提起されています。
（イ）その過去。〔労働組合が誕生した最初の時期について、マルクスは言います〕
「労働組合の当面の目的は、日常の必要をみたすこと、資本のたえまない侵害を防止する手段となることに、限られていた。一言でいえば、賃金と労働時間の問題に限られていた。労働組合のこのような活動は、正当であるばかりか、必要でもある。……この活動は、あらゆる国に労働組合を結成し、それを結合することによって、普遍化されなければならない」（古典選書『インタナショナル』五七ページ、『全集』第一六巻一九五ページ）。
（ロ）その現在。
「労働組合は、資本にたいする局地的な、当面の闘争にあまりにも没頭しきっていて、賃金奴隷制そのものに反対して行動する自分の力をまだ十分に理解していない。このため、労働組合は、一般的な社会運動や政治運動からあまりにも遠ざかっていた。だが、最近になって、労働組合は、自分の偉大な歴史的使命にいくらか目ざめつつあるようにみえる」（古典選書『インタナショナル』五七～五八ページ、『全集』第一六巻一九六ページ）。
（ハ）その未来。
「いまや労働組合は、その当初の目的以外に、労働者階級の完全な解放という広大な目的のた

インタナショナル・ジュネーヴ大会の参加者たち(1866年９月)。『第一インタナショナル』第一部(1981年、プログレス出版〈独文〉)から

めに、労働者階級の組織化の中心として意識的に行動することを学ばなければならない。労働組合は、この方向をめざすあらゆる社会運動と政治運動を支援しなければならない」(同前)。

ジュネーヴ大会には、イギリス、フランス、スイス、ドイツから六〇人の代表が参加し、マルクスの起草した「指示」のうち六項目を、労働者階級の運動の当面の任務と展望にかかわる決議――「国際的協力」、「労働日〔一日の労働時間〕の制限」、「協同組合労働」、「労働組合。その過去、現在、未来」など――として、採択しました。

マルクスは、これらの決議を「インタナショナルの綱領の構成部分とみなすべきもの」と位置づけ、重視していたとのことです(『全集』第一六巻六二六ページ)。

〝労働日の制限〟〝自由な時間〟を求め、働く

マルクスは、『資本論』第一部のなかで、八時間労働を国際的な労働者運動の要求として掲げたジュネーヴ大会の決議「労働日の制限」を紹介しています（第八章「労働日」、新版②五三〇ページ、Ｉ319ページ）。これは、インタナショナルが『資本論』の叙述に登場する唯一の箇所で、ここにも、労働時間の短縮と〝自由な時間〟の獲得を重視するマルクスの姿勢が表われています。

マルクスが紹介したジュネーヴ大会決議の関係部分はつぎのとおりです。

「労働日の制限は、それなしには、いっそうすすんだ改善や解放の試みがすべて失敗に終わらざるをえない先決条件である。それは、労働者階級、すなわち各国民中の多数者の健康と体力を回復するためにも、またこの労働者階級に、知的発達をとげ、社交や社会的・政治的活動にたずさわる可能性を保障するためにも、ぜひとも必要である。われわれは労働日の法定の限度として八時間労働を提案する」（古典選書『インタナショナル』五一ページ、『全集』第一六巻一九一ページ）。

一日の労働時間の制限を勝ちとることで、労働者階級は、「知的発達をとげ、社交や社会的・政治的活動にたずさわる可能性」をもつ時間を得てゆく。マルクスは、『資本論』で、この時間の活用は、資本の利潤への渇望を制限し、規制するだけでなく、「労働者にたいする資本家の支配」（新版④一二八七ページ、Ｉ765ページ）を打ち破り、変革主体を形成する契機になることを示していました。

イギリスの工場法は、一日の労働時間の制限とともに、女性労働および児童労働の制限、保健・

教育条項などによる工場の衛生、作業環境の規制、児童の一定時間の就学を義務付ける内容などをもっており、マルクスは、その意義を研究していました。『資本論』第一部の「労働日」では、はじめは孤立した労働者として自分の労働力を商品として資本家に売っていた労働者たちが、資本・賃労働関係の内実を知り、自分たちを苦しめる資本の横暴にたいし、「結集し、階級として一つの国法」（新版②五三二ページ、Ｉ３２０ページ）を勝ち取るまでになったことをあとづけ、労働者階級が自分とその階級の存続のためにたたかう必然性を、歴史的、理論的に示しています。この研究では、工場監督官だったレナド・ホーナーが、資本家の〝非道な術策〟と四半世紀にわたってたたかい、「イギリスの労働者階級のために不滅の功績をかちとった」（新版②三八七ページ、Ｉ２３８ページ）ことにも注目していました（本書第一章五八ページ＊23参照）。

また、『資本論』第一部の「機械と大工業」（第一三章）では、工場立法を「社会が、その生産過程の自然成長的姿態に与えたこの最初の意識的かつ計画的な反作用」（新版③八四〇～八四一ページ、Ｉ５０４ページ）だと指摘し、「資本主義的生産様式には、もっとも簡単な清潔・保健設備でさえ、国家の強制法によって押しつける必要があるということ、これ以上にこの生産様式をよく特徴づけうるものがほかにあるだろうか？」と述べています（同八四二ページ、Ｉ５０５ページ）。そして、マルクスは、工場法が社会全体に拡大してゆく過程を分析し、労働者階級による政治権力の不可避的な獲得にも言及しながら、工場立法が資本から勝ち取った諸成果を「変革の酵素」（新版③八五一ページ、Ｉ５１２ページ）と呼び、工場立法が産業界全体にひろがることを、「新しい社会の形成要素と古い社会の変革契機とを成熟させる」ものと意義づけました（新版③八七七ページ、Ｉ526ページ）。これらは、工場立法と社会変革の展望との関連を解明した貴重な考察ですが、ここにも、インタナショナルの活動方針に連なる研究内容があったと思います。

当時のマルクスの奮闘ぶりを伝える証言として、一八四〇年代からともに活動していたドイツ出身の活動家フリードリヒ・レスナー（一八二五～一九一〇年）の回想を紹介しましょう。レスナーは、四八年一月、『共産党宣言』の原稿をロンドンの印刷所に届けた共産主義者同盟[*22]の同盟員でした。

「インタナショナル時代には彼は総評議会の会議には欠かさず出席し、会議のあとには、われわれ、すなわちマルクスとたいていの総評議会のメンバーは、きまってさっぱりした飲食店に出かけて、ビールを一杯のみながら自由に歓談した。帰り道ではマルクスはしばしば一般に標準労働日について、とくに八時間労働日について語ったが、われわれはすでに一八六六年にそのために宣伝をおこない、ジュネーヴの国際大会（一八六六年九月）ではこれを綱領のなかにいれた。マルクスはよくこう言っていた。『われわれは八時間労働日獲得のために努力しているが、われわれ自身は二四時間のうち、しばしばその倍以上も長くはたらいているのだ』と。まったく、マルクスはあまりにもはたらきすぎた。インタナショナルだけでもどれだけたいへんな労働力と労働時間を彼に負担させたか、そうしたことは局外者には全く分からないことだった」（一八九三年「若い同志にマルクスを語る」、『モールと将軍』一六八ページ、大月書店）。

＊22　世界最初の共産主義者による国際組織。ドイツ人亡命者を中心とした「正義者同盟」が、一八

四七年六月、マルクス、エンゲルスの加入という新しい条件をえて、第一回大会をロンドンで開き、共産主義者同盟に改組された。『共産党宣言』（四八年）は、同盟の委託を受けて、マルクス、エンゲルスが執筆した党綱領だった。同盟は、五一年五月、ドイツ・ケルンの中央部が弾圧され、五二年一一月、その歴史を閉じた。

プロイセン・オーストリア戦争にたいして

ジュネーヴ大会の準備の時期に起こった政治問題に、プロイセン・オーストリア戦争（普墺戦争）があります（一八六六年六月〜八月）。この戦争は、プロイセンとオーストリアという二つの専制君主国同士が、ドイツ統一の主導権を争ったもので、イタリア政府は、プロイセンと同盟して、北部イタリアの支配を続けるオーストリアとたたかい、イタリア独立運動の中心だったジュゼッペ・ガリバルディ（一八〇七〜八二年）の義勇兵部隊もこの戦争に加わりました。

インタナショナルはこの問題で、四回にわたる評議会の討論を行い、立場を異にする三つの決議案が会議に提案されます。マルクスは、これらの決議案には、「みずからの社会的・政治的解放」のための組織化というプロレタリアートの主要課題が欠落していると指摘し、最終的には、七月一七日の会議で、全会一致で、普墺戦争にたいする、つぎの態度を決定しました。*[23]

「国際労働者協会中央評議会は、大陸における現在の紛争を政府間の紛争であると考える。したがって労働者は中立の態度をとるべきこと、また、団結によって力を獲得し、獲得した力をみずからの社会的・政治的解放の実現に向けて用いるために、互いに協調すべきことを勧告する」（「一八六八年の普墺戦争にたいする国際労働者協会の態度についての決議」、『全集』補巻③五〇五ページ、議事録①213ページ、新メガI／⑳435ページ）。

この決議は、インタナショナルが採択した、戦争問題での最初の決議となったものです。

普墺戦争は、プロイセンの勝利に終わり、プロイセン中心のドイツ統一という方向が決定づけられてゆきます。

この時、エンゲルスは、プロイセンの勝利が確実になるもとで、ドイツの労働者運動がとるべき今後の態度をつぎのように語りました。

「ドイツのプロレタリアートの国民的組織化と統一のために今とにかく提供されるにちがいないより大きな便益をわれわれにできるかぎり利用する、ということだ」（六六年七月二五日、マルクス宛の手紙、古典選書『書簡選集』上巻二八六ページ、『全集』第三一巻二〇二ページ）。

この手紙は、設立が予想される新たな議会への参加と活動が政党を「国民的なもの」にするとの大胆な予想まで述べていました。マルクスも、七月二七日、「同感だ」と返信しています（『全集』第三一巻二〇三ページ）。

＊23　普墺戦争をめぐる評議会での討論にあたって、マルクスは、「協会を一面的な方向に巻きこむかもしれないあらゆる運動を阻止」することを重視していた（一八六六年六月二〇日、エンゲルス宛の手紙、『全集』第三一巻一九二ページ）。一面的な方向とは、当時の政治論のなかに、〝民族性はナン

センス〟だと言明し、プロイセンのビスマルク首相もイタリアのガリバルディもともに攻撃する議論があったことを指したもので、評議会の討論でも、マルクスは、この点を批判していた。不破哲三『マルクス、エンゲルス　革命論研究』上、二五五〜二五八ページ参照（二〇一〇年、新日本出版社）。

2　『資本論』第一巻の刊行とローザンヌ大会（一八六七年）

マルクスは、一八六六年一〇月、『資本論』の四部構成プランを、[*24]ドイツの知人ルートヴィヒ・クーゲルマン（一八二八〜一九〇二年）への手紙ではじめて報告し（六六年一〇月一三日）、一一月半ばから出来上がった原稿をマイスナー書店に送りはじめました。

六七年一月、マルクスは、『資本論』第一巻（四部構成のうちの第一部）の最後の部分、「資本主義的蓄積の一般法則」（現行の第二三章）、「資本主義的蓄積の歴史的傾向」（現行の第二四章第七節）などの仕上げにかかります。資本主義的生産のなかで「訓練され結合され組織される労働者階級の反抗もまた増大する」（新版④一三三二ページ、Ｉ７９１ページ）とした、体制変革の過程にかかわる叙述には、ジュネーヴ大会でうちだした方針に対応した経済学的な展開があります。当時のマルクスの仕事ぶりを妻イエニー（一八一四〜八一年）は、〝原稿がとてもうず高く積まれ、清書されてあるのをみるのは、うれしいことです〟とエンゲルスに語っています（六六年一二月二四日の手紙、『全集』第三一巻四九一ページ）。

1867年4月下旬、ドイツ・ハノーファーで写されたマルクスの肖像写真（6.4×10.3㎝）。『ポートレートで読むマルクス』（2005年、極東書店）から

マルクスは、『資本論』第一巻の完成を成し遂げるために、六七年三月一二日を最後に、しばらく総評議会を休みます。こうして、原稿は、四月初旬に完成しました。マルクスは、エンゲルスの助けをかりて〝質屋に住み込んでいる服と時計〟を請け出し、四月一〇日、『資本論』の原稿をもってドイツ北西部の都市ハンブルクに海路で向かいます。現地では、印刷の打ち合わせとゲラの校正が待っていました。最初のゲラ校正にあたった日は、ちょうどマルクスの四九回目の誕生日でした（五月五日）。

マルクスは、ドイツ滞在中、ハノーファーに住むクーゲルマン宅で世話になり、名刺大の最初の「肖像写真」を、同地のフリードリヒ・ヴンダー（一八一五～九三年）の写真館で撮影しています。この写真（右上に掲載）は、『資本論』第一巻とともに書店を通じて流布されたと言いますが、このときのマルクスは、『資本論』の刊行をインタナショナル・ローザンヌ大会（九月二～八日）に間に合わせるよう、強く希望していました。

＊24　マルクスは、『資本論』の全体を、第一部「資本の生産過程」（第一巻）、第二部「資本の流通

過程」と第三部「総過程の諸姿容」（後日、第二部、第三部あわせて第二巻）、第四部「理論の歴史」（第三巻）という構成で考えていた。本書第一章六七ページの＊28参照。

「この巻は完成したのだ」

マルクスがロンドンに帰ったのは六七年五月一九日です。二週間ほどマンチェスターのエンゲルスの家に滞在したのち、七月九日、総評議会の会議に出席し、インタナショナルの活動に復帰しました（議事録②133～138ページ、新メガI／⑳569～572ページ）。

マルクスは、この間も、『資本論』第一巻の校正の仕事を続けます。ゲラ（校正刷など）がハンブルクから到着すると、エンゲルスにも送り、エンゲルスからは、訂正や補足を求める意見が返ってきます。なかには、書き換えを必要とする意見もありました。一番大きな変更となったのは、価値形態の発展の説明が「この種の抽象的な思考には慣れていない」読者には理解しにくいという意見をめぐってでした。マルクスは、この意見にこたえ、一週間ほどかけて「価値形態」についての「付録」（初版本で二一ページ、本の末尾につけられた）を執筆しています。

七月二五日、マルクスは、『資本論』第一巻の「序言」を書き上げ、マイスナー書店に送ります。序言では、「近代社会の経済的運動法則を暴露することがこの著作の最終目的」であること、この解明は、新たな社会をつくりあげてゆくさいの「苦しみを短くし、やわらげる」と述べ、『資本論』を刊行する社会的意義を示していました（新版①一四ページ、I 16ページ）。

八月一六日深夜二時、『資本論』の最後の校正を終えたマルクスは、万感胸にせまるような手紙をエンゲルスに書いています。

「ちょうどいまこの本の最後のボーゲン（第四九）の校正をすませたところだ。付録――価値形態――は小さな字で印刷されて一1／4ボーゲン〔約二〇ページ〕になっている。序文もきのう校正して返送した。つまり、この巻は完成したのだ。ただ君に感謝する、これができたということを！　僕のために君が身を犠牲にしてくれなかったら、僕は三巻本のこの途方もない大仕事をやることはとうていできなかったのだ。僕は君を抱きしめる。感謝にあふれて！」（『全集』第三一巻二七〇ページ）。

エンゲルスは、その後も、マルクスから送られてくるゲラを読み、「労働と資本との関係の事実上最高にすばらしい叙述」（八月二三日）、「収奪者たちからの収奪についての要約はみごとだ」（九月一日）、「価値形態付録については君に敬意を表する。この形でならばどんなに反抗的な頭脳にでも理解させることができる」（九月九日）と賛辞を送り、マルクスを激励、安堵《あんど》させています（手紙は『全集』第三一巻に収録）。

『資本論』第一巻が発売されたのは、六七年九月半ばのことで、ローザンヌ大会には間に合いませんでした。

「僕はマイスナーには大いに立腹している。彼は本〔『資本論』〕の発行を何週間も遅らせている。なぜだろうか？」（九月一一日、『全集』第三一巻二八八ページ）。

これは、エンゲルスに宛てたマルクスの手紙の一節ですが、マイスナー側にも言い分があったと思います。ゲラが出始めてからも書き直しが続き、「付録」という新原稿まで、持ち込まれていたわけですから。

マルクスは、ローザンヌ大会の準備として、「国際労働者協会総評議会の呼びかけ」の作成に取り組み（『全集』第一六巻五二二～五二五ページ）、総評議会に大会議案についての提案を行っています。大会の第一の決議として「資本の支配からの完全な解放をめざす労働者階級（男性および女性）の闘争において、国際労働者協会が彼らの行動の共通の中心としての機能を果たしうるための実践的手段について」を提案したのはマルクスでした（七月九日、議事録②136ページ、新メガI／⑳570ページ、『全集』補巻③三九三ページ）。

ローザンヌ大会には、イギリス、フランス、スイス、ドイツにくわえて、ベルギーとイタリアがはじめて代表を送り、六四人が出席しました。大会は、「（一）労働者の社会的解放はその政治的解放と不可分であること、（二）政治的自由の確立は絶対的に必要な第一の方策であること」などを決議しました（古典選書『インタナショナル』二一三ページの注4、『ドイツにおける第一インタナショナル（一八六四～一八七二年）――記録と資料』170ページ、ディーツ書店〔独文〕）。

イギリスの歴史家E・H・カー（一八九二～一九八二年）は、ローザンヌ大会は、「タイムズ」をはじめ、ロンドンの諸新聞が詳しくインタナショナルの大会を報じる最初の機会になったと指摘しています（新版『カール・マルクス』三〇一ページ、未来社）。イギリスでは、前年からの恐慌で経済不安が広がっており、第二次選挙法改正もあって、労働者運動への注目が高まっていたのでした。[*25]

＊25　マルクスは、『資本論』第一巻で一八六六年のイギリスの恐慌と産業、国民生活への影響を論じている（新版④一一六三～一一六八ページ、I 697～700ページ）。

3　ポーランド、アイルランド問題

国際労働者協会の活動のなかで、マルクスは、平和と戦争への態度とともに人民の自決権にかかわる問題を重視していました。

ポーランド問題と自決権

六六年のジュネーヴ大会の決定は、その一項目に「ポーランド問題」を取り上げ、「ポーランドを民主主義的基礎の上に再興すること」を、ヨーロッパの労働者の義務としました。発表された大会の英文テキストは、表題を簡潔に「ポーランド問題」としていますが、仏文テキストでは、「諸民族の自決権を実現することによって、ヨーロッパにおけるロシアの影響力を根絶し、民主主義的・社会的基礎の上にポーランドを再興する必要について」と、原則的解決の方向を示していました（『全集』第一六巻一九七ページ）。

この問題では、ロンドン協議会（六五年九月）でプルードン派[*26]に属していたフランスの代表が

「純政治的な」問題は議題にしないという立場から、ポーランド問題を取り上げることに反対し、採決によって大会議題になるという経過がありました（採決の結果は賛成二三、反対一〇）。

プルードン派のような例外的な動きはありましたが、「ポーランドの独立」は、ヨーロッパの労働者運動の共通の要求になっていました。

ジュネーヴ大会が開催された翌年の六七年一月二二日、総評議会はポーランド亡命者連盟ロンドン支部との共催で、ポーランド人民が六三年一月に圧制者ロシアにたいして決起した「蜂起四周年」を記念する大集会を開きます（ロンドンのケンブリッジ・ホール）。

『資本論』第一巻の仕上げに取り組んでいたマルクスも、この集会にかけつけ、演説に立ちます。もともと集会への参加を総評議会に提案したのもマルクス自身でした（六六年一一月二九日、議事録②65ページ、新メガI／⑳507ページ）。マルクスは、この演説で、「ポーランドの独立なしには、ヨーロッパに自由は確立されえない」という〝短いが非常に意味深長な決議〟[*27]を提案し、ロシアがプロイセンとオーストリアを引き入れてポーランドを消滅させたことを歴史的にあとづけ、ポーランドの再興なしにはヨーロッパの社会的改造を完成する道がないことを、つぎのように訴えました。

「ヨーロッパの選ぶ道は、二つのうち一つしかない。モスクワに率いられるアジア的野蛮が、なだれのようにその上に襲いかかるか、それともポーランドを再興し、こうすることによって二〇〇〇万の英雄によってアジアからわが身を守り、自己の社会的改造を完成するための時間をかせぐべきか」（「ロンドンにおけるポーランド集会での演説」、『全集』第一六巻二〇四ページ）。

＊26　ピエール・ジョゼフ・プルードン（一八〇九～六五年）は、フランスの小ブルジョア的社会主義の代表者。その影響下にあったグループ（プルードン派）は、国家の問題では無政府主義の立場をとり、労働者が政治権力をにぎること（純政治的な問題）を、原理的に認めなかった。

＊27　〝短いが非常に意味深長な決議〟とは、ポーランド亡命者がロンドンで発行していた新聞「グロス・ヴォルヌィ」紙上で、マルクスの演説を報道したさいに使われた言葉（『全集』第一六巻一九九ページの＊注を参照）。

アイルランド問題――状況が違った

同じ民族問題でも、イギリスの労働組合幹部がアイルランド問題で見せる態度は、たいへん消極的なものでした。

長くイギリスの支配下におかれてきたアイルランドでは、独立への要求が強く、一八六〇年代には独立を求める秘密結社フェニアン党（一八五〇年代後半に組織）の活動が活発になっていました。イギリスとアイルランドの連合は、一七八九年にイギリスがアイルランド反乱を鎮圧して押し付けたものでした（この連合は事実上の合併で一八〇一年に発効した）。

フェニアン党は、六七年三月に蜂起をくわだてて鎮圧され、多くの指導者が逮捕されます。九月にはマンチェスターで指導者の奪還をめざす護送車襲撃事件も発生し、この事件の逮捕者のなかから四人が死刑判決を受け（一人は終身刑に減刑）、アイルランドはもちろん、イギリスでも、判決にたいする抗議運動が広がりました。しかし、一一月二三日、イギリス政府は、三人を処刑し、アイルランド問題が重大な政治問題となります。

インタナショナルは、臨時の会議で、死刑判決が「政治的報復」の性格を持つとして、イギリス政府に減刑を求める「請願書」（一一月二〇日付、マルクスが起草）を採択します。英文の「請願書」はイギリスの労働組合幹部の抵抗のために新聞に発表されませんでしたが、フランスの新聞に掲載されました（「マンチェスターのフェニアン党の囚人たちと国際労働者協会」[*28]、『全集』第一六巻二一七〜二一八ページ）。

*28　マルクスは、翌六八年九月のブリュッセル大会への総評議会の報告のなかで、この「請願書」を紹介している（古典選書『インタナショナル』六七ページ、『全集』第一六巻三一七ページ）。

自らの見解を再検討して

こうした現実を前にして、マルクスはアイルランド問題にたいする自らの見解の再検討を進めます。

マルクス自身は、以前から、アイルランド問題に深い関心を寄せていました。『資本論』でも、資本主義的蓄積論（第二三章）に特別の項目（「f　アイルランド」）を設け、アイルランドにたいするイギリスの搾取と収奪を、最新の統計資料を使いながら資本主義的蓄積の一局面として分析しています。[*29]また、イギリス資本主義が、いかにアイルランドの人々の生活に悲惨な事態をもたらしたかをきびしく告発し、この項の最後には、フェニアン党員の立ち上がりにも触れていました（新版④一二三九ページ、Ｉ７４０ページ）。

六七年一二月一六日、ロンドン在住ドイツ人労働者教育協会の主催で、アイルランド問題の講演会が開かれ、インタナショナルの評議員や他の労働者団体もこの講演会に参加します。マルクスはそこで一時間半にわたる講演を行い、イギリス資本主義によるアイルランドへの大収奪の歴史を語り、講演の最後を、つぎのような言葉で結びました。

「アイルランド問題は、だから、けっしてたんなる民族問題でなく、土地問題であり、生存問題である。没落するか革命か、がスローガンである。……イギリス人は、アイルランドの分離を要求せねばならず、土地所有の問題を、アイルランド人だけで解決するようにまかせねばならない」（「アイルランド問題についてのマルクスの講演の記録」、『全集』第一六巻五五〇ページ[*30]）。

『資本論』は、アイルランドについての経済学的な分析にとどめ、そこから出てくる政治的結論までは語っていません。マルクスは、この講演で、「アイルランドの分離」、アイルランド側からいえば、「アイルランドの独立」という要求を、はじめて公然と提起したのです。

アイルランド問題でのマルクスの考えの発展は、この時期のエンゲルス宛の手紙からも、読み取ることができます。

六七年一一月二日「僕は以前はイギリスからのアイルランドの分離は不可能だと考えていた。僕は今ではそれは不可避だと考えている」（古典選書『書簡選集』中巻三〇ページ、『全集』第三一巻三一五ページ)。

同年一一月三〇日「いま問題なのは、われわれはイギリスの労働者たちになにを勧告するべきか？　だ。僕の見解では、彼らは合併の撤回を(……)彼らの闘争綱領の一条項にしなければならない。……

アイルランド人が必要としているのは次のことだ。

(1)自治とイングランドからの独立。

(2)土地革命。……

(3)イングランドにたいする保護関税」(古典選書『書簡選集』中巻三二一～三三二ページ、『全集』第三一巻三三五～三三六ページ)。

マルクスは、こうして考え抜いた結論を、一二月一六日の講演会で発表したのでした。

＊29　現行の『資本論』第一巻第二三章の「f　アイルランド」(新版④一二一四～一二四二ページ、Ｉ726～740ページ)。マルクスは、第一巻刊行後、ジョン・マーフィーの著作『アイルランド――産業的、政治的、および社会的に見た』(一八七〇年)やアイルランドの救貧法監督官の報告書(同)を入手し、農村における困窮や労働者の状態の叙述を『資本論』第二版(一八七二～七三年)、フランス語版(一八七二～七五年)で拡充した。マルクスがフランス語版で追加・拡充した内容の多くは、エンゲルスによって、『資本論』第三版に取り入れられている(新版④一二二七～一二三三ページ、Ｉ733～736ページ)。

＊30　引用した一文は、講演会に出席した総評議会のヨハン・エカリウス（一八一八～八九年）の「手記」によったもの。マルクスの当時のアイルランド研究として、六七年一一月一六日の講演の「下書き」（『全集』第一六巻四三六～四五〇ページ）、一一月二六日の総評議会向けに準備したが行われなかった演説の「下書き」（同前四三一～四三六ページ）が残されている。このなかで、マルクスは、一八四六年の凶作・飢饉以降、イギリスによるアイルランド支配の経済的内容、政治的性格が新たな局面に入ったことを重視していた（六七年一一月三〇日のエンゲルス宛の手紙も参照）。

イギリスの労働者階級の解放の前提として

アイルランド問題は、六九年後半にふたたび政治舞台の前面に出てきます。六八年一二月に成立したイギリスの第二次グラッドストン内閣は、アイルランド民族運動への弾圧政策を弱めませんでした。アイルランドでは、六七年の事件で逮捕された人々の大赦を要求する運動が広がり、六九年一〇月一〇日にはダブリンで、一〇月二四日には、ロンドンで大赦を掲げる二〇万人のデモンストレーションが行われ、イギリス政府宛の請願書を採択します。ロンドンのデモには、マルクスとその家族も参加していました（六九年一〇月三〇日、ジェニー・マルクスからクーゲルマン宛の手紙参照、『全集』第三二巻五七七ページ）。

インタナショナルでは、総評議会での討論が続き、一一月一六日、請願書を拒否したイギリス政府の態度をめぐってマルクスが議事録で五ページにも及ぶ長い演説を行い、「アイルランド人民が大赦運動をすすめている、勇敢で、確固とした高邁な態度にたいして、敬意を表明」する決議案を提出します（『全集』第一六巻三七七ページ、議事録③178〜183ページ、新メガI／㉑727〜730ページ）。討論は、一一月二三日、三〇日と続きました。イギリス政府に要請すべきでないとするジョージ・オッジャー（一八二〇〜七七年）らの意見にたいし、マルクスは、総評議会は〝ポーランド人民と同じようにアイルランド人民を扱わねばならない〟と批判し、一一月三〇日、マルクス起草の決議案が承認されたのでした[*31]（議事録③193〜194ページ、新メガI／㉑736ページ）。

マルクスは、ひき続きアイルランド問題の研究を重ね、これまでイギリスの革命が成功してこそ、アイルランドの解放を実現できると考えてきたが、その考えは誤りで「今ではその反対のことを確信するようになっている」、イギリスの労働者階級はアイルランドを抑圧しているあいだは「なに、ごとも達成しはしない」、〝アイルランドの解放がイギリスの労働者階級の解放の前提だ〟という結論に到達しました（六九年一二月一〇日、エンゲルス宛の手紙、『全集』第三二巻三三六ページ）。

このようなマルクスの新たな認識は、植民地・従属諸国での解放運動の発展を励ます力にもなってゆくもので、帝国主義時代の植民地問題の解決にとって、先駆的な意義をもつ解明でした[*32]。

その後も、マルクスは、『資本論』でのアイルランドの記述を見直し（七〇年四月一四日、エンゲルス宛の手紙、『全集』第三二巻）、『資本論』第一巻の第二版（一八七二〜七三年）を刊行したさいには、「f　アイルランド」の項の終わりの叙述に「注」を追加して、『資本論』第三部でアイルランドの農業革命について詳論するとの予告を書き込みました。

「(一八八b) 農業革命を暴力的に遂行し、アイルランドの人口を地主の気に入る程度に希薄にするために、飢饉およびそれによって引き起こされた諸事情が、個々の土地所有者によってもイギリスの立法によっても、いかに計画的に利用されたかは、私は本書の第三部の土地所有にかんする章で詳細に証明するであろう。そこでは小借地農場経営者と農村労働者の事情についても立ち返る」(新版④一二三八ページ、Ⅰ739ページ)。

この「注」が示唆するように、マルクスは、インタナショナルでの活動を契機としたアイルランド問題の研究を、『資本論』のなかで進める考えだったのかもしれません。というのも、第三部でのアイルランドの土地所有の歴史をめぐる記述は、マルクスがアイルランド問題で新しい認識を得る以前の草稿だったからです(新版⑪一一三二〜一一三三ページ、Ⅲ638〜639ページなど)。マルクスは、その後、『資本論』第二部の草稿執筆に集中し(七六〜八一年)、第三部で詳論するとの〝予告〟は実現しませんでした。

＊31　マルクスは、このときもアイルランド史についての諸文献を研究し、抜粋と評注を作成していた。この草稿へのマルクスのページ付けは、六〇ページをこえている。「アメリカ革命から一八〇一年の合併にいたるまでのアイルランド。抜粋および評注」(一八六九年一〇〜一一月執筆。表題は編集者による。『全集』補巻④七〜九五ページ)。

＊32　不破哲三『マルクス、エンゲルス　革命論研究』上、第三講の「3　アイルランドの解放と民族問題」三〇九〜三二一ページ参照。

三　ブリュッセル大会からバーゼル大会へ

1　ブリュッセル大会――〝協会は闘争の段階〟へ（一八六八年）

『資本論』第一巻の刊行後、マルクスの健康はすぐれず、エンゲルスからは、夜業をやめて健康回復に努めないかぎり、「第二巻〔『資本論』第二部、第三部〕はけっしてでき上がらない」との心配の声もあがりました（一八六八年一月二三日、『全集』第三二巻二〇ページ）。

マルクスは、議会報告書や銀行制度に関するアメリカの報告書などを買い込み（六八年三月一七日、クーゲルマン宛の手紙）、大英博物館では、ドイツの法制史家ゲオルク・マウラー（一七九〇～一八七二年）、同じく農学者カール・フラース（一八一〇～七五年）らの研究を続けていました。[*33] 六八年四月には、この時点で『資本論』第二巻として構想していた第二部、第三部のあらましをエンゲルスに説明しています（六八年四月三〇日、古典選書『マルクス、エンゲルス書簡選集』中巻四二～五〇ページ、『全集』第三二巻五九～六四ページ）。こうして、マルクスは、第二部の草稿執筆を再開しました（六八年春～七〇年央に第二草稿を執筆、新メガ第Ⅱ部門第一一巻〔二〇〇八年〕に収録）。

一方、国際労働者協会での活動は、六八年一月から四月までに開かれた一五回の総評議会をすべて欠席することになります。夜遅くまでの会議参加を避けたのかも知れません。

＊33　この時期のマルクスの研究を記録したノートが、新メガ第Ⅳ部門第一八巻（二〇一九年）に〝農業経済を中心とした抜粋ノート〟（三冊、一八六八年）として収録されている。

このときの研究について、マルクスはエンゲルスにつぎのように報告している。

マウラーについて「最近の著作を読んで、ドイツのマルクや村落などの制度について勉強した。彼は、土地の私的所有が後代に至ってはじめて発生した、ということなどを詳しく論証している。……アジア的またはインド的な所有形態がヨーロッパのどこでも端緒をなしている、という僕の主張した見解が、ここでは（マウラーはこの見解についてはなにも知らなかったのに）新たな証拠を与えられている」（六八年三月一四日、古典選書『書簡選集』中巻四〇～四一ページ、『全集』第三二巻三六～三七ページ）。

フラースについて「『時間における気候と植物界、両者の歴史』（一八四七年）は非常におもしろい。というのは、歴史的な時間のなかで気候も植物も変化するということの論証としてだ。……彼の結論は、耕作は――もしそれが自然発生的に前進していって意識的に支配されないならば（この意識的な支配にはもちろん彼〔フラース〕はブルジョアとして思い至らないのだが）――荒廃をあとに残す、ということだ。ペルシアやメソポタミアなど、そしてギリシアのように。したがってまたやはり無意識的に社会主義的傾向だ！」（六八年三月二五日、『全集』第三二巻四五ページ）。

第三回大会の開催へ

マルクスは、六八年五月五日の会議から総評議会に復帰し、インタナショナルの第三回大会の準備に参加してゆきます（議事録②208～209ページ、新メガI／㉑559ページ）。第三回大会は、ベルギーの首都ブリュッセルでの開催を予定していました。

その矢先のことですが、ベルギーのシャルルロア炭田で、ストライキ中の労働者が派遣された軍隊と衝突し、七人が殺害される事件が起こり、総評議会は、マルクスの提案で炭鉱夫を死傷させたベルギー政府への糾弾を決定します（六八年五月一二日、議事録②209ページ、新メガI／㉑560ページ）。シャルルロア炭田では、労働者のインタナショナルへの加盟が相次ぎ、弾圧にたいするインタナショナル・ベルギー支部の抗議行動も広がるなかで、ベルギーの司法大臣がインタナショナルの大会開催を許さないと発言するなど、開催地の変更が問題となります。マルクスは、この問題でも総評議会でたびたび発言し、最終的には、「ベルギー政府の警察的措置にたいするベルギー労働者の抵抗」を踏まえ、予定どおりブリュッセルで大会を開催することになりました（六月一六日、『全集』補巻③五〇六ページ、議事録②219～220ページ、新メガI／㉑701ページ）。

〝機械の使用〟〝労働時間の短縮〟

マルクスは、ブリュッセル大会の準備でも、大事な仕事に取り組んでいます。

一つは、資本主義的生産で大きな役割を果たす〝機械の使用〟をめぐる問題の解明です。当時、労働者のあいだには、機械を搾取強化の手段と見なしてその採用に反対する、以前の〝機械破壊者（ラダイト）[*34]〟的な考えがまだ残っていました。そこで、総評議会は、「資本家の手中にある機械の影響」を大会の議題にしたのです。

マルクスは、六八年七月二八日の総評議会で、『資本論』での解明にもとづき、機械の使用は搾取強化の手段であると同時に、〝一方で結合された組織的労働を生みだし、他方で旧来のあらゆる社会関係と家族関係の解体をひきおこす[*35]〟という形で未来社会に向かう条件をもつくる、という両面の影響を持つことを解き明かしました（「資本家による機械の使用の結果についてのマルクスの演説の記録」、『全集』第一六巻五五三ページ、議事録②231〜233ページ、新メガⅠ／㉑580〜582ページ）。

マルクスは、八月四日の総評議会で、この問題での討論の結論を決議の形にまとめるよう提案し、八月一一日の会議では、マルクスが起草した機械の使用の問題についての「決議案」が採択されました。「決議案」の全文は、つぎの通りです。

「一方では、機械は資本家階級の手中にあって、専制と略奪の最も強力な用具となっている。他方では、機械の発達は、賃金制度を真に社会的な生産制度とおきかえるための必要な物質的諸条件をつくりだす」（「資本家による機械の使用についての決議案」、『全集』第一六巻三一四ページ、議事録②240ページ、新メガⅠ／㉑587ページ）。

簡潔な文章ですが、この決議案は、機械の使用が資本の専制と略奪の用具になる一方で、将来の「真に社会的な生産制度」（社会主義・共産主義の社会制度）の物質的諸条件をつくりだすという、その両面を正確に規定していました。『資本論』では、「機械の資本主義的使用」をめぐる問題として論じられているものです（第一三章第三節「労働者におよぼす機械経営の直接的影響」、第四節「工場」、第五節「労働者と機械との闘争」ほか）。

この「決議案」は、フランスのプルードン派からの反対を受けましたが、ブリュッセル大会ではフリードリヒ・レスナーが『資本論』を利用して反論に立ち、大会で採択された「決議」の前文として取り入れられました。

もう一つの仕事は、「労働日（一日の労働時間）の短縮および規制」という大会議題についてです。マルクスは、「機械の使用」についての決議案を提出した同じ八月一一日の総評議会で、労働時間の短縮をめぐって、つぎのような提起を行います。

まず、問題の根本的意義づけです。

「労働時間の短縮は、精神的教養にあてるべきより多くの時間を労働者階級にあたえるためにも、絶対に必要である。立法によって労働日を制限することは、労働者階級を精神的および肉体的に向上させ、彼らの究極の解放を達成するための第一歩である」（「労働時間の短縮についてのマルクスの演説の記録」、『全集』第一六巻五五三ページ、議事録②２４３〜２４４ページ、新メガⅠ／㉑５８９ページ）。

続いて、マルクスは、〝いまや行動すべき時だ〟と訴えます。

「イギリスがこの面で先鞭《せんべん》をつけた。他の諸国もある程度までこの先例に従わないわけにはいかなかった。ドイツでは、真剣な運動が始まっている。そして、ロンドンの総評議会がこの運動の指導にあたることが期待されている。この問題は、原則的にはこれまでの各大会で決定ずみである。いまや行動すべき時が来ている」（同前）。

二週間後、総評議会は、この問題でマルクスの起草したつぎの大会決議案を採択しました。

「一八六六年のジュネーヴ大会において、『労働日の法的制限は、いっそうすすんだ社会的改善をおこなうための不可欠の先決条件である』という決議が満場一致で可決されているが、総評議会は、いまやこの決議に実際的な効力をあたえるべき時がきており、国際労働者協会の組織が存在する各国でこの問題を実践的に提起することが、すべての支部の任務となったと考える」（八月二五日、「労働日の制限についての決議案」、『全集』第一六巻三一五ページ、議事録②２４８ページ、新メガⅠ／㉑５９３ページ）。

マルクスは、ブリュッセル大会への「総評議会の年次報告」（マルクス執筆、九月一日の総評議会で採択）のなかでも、労働時間の短縮をめざす各国の運動とその成果を詳しく紹介しています（本書一六二～一六三ページ）。労働時間の短縮を求める運動の戦略的な意義を重視したマルクスの立場が、こうした経過のなかにもよく表われていると思います。

＊34　イギリスでは、一八一一～一三年にかけて労働者による〝繊維機械の打ち壊し〟が続いた。政

府は軍隊を派遣してこれを鎮圧したが、この運動は、その指導者と言われる「ラッド将軍」の名にちなみラダイト運動と呼ばれた。

＊35　マルクスは、『資本論』第一部第四篇で、資本主義的生産の展開を、協業、マニュファクチュア、機械制大工業の三つの段階を追いながら分析し、機械制大工業の段階では、機械を動かす労働者が、集団的に働く生産者（結合された生産者）にまで到達することを解明した。「結合された組織的労働」とは、このことを指している。マルクスは、ここにも新しい社会を準備する力があると見ていた。また、「資本主義制度の内部における古い家族制度の解体が、どれほど恐ろしくかつ厭《いと》わしいものに見えようとも、大工業は、家事の領域のかなたにある社会的に組織された生産過程において、女性、年少者、および男女の児童に決定的な役割を割り当てることによって、家族と男女両性関係とのより高度な形態のための新しい経済的基礎をつくり出す」（新版③八五五ページ、Ⅰ514ページ）と述べていた。

〝協会は闘争の段階にはいった〟

インタナショナルのブリュッセル大会は、六八年九月六日から一三日まで開催され、イギリス、フランス、スイス、ドイツ、ベルギー、イタリア、スペインから約一〇〇人の代議員が出席しました。

マルクスは大会を欠席し、「総評議会の年次報告」は、別の評議員（ウジェーヌ・デュポン〔一八三〇ないし三一～八一年〕）によって読み上げられています（九月七日、古典選書『インタナショル』六五～七五ページ、『全集』第一六巻三二六～三三一ページ)。

「報告」は、冒頭で、インタナショナルの活動が各国で拡大するなかで、インタナショナルにたいする支配階級の激しい非難や政府からの迫害が続き、「協会は闘争の段階にはいった」と指摘します。続いて、各国での活動の特徴がつぎのように報告されています。

フランスでは、青銅鋳物工(パリ)、職布工・紡績工・染物工(ルベ、アミアン＝北フランス)のストライキが相次いで起きていました。「報告」は、ナポレオン・ボナパルト(一七六九～一八二一年)の甥ルイ・ボナパルト(一八〇八～七三年)の帝政が、インタナショナルのパリ委員会を無許可団体として訴追し、委員会メンバーに罰金刑と拘禁刑を科すなど、弾圧を強めていると告発します。

ベルギーでは、ブリュッセル大会の禁止という脅しのなかで、シャルルロア炭田で弾圧された事件関係者が裁判での無罪を勝ち取っていました。

プロイセンでは、労働者団体が外国の団体と結びつきを持つことが禁止されており、インタナショナルの各支部は、スイス・ジュネーブ委員会を中心に活動していました。そのスイスでは、各国労働者の支援を受ける形で「労働日の短縮と賃金の引き上げ」を実現し、ドイツ人労働者教育協会(スイス)のインタナショナル加盟を実現しました。

オーストリアでは帝国内の諸民族による労働者大会が準備されたものの、政府によって禁止されたこと、イギリスでは労働組合のインタナショナル加盟が相次ぎ[*36]、アメリカでも連邦政府の官営事業場で八時間労働が実施されたことなどが、報告されています。

「報告」は、最後に、必死の闘争で成果を勝ち取ることは「勢力をきたえ集中する組織の成熟度」にかかっていると強調し、「労働者階級の国際的な紐帯だけが、彼らの決定的な勝利を保障」し、「協会の今後の運命は、人類の復興をその手ににぎる〔労働者〕階級の歴史的前進ときりはなせないように結びついている」と述べました（古典選書『インタナショナル』七一ページ、『全集』第一六巻三二一ページ）。

ブリュッセル大会では、マルクスにとってうれしい出来事もありました。ドイツの代議員から、前年に刊行された『資本論』の推奨と各国語版への翻訳を訴える決議案が提出され、採択されたのです（九月一一日）。

「われわれ、ドイツの代議員は、ブリュッセルにおける国際労働者大会にさいして、すべての国の労働者に、昨年刊行されたカール・マルクスの著書『資本論』を推薦し、この重要な著作がまだ翻訳されていない国語へのそれの翻訳の実現を促進する、あらゆる努力を傾けるよう切に勧告する」（『全集』第三一巻六二一ページ、『ドイツにおける第一インタナショナル（一八六四―一八七二年）――記録と資料』262ページ、ディーツ書店〈独文〉）。

この決議は、〝資本を科学的に分析してその基本的な諸要素に還元した最初の経済学者〟と、マルクスを紹介していました（同前）。決議の内容は、ロンドンの新聞「タイムズ」でのインタナショナル大会の通信のなかでも、報じられました（九月一五日）。

＊36　一八六七年段階で、イギリスにおけるインタナショナルへの加盟団体は三三、加盟労働者数は

約五万人とされる（ヘンリー・コリンズ、チメン・アブラムスキー『カール・マルクスとイギリス労働運動』81、288ページ、ローレンス・ウィシャート社、一九六五年）。

バクーニン派による攪乱・破壊活動

マルクスは、インタナショナルの活動のなかで、バクーニン派[*37]によるインタナショナルへの攪《かく》乱《らん》・破壊活動とたたかうことに力を入れました。バクーニンは、ロシアの革命家で、若い時期にはマルクスとの交友もあったのですが、その後、無政府主義者として活動していました。

バクーニンとそのグループ（バクーニン派）は、六八年九月末、国際組織「国際社会民主同盟」をスイス・ベルンで立ち上げます。この組織は、国際労働者協会への〝一体化〟をめざし、その後に生まれる新しい組織の「イニシアチブをとる」（「綱領と規約」の前文、古典選書『インタナショナル』八〇ページ、『全集』補巻③三九七ページ）ことを活動方針に掲げていました。

六八年一一月末、バクーニン派は、総評議会にたいし、「社会民主同盟」をインタナショナルに加盟させるように求める文書を送り、国際労働者協会にたいする攪乱・破壊活動を始めます。

総評議会は、一二月一五日の会議で、この問題を審議しています（議事録③52～55ページ、新メガⅠ／㉑614～615ページ）。

会議を前に、マルクスは、バクーニン派から送られてきた文書を研究し、バクーニン派の路線上の問題点をつかもうとしました。この時のマルクスの研究は、「『国際社会民主同盟の綱領と規約』

への評注」（一八六八年一二月）として残されています（古典選書『インタナショナル』七九～八五ページ、『全集』補巻③三九六～四〇一ページ、議事録③２７３～２７８ページ）。マルクスの「評注」には、総評議会評議員のヘルマン・ユング（一八三〇～一九〇一年）の筆跡で数人の名前も書き込まれており、これらの人々もこの文書に目を通していたと思われます（『全集』補巻③の注解五二〇）。総評議会は、バクーニン派の思惑を前にして、一二月一五日の会議で「社会民主同盟」の加盟を認めず、マルクスの起草した回答文を、二二日の会議で承認します。

回答文は、インタナショナル「規約」は国際団体としての支部加盟を認めておらず、支部が協会の規約に反する規約をつくることを禁じていることを理由にあげ、「社会民主同盟」の加盟を拒否しました。回答文は、「国際労働者協会と国際社会民主同盟」という表題で古典選書『インタナショナル』（八七～九〇ページ）に収録されています（『全集』第一六巻三三四～三三六ページ）。

一連の経過を見ると、インタナショナルという組織の性格をふまえ、規約を厳格に守って、バクーニン派とたたかうマルクスの対応ぶりがわかります。マルクス自身、「（僕が整理した）判定の根拠づけはまったく法的形式のなかに置かれて」いると説明していました（六九年一月一三日、エンゲルス宛の手紙、『全集』第三二巻一九二ページ）。

その後、バクーニン派は名目上、国際団体を解散し、「諸階級の平等化」の主張など[*38]のインタナショナル規約に反する内容を文書からとりのぞくことで、翌六九年七月、ジュネーヴの一地方支部として加盟を承認されます（議事録③１３４ページ、新メガI／㉑６８０ページ）。バクーニン派は、六九年のバーゼル大会に向け、〝相続権の廃止から社会革命を始めよう〟という政治路線をインタナショナルに持ち込み、総評議会は、この問題を大会の議事として取り上げることにしました。

＊37　ミハイル・アレクサンドロヴィチ・バクーニン（一八一四〜七六年）。ロシアの革命家。一八四〇年代にマルクスと知り合った。無政府主義者として、国際労働者協会の乗っ取りをはかる活動を展開した。その影響下にあったグループ（バクーニン派）にもさまざまな動きがあった。

＊38　マルクスは、六九年三月九日、バクーニン派への総評議会の再度の通知のなかで、「諸階級の平等」の主張についてつぎのように指摘していた。

「諸階級の平等化ということは、定義どおりに解釈すれば、結局のところ、ブルジョア社会主義者があれほどしつこく説教している労資協調ということになる。諸階級の平等化―それは論理的に背理であり、実現不可能だ――ではなくて、むしろ逆に諸階級の廃止、これこそがプロレタリア運動の真の秘密であり、国際労働者協会の大目的をなすものである」（「国際労働者協会総評議会から国際社会民主同盟中央ビューローへ」、『全集』第一六巻三四三〜三四四ページ）。

2　バーゼル大会とバクーニン派との闘争（一八六九年）

国際労働者協会は、一八六九年九月六日〜一一日、スイスのバーゼルで四回目となる大会を開きます。大会には、イギリス、フランス、スイス、ドイツ、オーストリア、ベルギー、イタリア、ス

インタナショナル・バーゼル大会の参加者たち（1869年９月）。1893年にドイツの新聞付録に掲載されたもの。ハンス・ヴェルナー・ハーン編『ヨハン・フリップ・ベッカー』（1999年、シュトゥットガルト〈独文〉）から

ペイン、くわえてアメリカからの代議員がはじめて参加しました（七八人の出席）。

「相続権の廃止」をめぐって

バクーニン派が提案した「相続権の廃止」とは、「社会民主同盟」の「綱領」の第二項にある、「同盟はなによりもまず、相続権の廃止からはじめて、諸階級と両性の諸個人の政治的経済的社会的平等化を欲する」という政治路線のことです（古典選書『インタナショナル』八〇ページ、『全集』補巻③三九七ページ）。

この問題について、六九年七月二〇日、総評議会で、最初の討論が行われ、マルクスが口火を切りました。マルクスは、〝相続権の廃止から始めよう〟という提案は、一八三〇年にサン・シモン派（空想的社会主義者）が提起したもので、「経済的方策」としては役にたたず、

社会的攪乱をまねくだけだとして、つぎのように述べました。

「われわれの努力は、いかなる生産用具も私的所有にゆだねないという目的にむけられなければならない。……生産用具の私的所有は、所有者にその生産用具にたいする支配権をあたえるだけであり、彼らはそれによって他の人々を強制して自分のために働かせるのである。半未開の状態では、こういうことも必要であったかもしれないが、いまではもはや必要ではない。あらゆる労働手段を社会化して、各人が自分の労働力を行使する権利と手段とをもつようにすべきである。……〔社会革命の〕手はじめは、労働手段を社会化する手段を手に入れることでなければならない」（「相続権についてのマルクスの演説の記録」、『全集』第一六巻五六〇～五六一ページ、議事録③131ページ、新メガI／㉑677～678ページ）。

その後、マルクスは、大会への準備として、この問題をより深く論じた総評議会の「報告」を執筆し、八月三日、総評議会は、大会への報告としてこれを採択しました（古典選書『インタナショナル』九一～九六ページに「相続権についての総評議会の報告」として収録。『全集』第一六巻三六〇～三六二ページ）。

この報告でマルクスは、七月の総評議会での発言のさいに、〝労働手段の社会化〟という言葉で表現していた社会革命の目標に、〝生産手段を私的所有から社会的所有に移す〟（古典選書『インタナショナル』九三ページ、『全集』第一六巻三六〇ページ）という明確な内容を与え、バクーニン派の主張の誤りを、つぎのように批判しました。

「相続権の廃止を社会革命の出発点と宣言することは、労働者階級を現在の社会にたいする真の攻撃点から引き離す結果となるだけであろう。それは、今日の商品交換の状態を維持しながら、買い手と売り手の契約にかんする法律を廃止するのと同じくらいばかげたことであろう。それは、理論的には誤っており、実践的には反動的であろう」（古典選書『インタナショナル』九四ページ、『全集』第一六巻三六一ページ[*39]）。

しかし、総評議会のこの報告は、バーゼル大会の採決で、賛成一九、反対三七、棄権六となり、採択されませんでした。「相続権の廃止」の提案も、賛成三二、反対二三、棄権一三で、絶対多数を得ることができず、インタナショナルの指導権を奪おうとしたバクーニン派の動きは、かろうじて食い止められました（九月一〇日）。この結果は、大会に出席していたバクーニンにとっては大きな痛手でした。

＊39　マルクスは、翌七〇年、フランス在住のポール・ラファルグとマルクスの娘ラウラ・ラファルグ宛の手紙のなかで、この問題をふりかえり、「相続権廃止の宣言」は「ばかげたおどしであり、農民と小ブルジョアジーをそっくり反動の側に集めさせるばかりだ」と指摘していた（七〇年四月一九日、『全集』第三二巻五五五ページ）。

バーゼル大会への総評議会の報告

バーゼル大会への総評議会の「報告」も、総評議会からの委託を受けて、マルクスが執筆していました（八月二四日の総評議会、議事録③148ページ、新メガI／㉑691ページ）。

マルクスは、総評議会の「報告」で、主として、「資本と労働とのあいだのゲリラ戦闘」と名付けたストライキ闘争の問題をとりあげています（古典選書『インタナショナル』九七～一一八ページ、『全集』第一六巻三六二～三七六ページ）。各国に広がったストライキ闘争は、インタナショナルの「秘密の陰謀」によってひきおこされたものだという激しい攻撃を受けていました。マルクスは、この攻撃に立ち向かうために、「報告」の主題をストライキ闘争に絞り込んだのでした。

マルクスは、六九年一月～二月の総評議会の会議で、現地からの報告にもとづき、フランス・ルーアンの綿工業労働者、スイス・バーゼルのリボン製造労働者、絹染色労働者、ドイツ・ザクセンの炭鉱労働者のおかれた状態と闘争の経過、また賃金引き下げで商品の価格をおさえ市場競争に出ようとする資本家の動きを詳しく報告し、各国労働者への支援活動を強めるよう、提起していました。そのさい、資本家側の対応に「国際労働者協会を破壊する意図」があることを指摘し、これにたいして「戦闘を開始する」必要があるとも強調していたのでした（二月二日の総評議会、議事録③64ページ、新メガI／㉑623ページ）。

前年の大会開催地・ベルギーでは、ストライキ現場に派遣された騎兵や憲兵が労働者を死傷させる事件がふたたび起きていました（六九年四月）。総評議会はベルギーの代表から詳細な報告をうけ、マルクスが起草した呼びかけ文を採択して、つぎのような支援を呼びかけました。

「国際労働者協会総評議会は、ここにヨーロッパと合衆国の労働者にむかって、ベルギーの犠牲者の未亡人や妻子の苦しみを軽くするために、また逮捕された労働者の弁護と、〔インタナショナル〕ブリュッセル委員会の提案した調査に付随する費用をまかなうために、醵金《きょきん》募集を始めることを呼びかける」（「ベルギーの虐殺」、六九年五月四日、『全集』第一六巻三四八ページ）。

マルクスは、こうした経過を踏まえて、バーゼル大会への「総評議会の報告」の準備にあたりました。

「報告」は、資本主義的専制やロックアウトに反対し、劣悪な労働環境と貧困の改善、労働時間の短縮などを求める運動が各国で起きていること、これにたいして資本家が「和睦の条件」として労働者側にインタナショナルからの脱退を押し付け、活動家を迫害していること、国際労働者協会と各国の支部は勇敢にたたかい、労働者の共通の利益を代表するインタナショナルへの加盟も拡大していることを、詳しく述べています。

フランス・リヨンでの絹糸巻工の経済的抵抗では、この運動を担っていた女性たちがインタナショナルの支援を求め、協会に加盟していました。「報告」は、リヨンでも女性労働者は「すぐれた役割を果たした」（古典選書『インタナショナル』一〇九ページ、『全集』第一六巻三七一ページ）として、「三〇年以上まえに、『働きながら生きるか、たたかいながら死ぬか！』[*40]という現代プロレタリアートのスローガンをその旗に書きつけたこの英雄的な住民のあいだに、わが協会は、数週間のあいだに一万人をこえる新会員を獲得したのである」（同前）と紹介しています。

＊40　このスローガンは、一八三一年、フランス・リヨンの絹織物労働者たちが掲げた旗に記されて

いたと言われる。

信用、農業分野の研究

マルクスは、この時期も、インタナショナルでの活動と並行しながら、ジョン・フォスター『商業為替の原理にかんする試論』（一八〇四年）をはじめ、信用と銀行流通の問題についての研究と抜粋の作成を進めていました（六九年三月一日、エンゲルス宛の手紙、『全集』第三二巻二〇七ページ）。また、農業と農業経済の研究とも結んで有機化学の発展に関心をよせ、ロスコー『科学の最近の見解による簡単な化学教科書』第二版（一八六七年）、ヴェルツ『ラヴォアジエから現代までの化学原理の歴史』（一八六九年）などを熱心に読んでいます[*41]（六九年三月二〇日、エンゲルス宛の手紙、『全集』第三二巻二二三ページ）。〝夏までに『資本論』続巻の原稿を仕上げ、娘とドイツに出かけたい〟と述べていたのも、この頃のことでした（同年三月三日、クーゲルマン宛の手紙、『全集』第三二巻四九〇ページ）。しかし、この見通しは、あくまでも希望的観測の域を出ませんでした。

また、マルクスは、グスタフ・クレム『道具と武器、その発生と完成』（一八五八年）を読むなかで、『資本論』で解明した分業論の内容が豊富な材料で実証されていることに驚き、「第一巻〔『資本論』〕の出版以前に僕が知らなかった」ことを悔しがっています（同年七月二四日、エンゲルス宛の手紙、『全集』第三二巻二七五ページ）。マルクスの所蔵していたクレムの本（三九三ページ）には数十ページにわたって鉛筆による書き込みがあるとのことです（「マルクス＝エンゲルス蔵書目録

——在庫調査済み蔵書の注釈付き索引」、新メガ第Ⅳ部門第三二巻374ページ参照）。

＊41　渋谷一夫「マルクスの化学にたいする関心——新メガ第Ⅳ部門第三一巻」（『経済』二〇〇二年六月号）参照。

インタナショナルと社会革命

バクーニンは、バーゼル大会でインタナショナルの指導権を奪うことに失敗すると、今度は、影響下にあった組織（ラテン系スイス連合評議会やスイスで発行されたフランス語の週刊新聞「エガリテ」や「プログレ」紙など）を利用して、総評議会の権限の制限をねらう一連の「質問」なるものを提起し、新たな動きを始めます（六九年一一月）。彼らは、インタナショナルがロンドンに総評議会をおき、イギリスの運動の問題に直接の責任を負っていることをとりあげ、〝イギリスだけを特別扱いするのはおかしい〟などと非難したのです。[＊42]

マルクスは、総評議会の委託を受け、七〇年一月、「ラテン系スイス連合評議会」への回状（通知）を起草し、バクーニン派の非難に答えるとともに、攪乱的な策動を二度とくりかえさないようにきびしく警告します。この回状は、インタナショナルの各支部にも送られ、バクーニン派の動きを打ち破る力となりました（「総評議会からラテン系スイス連合評議会へ」、古典選書『インタナショナル』一二六〜一三五ページ、『全集』第一六巻三七八〜三八五ページ）。

マルクスは、この「回状」で、イギリスでの社会変革と総評議会の任務について、つぎのように解明しています。

「革命的なイニシアチブはおそらくフランスによってとられるであろうが、真剣な経済的革命の槓桿として役だちうるのはイギリスだけである。イギリスは、もはや農民が存在せず、土地所有がほんの少数の手に集中しているただひとつの国である。また、資本主義的形態――すなわち、資本主義的企業のもとに大規模に結合された労働――がほとんど全生産を支配しているただひとつの国である。また、人口の大多数が賃金労働者からなっているただひとつの国であり、階級闘争と労働組合による労働者階級の組織化とが、ある程度の成熟さと普遍性を獲得しているただひとつの国である。さらに、その世界市場の支配によって、その経済関係におけるどんな革命も、直接に全世界に作用を及ぼさざるをえないただひとつの国である。……

イギリス人は社会革命に必要なあらゆる物質的条件をもっている。彼らに欠けているのは、一般化する精神と革命的情熱である。それを補足し、これによってこの国、したがってあらゆるところの真に革命的な運動を促進することのできるのは、ただ総評議会だけである」（古典選書『インタナショナル』一二九～一三〇ページ、『全集』第一六巻三八〇～三八一ページ）。

この「回状」は、インタナショナルの活動方針のなかで、マルクスが社会革命と変革の諸条件について正面から論じた、はじめての文書だと思います。

「回状」は、アイルランド問題にたいする総評議会の立場も説明し、「他の民族を隷属させる民族」は、「自分自身の鉄鎖」も解き放せないこと、イギリスによるアイルランドの「強制された合併」を「自由で平等な連邦」に、「必要なら完全な分離に変えることが、イギリス労働者階級の解放の前提条件である」と明確にしていました（古典選書『インタナショナル』一三三ページ、『全集』第一六巻三八三ページ、本書一五四〜一五五ページ参照）。

この「回状」の内容を説明したマルクスの手紙が残っています。手紙は、アメリカで活動していたドイツ生まれの協会員、ジークフリート・マイアー（一八四〇〜七二年）とアウグスト・フォークト（一八三〇頃〜八三年）に宛てたものです。

「イギリスは、資本の中心であり、いままでのところ世界市場を支配している強国であるので、さしあたり労働者革命にとっては最も重要な国であり、しかもこの革命の物質的諸条件がある成熟度まで発展している、唯一の国だ。イギリスにおける社会革命の促進は、だから国際労働者協会の最も重要な対象だ。これを促進する唯一の手段、それはアイルランドを独立させることだ。……ロンドンの中央評議会の特殊な任務は、アイルランドの民族的解放がイングランド労働者階級にとって、抽象的な正義とか人道主義的感情の問題ではなくて、彼ら自身の社会的解放の第一条件であるという意識を、イングランド労働者階級の心のうちに呼びさますことだ」（七〇年四月九日、『全集』第三二巻五五一ページ）

当時、「世界市場を支配」していたイギリスは、社会革命に必要な「物質的諸条件」を発展させており、主体的条件＝労働者の運動の前進が決定的に重要になっていること、そして、主体的条件を発展させることにこそ、総評議会の活動、すなわちマルクスたちの活動の〝任務〟があるとしたのです。

翌七一年九月、マルクスは、インタナショナル創立七周年祝賀会での演説で、イギリスの特徴として、普通選挙権とそれを利用する労働者階級の力量という問題にふれ、つぎのように述べました。「イギリスは、労働者階級が普通選挙権を自分の利益のために行使できるほどに、彼らが発達し組織されている唯一の国である」（『全集』第一七巻四〇五ページ）

マルクスの展望は、当時のイギリスでは実りませんでしたが、一連の解明には、二一世紀の社会変革の事業において発展をはかるべき重要な提起が含まれていると思います。

＊42　そのほかの論点として、バクーニン派は、労働時間の短縮を求めるインタナショナルの方針を、「政治的である」と否定していた。マルクスは、総評議会でこの点を取り上げ、つぎのように批判している。

「労働時間の短縮は二つの大会〔ジュネーヴ、ブリュッセル大会〕で決議されており、政府に労働日の制限を強いることによってのみ実現しうる。『プログレ』紙と『エガリテ』紙〔バクーニン派が一時影響下においていた新聞〕に文句を言う権利はない」（七〇年一月四日、議事録③198ページ、新メガI／㉑742ページ）。

3　北ドイツ連邦議会での活動と『資本論』

ドイツでは、一八六六年の普墺戦争後、プロイセン主導の「ドイツ統一」が確定的となり、国家の体制面で大きな変化が進行しました。

それまで存在した「ドイツ連邦」[*43]は解体し、マイン川以北の二二の君主制国家の連合によってプロイセンを中心とする「北ドイツ連邦」がつくられ、南部の四カ国はそれぞれプロイセンと攻守同盟などを結ぶという体制が生まれたのです（六七年七月）。この動きで主役を演じたのが、プロイセンの首相ビスマルク（一八一五～九八年）でした。

＊43　「ドイツ連邦」は、ナポレオン戦争後のヨーロッパの政治体制を協議した一八一四～一五年のウィーン会議で生まれた。この連邦には、プロイセン、オーストリアを含む三五の領邦と四つの自由都市が参加していた。

労働者党への二つの動き

一方、労働者運動では、労働者党の結成をめぐる二つの動きが進行しました。

一つは、一八六三年五月、ラサール[*44]を会長する「全ドイツ労働者協会（ラサール派）」が成立したことです。ラサールは翌六四年八月、恋愛事件にからむ決闘で生命を落としましたが、労働者運動のなかに、〝プロイセン政府と同盟してブルジョアジーとたたかう〟という誤った政治路線をもちこんでいました。ラサールは、ビスマルクとの秘密会談を六三年五月からの一年間で五回ないし六回行い、二十数通にのぼる手紙を交わしています。この親ビスマルク路線は、彼の死後もラサール派の後継者・シュヴァイツァー（一八三四～七五年）によって、ひきつがれました。

もう一つの動きは、マルクス、エンゲルスとも連絡をとっていたヴィルヘルム・リープクネヒトを中心としたものです。彼らは、最初はラサールの協会に属しましたが、同協会の親ビスマルク路線がはっきりしてくると、これを脱退し、一八六六年に「ザクセン人民党」を、六九年八月には、アウグスト・ベーベル（一八四〇～一九一三年）をはじめ、そのほかの反シュヴァイツァー勢力とも合流し、「社会民主労働者党」（創立地からアイゼナハ派とも呼ぶ）を結成しました。

こうして、ドイツには、二つの労働者勢力の並立という状態が生まれました。

＊44　ラサール、フェルディナント（一八二五～六四年）。一八四八年のドイツ革命に参加。以後、マルクス、エンゲルスと交友があったが、その誤った政治路線とふるまいは、マルクスたちの強い批判の的となっていた。

最初の議会論戦がはじまる

一八六七年八月、「北ドイツ連邦」は、「連邦議会」を設けるために、男性のみによる普通選挙を実施しました。労働者党への形成途上にあったアイゼナハ派も、またラサール派も、候補者を立てて選挙戦に参加し、アイゼナハ派四人（リープクネヒト、ベーベルら）、ラサール派二人（シュヴァイツァーら）が当選しました。

「北ドイツ連邦議会」は、人民主権の政治体制とは縁遠い、限られた権限の議会でしたが、そこでの活動は、科学的社会主義の事業に新しい活動分野を開くことになります。

マルクスは、北ドイツ連邦議会での労働者代表の活動に大きな意義を認め、総評議会でもドイツでの議会活動を紹介し、手紙や出版物などで、その活動を援助します。マルクスたちは、刊行されたばかりの『資本論』の解明点を議会での論戦に生かすことを重視していました。

『資本論』第一巻は、北ドイツ連邦議会の選挙直後に刊行され、マルクスはエンゲルスの協力をえながら、『資本論』の宣伝・普及活動に乗り出したところでした。その一環としてエンゲルスが発案し、実行したのが、『資本論』書評作戦です。エンゲルスは、マルクスとも相談して、匿名の書評を何篇も作成し、これをヨーロッパの新聞・雑誌に売り込み、『資本論』を広め、著作として「黙殺」させないようにしたのです。六七年一〇月〜六八年六月の間に作成された『資本論』書評が、現在、九篇残っています。その内訳は、ドイツの新聞向けが八篇、イギリスの雑誌向けが一篇で、実際に新聞に掲載されたのは、ドイツ向けの七篇でした（これらの書評は古典選書『「資本論」綱要／「資本論」書評』、『全集』第一六巻に収録されている）。

エンゲルスは、議会での討論が始まる前に、リープクネヒトが編集していた新聞「デモクラーティッシェス・ヴォッヘンブラット（週刊民主主義）」に「『資本論』書評」を寄せ、つぎのような助言をしています。

〝北ドイツ連邦議会では、営業条例とか、工場労働の規制などが、審議されるだろう。労働者によって選出された議員は、マルクスのこの著書（『資本論』）を読み、その内容を全面的にのみこんでから、この法律の審議にかかってほしい。議会で貫徹できることが多くある〟（一八六八年三月、古典選書『「資本論」綱要／「資本論」書評』一七五ページ、『全集』第一六巻二三七ページ）。

エンゲルスの予想通り、北ドイツ連邦議会では、工場でのいろいろな規制を盛り込んだ営業条例が審議にかかりました。しかし、リープクネヒトの論戦は、ほめられたものではなく、「図抜けていちばんいいのはべーベル」（六九年四月六日、エンゲルスからマルクス宛の手紙、『全集』第三二巻二三三ページ）だった、とのことです。[*45]

「営業条例についての討論では、ヴィルヘルム〔リープクネヒトのこと〕はまったく惨めな役割を演じた。すべての提案はシュヴァイツァーかまたはベーベルから出されて、ヴィルヘルムはりこうに口をつぐんでいた。というのは、この討論では確実な知識が必要だったからだ」（六九年五月七日、エンゲルスからマルクス宛の手紙、『全集』第三二巻二四七ページ）。

二人の嘆きは、その後、新聞に掲載されたリープクネヒトの演説（主題は「社会民主主義の政治的地位」）を読んで、いちだんと深くなりました。

エンゲルス　「『現在の国家』からは労働者たちへの譲歩を奪い取ってはならないし、強要さえもしてはならない、ということ、これもまたヴィルヘルムのみごとな立場だ」（六九年七月六日、マルクスへ、『全集』第三二巻二六五ページ）。

マルクス　「それにしても、これはひどくみごとだ！　ドイツ国会はただ扇動の手段として利用するだけでよいのだから、けっしてそこではなにか合理的なことや直接に労働者の利害に関係のあることのために扇動演説をするべきではないのだ！」（六九年八月一〇日、エンゲルスへ、古典選書『書簡選集』中巻五八ページ、『全集』第三二巻二八六ページ）。

マルクスの手紙にある「ドイツ国会はただ……」の一節は、リープクネヒトの演説内容を指したものです。マルクスは、手紙の続く文章で、リープクネヒトの誤った立場の根底には、〝労働者に媚《こび》を売りたがるビスマルクが、自分たちがもちだした要求を受け入れたら大変だ、そんなことになったら、ビスマルクが労働者の間で人気を得るのを助けてしまう〟という見当違いの見立てがあると指摘しています。このようなリープクネヒトの主張は、マルクス、エンゲルスが伝えていた労働者議員の戦術に反したものだったのです。

ドイツにおける労働者党の最初の議会活動は、こういうところから始まりました。

「北ドイツ連邦」は四年後には「ドイツ帝国」に姿を変えます（本書一九九ページ＊50参照）。「連邦議会」の存在期間は短いものでしたが、そこでの活動は、社会主義運動における議会闘争と多数者革命路線を発展させる上で、重要な歴史的経験となったものでした。

＊45　ベーベルらは、「国際労働者協会創立宣言」と『資本論』に依拠して、この論戦で、一〇人以上の労働者を使用する経営への工場条例、一四歳未満の児童労働の禁止、労働組合組織の完全な団結の自由などを要求した。マルクスは、一八六九年四月一三日の総評議会で、労働者を代表する社会主義者による最初の議会論戦として、ベーベルの論戦内容を紹介している（議事録③81～82ページ、新メガⅠ／㉑６４０ページ）。

労働者党の結成とインタナショナル

マルクスは、総評議会でドイツ担当通信書記を担当していました。

ドイツ（プロイセン）は、団体が外国組織と関係を持つことを禁止しており、インタナショナルへの団体加盟は、法的には不可能な状態でした。そのためマルクスは、「個人会員の形式」が有効と考え、その方法での加盟をドイツで広げようとしました。

マルクスは、はじめは、全ドイツ労働者協会（ラサール派）との接近の可能性を探ります。彼らの機関紙に「国際労働者協会創立宣言」、「暫定規約」のドイツ語訳（マルクスによる）や論説を提供し、代表のシュヴァイツァーも、マルクスに接近する態度を示しました。ところが、この態度はうわべだけで、すぐにラサール派の親ビスマルク路線が出てきたため、マルクスは六五年二月二三日、シュヴァイツァーら〝プロイセン王国政府社会主義〟たちとの絶縁声明を発表します（「声明」、『全集』第一六巻七六ページ）。

マルクスは、これ以後、ドイツ各地に個人会員による支部をつくる方向での援助を強め、ゾーリンゲン、シュトゥットガルト、ベルリン、ケルンなどにインタナショナルの支部が生まれます。六六年九月のジュネーヴ大会以降は、ドイツからの代議員もインタナショナルの大会に参加しました。

このような活動が、アイゼナハにおける「社会民主労働者党」結成（六九年八月）の土台になったのでした。この党は、結成大会で決定した綱領で、「結社法が許すかぎり、党を国際労働者協会の支部とみなすものである」と公然と宣言しました（古典選書『ゴータ綱領批判／エルフルト綱領批判』七三ページ）。「結社法が許すかぎり」という一句は、専制政治下のドイツで合法的に存在し、活動するためには不可欠の条件でした。

翌九月に開かれたインタナショナル・バーゼル大会には、社会民主労働者党を代表して、リープクネヒトが参加します。総評議会は、社会民主労働者党の加盟について、バーゼル大会でつぎのように報告しています（六九年九月七日）。

「最近のアイゼナハ大会で、ドイツ本土、オーストリアおよびスイスの労働者一五万人以上の代表が、わが協会の規約の指導原理を文字どおりにとりいれた綱領をもつ新しい社会民主党を設立した。法律が許さないため、正式にわが協会の支部をつくることはできないので、彼らは総評議会から個人会員証をもらうことを決議した」（古典選書『インタナショナル』一一二ページ、『全集』第一六巻三七三ページ）。

こうして、インタナショナルの創立から五年の活動を経て、個人会員という形ではあれ、労働者党の加盟がはじめて実現したのでした。

四　普仏戦争とパリ・コミューン

1　フランス・プロイセン戦争のなかで（一八七〇年）

一八七〇年、新たな戦争が、ヨーロッパを襲いました。

フランスの皇帝ルイ・ボナパルト（ナポレオン三世）が、突如、北ドイツ連邦の盟主プロイセンに宣戦を布告したのです（フランス・プロイセン戦争＝普仏戦争）。一八七〇年七月一九日のことでした。

この戦争の性格はかなり複雑でした。基本的な性格はフランスによるライン地方への領土拡大を主目的にした侵略戦争でしたが、プロイセン側も、フランスを意図的に戦争へ引き込もうと挑発的な態度をとっていました。それだけに、この戦争は、成り行きによってドイツの侵略戦争に転化する危険をはらんでいました。

開戦に先立って、フランスのボナパルト帝政は、皇帝暗殺を目的とする「陰謀」があるなどとして、パリ、リヨン、ルーアン、マルセイユにあった国際労働者協会（インタナショナル）支部を弾圧し、協会員を逮捕します。[*46] 総評議会は、この弾圧にたいして、マルクスの執筆した抗議声明を採択し、「陰謀」なるものがまったくの偽りであって、労働者階級を組織する中心として活動するインタナショナルは、「それぞれの国で、わが協会の終局目標―すなわち、労働者階級の経済的解放―の達成をめざすあらゆる政治運動を援助すること」を、支部の特別の任務としているのだと力説しました（「フランス諸支部会員の迫害についての国際労働者協会総評議会の声明」、七〇年五月三日、『全集』第一六巻四一六ページ）。

＊46　「陰謀」のかどでの公訴は、七〇年六月～七月の裁判で失敗したが、フランスの協会員たちは、インタナショナルに所属していたという理由で有罪判決を受け、投獄された（『全集』第一六巻注解三一七、第三二巻注解六〇〇参照）。

第一の呼びかけ

インタナショナルは、普仏戦争がはじまったその日に総評議会を開き、マルクスから情勢報告をうけます。総評議会は、決議案の起草をマルクスに委託し、「戦争についての呼びかけ」（第一の呼びかけ）を発表しました（七月二三日に小委員会〔常任委員会〕で採択、二六日に総評議会で承認、議事録④32ページ、新メガI／㉑809ページ）。

「呼びかけ」は、最初の部分で、この戦争がボナパルト帝政の起こした侵略戦争であると述べ、この帝政が「フランス国内の階級戦争を利用して権力を僭取《せんしゅ》し、周期的な対外戦争によってその権力をながらえさせてきた」（古典選書『インタナショナル』一四二ページ、『全集』第一七巻三ページ）

歴史をふりかえり、この戦争は、ボナパルト帝政の弔いの鐘をもって終わるだろうと、つぎのように指摘しました。

「ルイ・ボナパルトとプロイセンとの戦争がどういう成り行きとなるにせよ、第二帝政の弔鐘はすでにパリで鳴らされたのである」（古典選書『インタナショナル』一四五ページ、『全集』第一七巻五ページ）。

ドイツの側の戦争の性格について、「呼びかけ」はこう述べます。

「ドイツの側についてみれば、この戦争は防衛戦争である」（同前）。

「だが」と、「呼びかけ」は続けます。ルイ・ボナパルトに戦争をしかけるようにしたのはプロイセンであり、彼らは侵略者を撃退しただけで満足せず、侵略目的でフランス領土に侵入する可能性があることを示唆して、つぎのように警告しました。

「もし、現在の戦争がその厳密に防衛的な性格をなくしてフランス人民にたいする戦争に堕落するようなことを、ドイツの労働者階級が許すなら、勝っても負けても結果は同じように不幸なものとなろう」（古典選書『インタナショナル』一四六ページ、『全集』第一七巻六ページ）。

そして、戦争開始という危急の情勢のもとでフランスの労働者とドイツの労働者が「たがいに平和と好意のメッセージをとりかわしている」事実を紹介し、つぎの文章で「呼びかけ」を結んだのでした。

「これまでの歴史上に類例のないこの偉大な事実は、より明るい未来の見通しをひらくものである。それは、経済的窮乏と政治的狂気をともなう旧社会と対照して、一つの新しい社会が生まれでようとしていることを証明している。この新しい社会の国際的なおきては平和であろう。なぜなら、この社会の各国の支配者は、どこでも同一のもの――労働であろうから！　その新しい社会の開拓者こそ、国際労働者協会である」（古典選書『インタナショナル』一四八ページ、『全集』第一七巻七ページ）。

〝新しい社会の国際的なおきては平和〟という言葉は、インタナショナルの「創立宣言」で示した「私人の関係を規制すべき道徳と正義の単純な法則を諸国民の交際の至高の準則として確立する」（古典選書『インタナショナル』二一ページ、『全集』第一六巻一一ページ）という言葉とともに、マルクスが開拓しようとした新しい社会の世界像を、的確に表わすものでした。

「第一の呼びかけ」は、英語版リーフレットとして活用され、ドイツ語版、フランス語版もつくられました。

インタナショナルは、七〇年九月に予定していた大会の開催地をパリからドイツのマインツに変更していましたが、普仏戦争によって、この年の大会開催は不可能となりました。

エンゲルスの「戦況時評」

普仏戦争が始まると、ロンドンの保守系の夕刊紙「ペル・メル・ガゼット」が、マルクスに戦況報告の執筆を依頼してきました。〝無理なら適任者を紹介してほしい〟との要請だったので、マルクスはエンゲルスを紹介し、エンゲルスも喜んでこれを引きうけます。こうして、開戦一〇日後の七月二九日から七一年二月一八日まで、普仏戦争にかかわるエンゲルスの「戦況時評」が同紙の紙面を飾ることになりました。五九篇の論説は、「Z．」と署名した最初の三篇をのぞいて、すべて無署名で掲載されました。

この論説は、イギリスで評判となります。ほかの新聞の報道にくらべて、フランス、ドイツ両軍の体制や配置はもちろん、戦局の推移にいたるまで、実に的確な報道、論評、分析を行っていたからです。なかでも、驚嘆の声があがったのは、フランス軍がどこで決定的な敗北に落ち込むか、その地点まで予告していたことでした。

エンゲルスは、八月二六日付の「戦況時評」で、マクマオン元帥（一八〇八～一八九三年）の指揮するフランス主力軍の行動を分析し、今後の戦争の推移について、つぎのように書きました。

「マクマオンの部隊は、メジェールとシャルルモン‐ジヴェとのあいだでベルギーに突出しているフランス領のあの小狭窄《きようさく》地帯で降伏せざるをえないであろう」（『全集』第一七巻六七ページ）。

その六日後、エンゲルスが予告した地域に接する都市スダンでマクマオン軍はドイツ軍の完全包囲下におちいって降伏し、前線の督励だと言ってスダンに来ていた皇帝ルイ・ボナパルトまで捕虜となりました（九月二日）。

第二の呼びかけ

敗戦の報を受け、七〇年九月四日、フランスで、共和制革命が起こり、パリに三度目の共和制の旗がひるがえります（フランス革命にともなう一七九二年の王政廃止、一八四八年の二月革命につぐもの）。しかし、プロイセン軍には戦争をやめる気配もなく、パリに向かって進撃を続けます。

　普仏戦争をめぐる新しい事態のなかで、インタナショナルは、九月九日、総評議会の臨時会議で「第二の呼びかけ」を発表します（マルクス執筆）。

　「第二の呼びかけ」は、ドイツが「征服」戦争に乗り出したこと、彼らの目標が「アルザスとロレーヌ」[*47]の併合にあること、ドイツ国内では社会民主労働者党が併合政策に抗議の声をあげている[*48]ことを示しました。そして、フランスの状況について、共和制の成立を歓迎するが、この共和制がかちとられたものではなく、空席になった王座の〝あとがま〟にすわっただけのものであることに懸念を表明し、フランスの労働者につぎのように呼びかけました。

　「フランスの労働者階級はきわめて困難な事情のもとにおかれている。敵〔プロイセン軍〕がパリの城門をたたくばかりにせまっている現在の危局に、およそ新政府を倒そうなどと試みるのは、むこうみずな愚挙であろう。フランスの労働者は、市民としての彼らの義務を果たさなければならない」「彼らは、自分自身の階級を組織する仕事のために、共和制の自由があたえる便宜を冷静に、そして断固として利用するがよい！」、「彼らの精力と賢明さに、共和制の運命はかかっている」（古典選書『インタナショナル』一六四ページ、『全集』第一七巻二五九～二六〇ページ）。

*47　アルザスとロレーヌは、鉄鉱石と石炭の産地で、フランスとドイツのあいだでの係争地になっていた。一八七一年にドイツ領に編入され、一連の変遷をへて、第二次大戦後フランス領にもどった。

＊48　社会民主労働者党は、七〇年九月五日の中央委員会の宣言で、アルザス、ロレーヌの併合に抗議し、名誉ある講和をフランスと結ぶよう要求した。その直後、委員会メンバーは全員逮捕された。一一月二四日に開会した北ドイツ連邦議会で、リープクネヒトとベーベルはフランス領の併合にすべて反対する声明を発表し、戦争の性格が変化したとして、軍事支出（戦時公債）の承認の件で「反対」の票を投じ、内外に大きな反響を与えた。ビスマルクは議会閉会後、ただちにベーベルらを大逆罪で逮捕した（一二月一七日）。マルクスは、弾圧犠牲者の救済活動を組織し、イギリスの新聞「ザ・デイリー・ニューズ」（七一年一月一九日付）に論評「ドイツにおける出版と言論の自由」を発表して、弾圧に強く抗議した（『全集』第一七巻二六四ページ）。ベーベルらは、七一年三月の選挙で、一月に成立した新たな帝国議会の議員に選出されたが、翌七二年三月の裁判で要塞禁錮刑、続いて五月の控訴院で抗告を棄却され、在獄に処せられた。

エンゲルスが総評議会の一員に

国際的な情勢が急を告げるなかで、マルクスにとっては何よりもうれしい〝大変化〟がありました。盟友エンゲルスがマンチェスターでの経営者の仕事に区切りをつけ、二〇年ぶりにロンドンにもどって、ともに活動できるようになったのです。

エンゲルスがロンドンを離れたのは、一八五〇年一一月のことでした。その後二〇年間、エンゲルスは、昼間は経営者仕事に精を出し、幼児を相次いで亡くして経済的苦境にも陥っていたマルクス家を、ときには自らの出費も削って、力のかぎり支援しました。また、夜の時間を使って政治論説を書き、『資本論』研究への助言やその普及にも力を入れましたが、こうした活動で名前を出すことを控えていました。

しかし、これからは、革命家フリードリヒ・エンゲルスとして、自由に活動できます。マンチェスターでの仕事の共同経営者だったエルメン・ゴットフリート（一八〇七～八六年）との仕事上の清算の話し合いが終わった翌日（六九年七月一日）、エンゲルスはマルクスにこう書き送っています。

「万歳！　きょうで甘い商売はおしまいになり、僕は自由な人になるのだ。それについてゴットフリート先生ときのうはすべての要点で話をつけた。彼はすっかり譲歩した。トゥッシ〔マルクスの娘エリナー〕と僕とは今朝は僕の最初の自由の日を野原への長時間の散歩で祝った」（『全集』第三二巻二五九ページ）。

この瞬間に居合わせたエリナーは、のちにこの時の情景をつぎのように語りました。

「エンゲルスがこの強制労働を完了したちょうどその時、私は彼のもとにいあわせたので、長年にわたるいっさいが彼にとってどんな意味があったかを知ったのであった。私は勝ちほこる『これが最後』をけっして忘れることはないであろう。その朝、最後の出勤をするために長靴をはきながら、エンゲルスは、『これで最後だ』と叫んだ。それから数時間後、彼の帰りを待ちながら、門のまえにたたずんでいると、住まいのまえの原っぱの向こうから、帰って来る彼の姿が見えた。彼はステッキを宙に大きく振りふり、歌をうたいながら、満面に笑みをたたえていた。それから、私たちはテーブルの上に御馳走をならべ、シャンパンを抜いて、よろこびにひたった。当時私はまだ幼かったので、どうも合点がいかなかったが、いま考えると、思わず涙がでてくる」（一八九〇年「永遠の青年エンゲルス」、『モールと将軍』四〇八～四〇九ページ）。

エンゲルスが残った仕事を片づけ、ロンドンのマルクス宅のすぐ近くに居を移したのは、その一年後、七〇年九月二〇日のことです。マルクスは、その日のうちに総評議会に、エンゲルスを評議員として推薦し、一〇月四日に開かれた総評議会で、エンゲルスの選出が全員一致で決定されました（議事録④66ページ、新メガI／㉑838ページ）。

このときから、インタナショナルを舞台にした、マルクス、エンゲルスの共同の活動が始まります。

「国際労働者協会スペイン連合評議会へ」（七一年二月一三日）は、評議員になったエンゲルスが最初に書いた文書の一つです（古典選書『インタナショナル』一七〇～一七五ページ、『全集』第一七巻二六八～二七〇ページ）。そこでエンゲルスは、古い諸政党と明確に区別された、独自の労働者政党を創設することの必要性を強調し、無政府主義の立場からバクーニン派が労働者運動にもちこんだ「政治から手をひけ」との主張とたたかうことを呼びかけたのでした（同前・文献解説参照）。

土地所有の新たな研究へ

マルクスは、インタナショナルでの活動に力をつくすとともに、病気に苦しみながら『資本論』

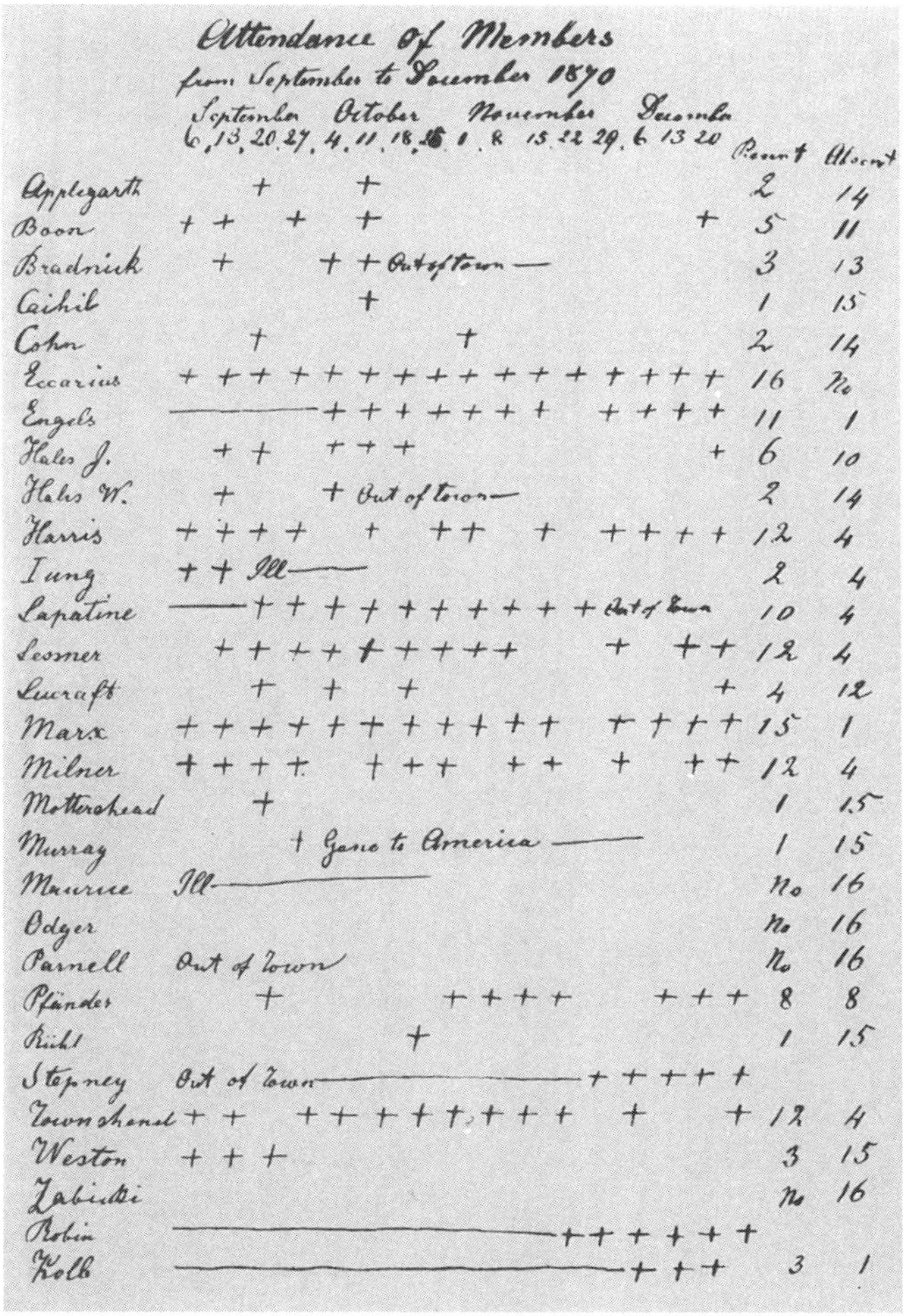

Attendance of Members
from September to December 1870

September 6. 13. 20. 27. October 4. 11. 18. 25. November 1. 8. 15. 22. 29. December 6. 13. 20

		Present	Absent
Applegarth	+ +	2	14
Boon	+ + + + +	5	11
Bradnick	+ + + Out of Town —	3	13
Cahil	+	1	15
Cohn	+ +	2	14
Eccarius	+ + + + + + + + + + + + + + + +	16	No
Engels	——— + + + + + + + + + + +	11	1
Hales J.	+ + + + + +	6	10
Hales W.	+ + Out of town —	2	14
Harris	+ + + + + + + + + + + +	12	4
Jung	+ + Ill —	2	4
Lapatine	— + + + + + + + + + + Out of Town	10	4
Lessner	+ + + + + + + + + + + +	12	4
Lucraft	+ + + +	4	12
Marx	+ + + + + + + + + + + + + + +	15	1
Milner	+ + + + + + + + + + + +	12	4
Mottershead	+	1	15
Murray	+ Gone to America —	1	15
Maurice	Ill —	No	16
Odger		No	16
Parnell	Out of Town	No	16
Pfänder	+ + + + + + + +	8	8
Riehl	+	1	15
Stepney	Out of Town — + + + + + +		
Townshend	+ + + + + + + + + + + +	12	4
Weston	+ + +	3	15
Zabicki		No	16
Robin	— + + + + + + +		
Kolb	— + + +	3	1

インタナショナル・総評議会の出欠簿（1870年９月～12月）。「＋」印が出席を示す。上から７人目がエンゲルス、15人目がマルクス。エンゲルスが10月４日から出席していることがわかる。『フリードリヒ・エンゲルス――その生涯と活動』（1987年、プログレス出版〔英文〕）から

続巻の作業を続けていました。
この間の事情を語っている手紙をいくつか紹介しましょう。
手紙の相手は、アメリカ、ベルギーの活動家とドイツの医師で、三人ともインタナショナルの活動に参加していました。

▽ジークフリート・マイアーへ（六八年七月四日、アメリカの土地所有について）

「合衆国での土地所有ないしは農業の状態にかんする反ブルジョア的なものを見つけ出していただけると、たいへん助かるのですが。〔『資本論』〕第二巻で地代を扱うので、とくにH・ケアリ〔アメリカの俗流経済学者〕の『調和』を反駁する資料があれば、というところなのです」（『全集』第三二巻四五二～四五三ページ）。

手紙で述べている第二巻は、第二部、第三部を含みますが、現行『資本論』でいえば、第三巻第六篇の地代論あたりのことだと思います。

マルクスとエンゲルスの間では、翌六九年一一月の手紙で、地代論と農業問題に即してヘンリー・ケアリ（一七九三～一八七九年）への批判が展開されています（エンゲルス一一月九日付、一九日付、マルクス二六日付、エンゲルス二九日付、いずれも『全集』第三二巻）。また、七一年に入ってからも、アメリカの国有地に関する資料の提供を求めるマルクスの手紙が残っています（七一年一月二一日、イギリスの運動家ジョージ・ハーニー（一八一七～九七年）宛、英語版著作集第四四巻１００ページ）。

▽セザール・デ・パープへ（七〇年一月二四日、ベルギーにおける土地所有について）

「いまちょうど、私は『資本論』第二巻で土地所有のことを扱っているところなので、ベルギーにおける土地所有の構造とベルギー農業を少しくわしく述べると有益だろうと思います。恐れいりますが、私が調べなければならない、重要な本の題名をお教えくださいませんか」（『全集』第三二巻五二九ページ）。

デ・パープ（一八四一～九〇年）は、その一週間後、ベルギーで刊行された土地所有に関する著作一一点をマルクスに知らせています（七〇年二月一日、マルクス宛の手紙、新メガ第Ⅲ部門第一六巻、デジタル版）。

▽クーゲルマンへ（七〇年六月二七日、ロシアの土地所有について）

「マイスナー〔『資本論』の出版者〕が第二巻をしきりにせっついている件ですが、僕はこの冬中病気のために仕事を中断せざるを得ませんでしたが、それだけではない。僕はロシア語をくそ勉強する必要を感じているのです、土地問題を扱ううえで、ロシアの土地所有関係を原資料で勉強しないではすまなくなってきたからです」（『全集』第三二巻五六四ページ）。

マルクスがロシアの土地所有に関心をもったきっかけは、前年の六九年一〇月、ロシアの経済学者ニコライ・ダニエリソーン（一八四四～一九一八年）から、同じくロシアの経済学者フレロフスキー（一八二九〜一九一八年）の著作『ロシアにおける労働者階級の状態』[*49]（サンクト・ペテルブルク、一八六九年）を受けとったことにありました。この本の出版社・ポリャコフ社は、すでに『資本論』ロシア語版の出版を引き受けており、マルクスもそのことを知っていました。

この五〇〇ページの本を読むために、マルクスは文法練習帳を作成しながらロシア語の勉強をはじめ、翌七〇年にはこれを読破し、その後、ロシアから多くの資料を取り寄せ、資料と著作からの抜粋と評注、覚書をつくるなど、ロシアの土地所有の歴史と現状の研究に特別の努力を払います。こうして、七二年一二月には、「『資本論』第二巻では、土地所有にかんする篇で、ロシア的形態をうんと詳しく取り扱うでしょう」（七二年一二月一二日、ダニエリソーン宛の手紙、『全集』第三三巻四四四ページ）と述べるまでになっていました。

マルクスは、第三部の主要草稿で、「土地所有をそのさまざまな歴史的形態において分析することは、本書の限界外にある」（新版⑪一一一〇ページ、Ⅲ627ページ）としていました。ダニエリソーン宛の手紙を読むと、第三部の続稿を執筆する場合、土地所有の歴史的研究を含む新たな研究の展開を考えていたのではないかと思われます。しかし、この時も、マルクスは第三部の続稿執筆を開始するにはいたりませんでした。

なお、第二部については、度重なる病気とインタナショナルの仕事のために七〇年で草稿の執筆を中断していました。マルクスが、第一巻第二版、フランス語版の刊行をはさみながら、第二部の草稿執筆を再開したのは、七六年一〇月のことでした（七六年一〇月〜八一年に第五〜第八草稿を執筆、新メガ第Ⅱ部門第一一巻〔二〇〇八年〕に収録)。

＊49 マルクスは、第二部第二草稿(一八六八年春〜七〇年に執筆)で、フレロフスキーのこの著作を利用している。新版『資本論』⑦七〇四ページの＊2参照。

2 パリ・コミューン(一八七一年)

普仏戦争に敗れたフランスは、七一年一月末に正式にドイツ帝国[*50]に降伏し、二月の選挙で国民議会を選び、アドルフ・ティエール(一七九七〜一八七七年)を首相とする新政府がボルドー(フランス南西部)で組織されます。こうして、二月二六日、フランス・ドイツ間で講和条約が仮調印されました(本調印は五月)。この条約は、アルザス・ロレーヌのドイツへの割譲、五〇億フランの対独賠償、ドイツ軍のパリ入城と、五億フランの支払いが行われるまでのあいだパリ北東部にある諸要塞の占領をドイツ側に認めました。

一方、ドイツ軍によって包囲されていたパリでは、市民が自分の職業と兼務で参加する軍事組織(パリ国民軍)と市民の代表たちが市内を守っていました。

七一年三月一八日、パリに入っていたティエール政府は、パリ国民軍の大砲陣地(モンマルトルの丘など)への闇討ちに失敗し、ヴェルサイユ(パリの西南部)に逃れます(ティエール側による「内乱」の開始)。

これにたいし、パリ市民は、選挙を実施して二〇の行政区から九〇人あまりの議員を選出します（三月二六日）。自らを「パリ・コミューン」と呼ぶパリ政権の発足です。この政権は、ティエール政府の言いなりにならず、戦争で疲弊したパリ市民の生活再建にのり出し、生産現場の改革、暮らしの向上の施策をはじめ、いろいろな方策を考え出します。また、議員が欠ければ、補欠選挙も実施して、大都市パリを統治しました。

普仏戦争前のパリでは、インタナショナルの支部が三〇を数え、「パリ連合評議会」が組織されていましたが、帝政側から繰り返しの弾圧をうけ、指導的な協会員は、普仏戦争直前に逮捕・投獄されていました（本書一八五ページの＊46参照）。ボナパルト帝政が倒れたもとで、インタナショナルは、活動を再開し、コミューン議員に選出される協会員もいました。マルクスも、総評議会も、パリの動向を注視し、手紙や使者をおくって、彼らへの支援にあたっていました。

パリの新たな事態のなかで、フランスの新聞では、マルクスが〝信奉者〟に手紙（実は偽造文書）で指示を送り「パリ革命はロンドンで組織された」といった、「嘘をインタナショナル攻撃の最大の武器にする」（「『ウェルカー』編集部へ」、『全集』第一七巻二七九ページ）謀略的な攻撃が行われます。この偽造文書は、ポスターとしてパリの街路に張り出されたとのことですが、偽造された手紙の受け取り人は、当時はまだロンドンに居ました。これでは、ロンドン在住のマルクスが、パリを経由してロンドンの住人と連絡し、〝パリ革命〟を組織していたことになります。マルクスと総評議会は、これらの攻撃を見過ごさずに反論声明を出し、イギリスの「タイムズ」をはじめ新聞各紙に訂正を申し入れるなど、事実をもっての反撃に力を入れました。

ティエール政府は、パリ・コミューンをフランス統治の最大の障害物として、ドイツ軍捕虜だった将兵の釈放をドイツ側に求め、その兵力も使った武力攻撃でパリの政権を撃破する計画を立てます。パリ攻撃の総司令官は、スダンで降伏したマクマオン元帥でした。このとき、パリ城外の北部と東部の要塞には、ドイツ軍が残留しており、ヴェルサイユ方面（西南部）からの攻撃を受けたパリの市民と政権は、はじめから背後を押さえられた状態でした。

パリ・コミューンと市民たちは、ティエール政府の武力攻撃に勇敢に立ち向かい、「流血の週間（五月二一～二八日）」と呼ばれる史上まれにみる狂暴な包囲・攻撃のもとで破壊されました。弾圧に倒れた人々のなかには、マルクスの知人たちも含まれており、マルクスたちも、相次ぐ悲報に苦しんでいたといいます（イエニー・マルクスからクーゲルマン宛の手紙、七一年五月一二日、ベルト・アンドレアス編『マルクス家の手紙と記録。一八六二～一八七三年』２５０ページ、一九六二年、ハノーファー〔独文〕）。

「流血の週間」を含め五月末までに殺害された市民は約三万人、逮捕者は一〇万人にのぼり、監獄船などに押し込まれ、そのうち四万人が軍事法廷に引きずり出され、死刑、流刑、強制労働、禁錮に処せられました（桂圭男『パリ・コミューン』、岩波新書）。

＊50　普仏戦争に勝利したプロイセンは、七一年一月、北ドイツ連邦の諸国を単一のドイツ帝国に統合し、パリ郊外のヴェルサイユ宮殿で戴冠式を行い、プロイセン国王ヴィルヘルム一世がドイツ帝

国の初代皇帝となった。

第三の呼びかけ

マルクスは、総評議会の依頼で、パリ・コミューンの意義を明らかにする第三の「呼びかけ」を執筆していましたが、病気のために執筆が遅れ、発表できたのは、コミューン壊滅二日後のことでした（五月三〇日、議事録④２０４ページ。新メガI／㉑５５８ページ）。

この文書が、普仏戦争に関連してインタナショナルが発表した第三の呼びかけ、「フランスにおける内乱」です。[*51]「内乱」とは、ヴェルサイユにあったティエール政府がパリ政権にたいする武力攻撃に出たことを指すもので、マルクスは、「呼びかけ」でティエール政府の攻撃を「奴隷所有者の反乱」と呼んでいます。[*52]

マルクスは、ティエール政府の大弾圧を徹底的に批判し、パリ・コミューンの事業の歴史的意義を、つぎのように特徴づけました。

「コミューンのほんとうの秘密はこうであった。それは、本質的に労働者階級の政府であり、横領者階級にたいする生産者階級の闘争の所産であり、労働の経済的解放をなしとげるための、ついに発見された政治形態であった」（『全集』第一七巻三一九ページ）。

〝横領者階級〔the appropriating class〕〟とは、他人の労働生産物を〝わがものにする〟ということでしょう。「呼びかけ」には、「横領者と生産者のあいだの階級闘争」という指摘もあります（同前三三三ページ)。

マルクスは、パリ・コミューンの経験を現地からの報告や新聞報道によって研究し[*53]、その成果を「フランスにおける内乱」に書き込みました。たとえば、つぎの一節です。

「労働者階級は、自分自身の解放をなしとげ、それとともに、現在の社会がそれ自身の経済的作用〔ドイツ語版では経済的発展〕によって不可抗的に目ざしている、あのより高度な形態をつくりだすためには、長期の闘争を経過し、環境と人間とをつくりかえる一連の歴史的過程を経過しなければならないことを、知っている」(同前三二〇ページ)。

「あのより高度な形態」とは、社会主義・共産主義社会のことで、「呼びかけ」は、引用した文章の直前で「『可能な』共産主義」について語っています(同前三一九～三二〇ページ)。マルクスは、新しい社会で「生産者が主役」の経済体制、人間関係をつくる仕事はそんなに簡単なものではない、環境と人間を変革する長い闘争が必要だというのです。この面での研究は、『資本論』でもなされていませんでした。

マルクスは、「フランスにおける内乱」の第一草稿のなかで、この提起についてより詳しく論じています。

「労働者階級は、彼らが階級闘争のさまざまな局面を経過しなければならないことを知っている。労働の奴隷制の経済的諸条件を、自由な結合的労働の諸条件とおきかえることは、時間を要する漸進的な仕事でしかありえないこと(それの経済的改造)、そのためには、分配の変更だけでなく、生産の新しい組織が必要であること、言い換えれば、現在の組織された労働という形での生産の社会的諸形態（現在の工業によって生みだされた）を、奴隷制のかせから、その現在の階級的性格から救いだす（解放する）ことが必要であり、それら調和のとれた国内的および国際的な調整が必要であることを、彼らは知っている。この刷新の仕事が、既得権益と階級的利己心の諸抵抗によって再三再四押しとどめられ、阻止されるであろうことを、彼らは知っている」（同前五一七～五一八ページ）。

これは、資本主義的生産の「奴隷制のかせ」（資本主義生産における支配・服従関係などの人間関係の総体を指していると考えられる）が、変革の途上では、まだ残っているので、これを克服して生産過程での人間関係を、自由な生産者が協力しあう協働関係に変えてこそ、未来社会にふさわしい経済的土台ができるし、そこにつぎの段階で生産者が直面する大仕事がある、という提起です。そこからマルクスは、この仕事は、「環境と人間とをつくりかえる一連の歴史的過程」になるだろう、と考えたのでした。

＊51　「フランスにおける内乱」は、三五ページの英語版パンフレットとしてロンドンで発行された。初版（一〇〇〇部）はすぐに売り切れ、七月上旬、第二版（二〇〇〇部）を刊行し、付録として、フランス外相・ファーヴルの回状にたいする総評議会の声明を収めた。その際、「内乱」への署名者名からオッジャーら二人を削除し、新しい評議員を追加した。八月、第三版が発行された。続いてドイツ語版（エンゲルス翻訳、五二ページ）、フランス語版（マルクス校閲、四八ページ）も発

行され、ヨーロッパ各国、またアメリカで翻訳され、広められた。

＊52　政権を失った支配勢力が反乱に訴えることを、マルクスが「奴隷制擁護の反乱」、「奴隷所有者の戦争」などと表現したことは、先に紹介した（本書一一三～一一四ページ）。「フランスにおける内乱」は、つぎのように述べている。

「フランスの途方もない大破滅は、これらの愛国的な土地と資本の代表者を駆りたてて、侵略者〔プロイセンのこと〕の目のまえで、またその庇護のもとに、対外戦争に内乱――奴隷所有者の反乱――をつぎ木させる結果となったのである」（『全集』第一七巻三〇三ページ）。

＊53　パリ・コミューンにかかわるマルクスの研究は、「（イギリスとフランスの）諸新聞からの抜粋」（一八七一年三月一八日～五月一日）、「（パリ・コミューンにかんする）人名録、新聞からの抜粋」（八四ページ）として、『マルクス・エンゲルス・アルヒーフ』（遺稿集）の第三巻（一九三四年）、第一五巻（一九六三年）に収録されている。

インタナショナルへの攻撃と迫害に抗して

パリ・コミューンを壊滅させたティエール政府は、インタナショナルの支部と会員を徹底的に弾圧し、七一年五月には、ジュール・ファーヴル外相が、フランスの在外外交代表にたいし、パリ・コミューンにかかわる亡命者を犯罪人として引き渡すよう各国政府に要求する通達を出します。続く六月、「インタナショナル禁止法」（組織への参加だけでなく、その原理に賛成することを犯罪とする弾圧法、司法大臣の名をとりデュフォール法と呼ばれる）[*54]を議会に提出し、ヨーロッパ諸国にたいしては「ファーヴル回状」（六月六日）を送って、インタナショナルを〝家族、宗教、秩序、財産の敵〟と中傷・攻撃し、徹底的な弾圧をくわえるよう呼びかけました。

総評議会は、パリ・コミューン参加者の救援活動を組織するとともに、「ファーヴル回状」にたいする反撃の声明（マルクス、エンゲルスの執筆）を採択します（七一年六月一一日、「ジュール・ファーブルの回状についての総評議会の声明」、古典選書『インタナショナル』一七九～一八三ページ、『全集』第一七巻三四六～三四七ページ）。「タイムズ」紙（六月一三日）などがこの声明を掲載しましたが、七一年の夏頃には、イギリスをのぞくヨーロッパの多くの国で、インタナショナルは事実上、非合法状態におかれました。くわえてバクーニン派のインタナショナルへの攪乱・破壊活動[*55]も強まっており、インタナショナルに組織存続の危機が生まれます。

マルクス、エンゲルスは、偽造文書も使った謀略を含む攻撃に立ち向かい、インタナショナルの組織と活動の真の姿を、さまざまな場で語り、広げる努力を続けました。インタナショナル攻撃には、協会と無関係の人物の言動を協会の活動として非難したり、マルクスがフランスへ行こうとしてベルギーで逮捕された、といったデマ攻撃までありました。

反撃に立ったマルクスの活動を記録したものの一つに、七一年七月のニューヨークの新聞「ザ・ワールド」のロンドン通信員によるインタビューがあります（古典選書『インタナショナル』に「マルクス『ザ・ワールド』紙通信員とのインタビュー」として収録。『全集』補巻③五三〇～五三七ページ。

ただし、マルクスの手を経たものではない）。

マルクスは、パリ・コミューンがインタナショナルによる秘密指令と共同謀議による〝蜂起〟ではないかとの通信員の質問にたいし、パリの出来事は、パリの人々によって行われ、そこに協会員も参加したのであって、秘密指令や陰謀などは存在しないときっぱり答えます。そして、インタナショナルの組織が「地方の活力と独立とに最大の活動の自由をあたえる形態」になっていること、マルクスたちの活動の目的は「政治権力の獲得による労働者階級の経済的解放」であり、規約の定めに応じて、加盟団体を援助していると語っています。

インタナショナル攻撃という、いわば〝時流〟にのるような形で協会に非難を加えてきた人物もいました。イタリアの独立運動家として知られたジョゼフ・マッツィーニ[*56]です。マッツィーニによる攻撃の一つは、インタナショナルは「財産の否定」を原則とし、「それによってすべての労働者から彼の労働の果実を奪い取る」というものでした。

これにたいして、エンゲルスが総評議会の会議（七一年七月二五日）で反撃し、その内容が労働者新聞「イースタン・ポスト」（ロンドンで発行）に報道されています。その内容は、つぎの通りです。

「第三の非難〔財産の否定〕は、経済学のごく初歩についてさえマッツィーニが無知であることを暴露するだけである。インタナショナルは、個々人に彼自身の労働の果実を保障する個人的な財産を廃止する意図はなく、反対にそれを確立しようと意図しているのである。現在、大衆の労働の果実は、少数者のふところにはいっており、そしてこの資本主義的生産制度こそ、マッツィーニが手にふれないでおこうと提案しているものであり、またインタナショナルが破壊しようとしているものなのである。インタナショナルは、だれもが彼または彼女の生産物を収得することを望んでいる」(古典選書『インタナショナル』二〇〇ページ、『全集』第一七巻六一五ページ)。エンゲルスの反撃内容は、今日に生きる重要な意義をもっていますが、マルクスもこの会合に出席していました。

インタナショナル攻撃の大波は、ドイツに住むエンゲルスの母にも届き、心配のあまり、マルクスと手を切って〝立ち直る〟よう促す手紙をエンゲルスに送っています。

エンゲルスは、母からの手紙にたいし、「かつてマルクスの親類が、彼をだめにしたのはこの僕だと言いたてたこと」を思いだすと伝え、「もうやがて三〇年になろうとする以前からもっている僕の見解をなにひとつ変えること」はないし、この騒ぎがおさまれば、「お母様もお母様で、もっと落ち着いて事態をご覧になれるでしょう」と、返信しています(七一年一〇月二一日、古典選書『マルクス、エンゲルス書簡選集』中巻一〇六〜一〇八ページ、『全集』第三三巻二四〇〜二四一ページ)。

＊54　デュフォール法は、七二年三月に公布された。マルクスは、七二年九月のハーグ大会での総評議会報告のなかで、この弾圧法の野蛮さを中世の「異端審問」になぞらえながら告発している(古典選書『インタナショナル』二三〇ページ、『全集』第一八巻一二八ページ)。

＊55　バクーニン派は、パリ・コミューンの前後から、〝政治の分野から手をひけ〟という主張を総

評議会との対決の前面に押し出していた。この問題を正面から取り上げて、批判したのは、エンゲルスが執筆した「国際労働者協会スペイン連合評議会へ」がはじめてだった（七一年二月、前出）。

＊56　ジョゼフ・マッツィーニ（一八〇五〜七二年）。イタリアの独立運動の指導者の一人。インタナショナルの創立の時期には、自分の仲間を送って、指導権を握ろうと企てた。

3　ロンドン協議会の開催（一八七一年）

国際労働者協会は、フランス、ドイツ、オーストリアなどで活動が禁止されていた情勢を考慮して、七一年の大会は開かず、それに代わるものとして、各地の代表者からなる非公開の協議会をロンドンで開催することにしました（七月二五日、議事録④２４４ページ、新メガＩ／㉑５８２ページ、『全集』第一七巻六一五〜六一六ページ）。

ロンドン協議会は、九月一七日〜二三日に開かれ、イギリス、ベルギー、スイス、スペイン、フランス、アイルランドから議決権（投票権）をもつ代議員二二人（欠席をふくむ）と評議権をもつ一〇人が出席しました。協議会は、非公開の会議で「労働者階級の政治活動」など一七項目を決議しています（『全集』第一七巻三九一〜三九九ページ）。

協議会の目的は、新しい情勢に対応して、組織を整備すると同時に、パリ・コミューンの経験やバクーニン派とのたたかいを通じて急務となっていた問題――労働者階級の政治闘争の意義と方向、なかでも労働者階級の独自の政党を結成する必要性を、協会の方針として明確にすることにありました。「創立宣言」では、政治権力の獲得問題と「労働者党の政治的再組織」の努力がいくつかの国でなされていることに言及していました。[*57] しかし、労働者階級の独自の政党の結成を、インタナショナルの正式の議題とするまでにはいたりませんでした。

この問題を取り上げる条件が熟するには、一連の国際的な諸事件の経験――ドイツにおける労働者政党の結成と議会活動の開始、「政治から手をひけ」の旗を掲げたバクーニン派との闘争、〝労働者階級の政府〟を実現したパリ・コミューンの経験、それ以後にヨーロッパに広がったインタナショナル攻撃との闘争など――が必要でした。

＊57　「土地の貴族と資本の貴族は、彼らの経済的独占を守り永久化するために、彼らの政治的特権を利用することを常とする」、「したがって、政治権力を獲得することが、労働者階級の偉大な義務となった。労働者階級はこのことを理解したようにみえる。なぜなら、イギリス、ドイツ、イタリア、フランスで、同時に運動の復活が起こり、労働者党の政治的再組織のための努力が同時になされているからである」（「国際労働者協会創立宣言」、古典選書『インタナショナル』二〇ページ、『全集』第一六巻一〇ページ）。

討論の方向を決めた二人の発言

ロンドン協議会で、労働者階級の政治活動についての提案を行ったのは、パリ・コミューンの第八区選出議員（教育分野を担当）で、国際労働者協会総評議会の評議員にもなっていたエドゥアール・ヴァイヤン（一八四〇～一九一五年）でした。

バクーニン派やブルードン派の代表は〝政治の分野から手をひけ〟と主張してこの提案に反対しましたが、討論の方向を決めたのは、マルクスとエンゲルスの発言でした。

▽マルクスの発言から（七一年九月二〇日、第六回会議）

「アメリカでは、最近ひらかれた労働者の大会（七一年八月、全国労働同盟の大会）が、政治問題にたずさわること、自分たちの代表として、職業的な政治家ではなく、自分たちと同じ労働者を送り、自分たちの階級の利益の擁護にあたらせることを決議した」。

「労働者を国会へ送るのをどうでもよいことと思ってはならない。……ベーベルやリープクネヒトのようにこの演壇から発言できるなら、彼らの発言を全世界の人が聞くのである。……ひとつだけ例をあげれば、フランスでおこなわれた例の戦争（普仏戦争）のさいちゅうに、ベーベルとリープクネヒトがそれに反対して、労働者階級の立場に立って事態にたいする全責任を拒絶するために、あの闘争を始めたとき、全ドイツがゆりうごかされ、ビールの値段のためにしか革命をやらないようなミュンヒェンでさえ、戦争の終結を求める大示威運動が起こった」（古典選書『インタナショナル』二〇四～二〇五ページ、『全集』第一七巻六二〇～六二一ページ）。

▽エンゲルスの発言から（七一年九月二一日、第七回会議、自筆の発言記録）

「実生活の経験や、現存の政府があるいは政治的な、あるいは社会的な目的から労働者にくわえる政治的抑圧によって、労働者はいやおうなしに政治にたずさわらざるをえなくなっている。……プロレタリアートの政治活動を日程にのせたパリ・コミューンの直後であるだけに、政治不参加はまったく不可能である」。

「もろもろの政治的自由、集会・結社の権利、出版の自由、こうしたものはわれわれの武器である。この武器を奪われようとしているときに、われわれは拱手傍観《きょうしゅぼうかん》し、政治不参加の立場をとるべきだろうか？」（古典選書『インタナショナル』二〇九～二一〇ページ、『全集』第一七巻三九〇ページ）。

こうして、ロンドン協議会は、ヴァイヤンの提案を承認し、最終的な成文化を総評議会に一任することを決定したのでした。

協議会が終わった日、マルクスは娘のジェニー（一八四四～八三年）につぎのように伝えています。

「きょうやっと協議会が終わった。重労働だった。午前と午後の会議、そのあいだに委員会の会議、証人の聴問、報告の起草等々。しかしまた他方、やったことはこれまでの大会全部を合わせたよりも多かった」（七一年九月二三日、『全集』第三三巻二三二ページ）。

労働者階級の政治活動

ロンドン協議会後、総評議会は一〇月一六日の臨時会議で、「労働者階級の政治活動」の決議についてのエンゲルスの報告を承認しました。

マルクスとエンゲルスが仕上げた「労働者階級の政治活動」についての決議の中心部分は、つぎの通りです。

「労働者の解放をめざすいっさいの努力を力ずくでおしつぶし、強力によって階級差別とそれに由来する有産階級の政治的支配とを維持しようとしているほしいままな反動に当面しているとき、

労働者階級が有産階級のこの集合権力に対抗して階級として行動できるのは、有産階級によってつくられたすべての旧来の党から区別され、それに対立する政党に自分自身を組織する場合だけであること、

労働者階級をこのように政党に組織することは、社会革命とその終局目標——階級の廃止——との勝利を確保するために不可欠であること、

労働者階級がその経済闘争によってすでになしとげた勢力の結合は、同時に、地主と資本家[*58]の政治権力にたいする彼らの闘争のためにもてことして役だたなければならないこと、

以上のことを考慮して、

協議会は、労働者階級の闘争の立場からすれば、その経済運動とその政治活動とは切りはなせないように結びついていることにインタナショナル会員の注意をうながすものである」（古典選書『インタナショナル』二二二ページ、『全集』第一七巻三九五ページ）。

こうして、独立した労働者政党の結成、経済闘争と政治活動の不可分な原則など、インタナショナルとその諸組織がまもるべき政治活動への原則的な立場が示されることになりました。[*59]

総評議会の一部には、反インタナショナル攻撃にたじろぎ、活動を離れる人々もいましたが、あらたにインタナショナルの組織が拡大した国や地域も生まれ、総評議会は、インタナショナルに支援を求めるさまざまな要望にこたえる活動を続けます。

たとえば、パリ支部の会員から、宝石細工労働者の労働時間短縮の闘争への援助を求める手紙が届き、マルクスは、パリとロンドンという〝両岸での共同闘争〟を探究しています（七一年一一月一六日、ヘルマン・ユング宛の手紙、『全集』第三三巻二五七ページ）。

ちょうどこの頃のことです。ドイツの出版社からは『資本論』第一部の改訂（ドイツ語第二版の刊行）が求められ、フランスからはフランス語版の刊行を進める話が舞い込んできました（七一年一一月下旬から一二月）。こうして、この方面でも、マルクスの新たな探究がはじまることになります。

＊58 「地主と資本家」という言葉は、この決議のドイツ語版・フランス語版では「彼らの搾取者」に変更され、翌年のハーグ大会では、その文章でインタナショナル規約に取り入れられた（規約に

かんする決議。『全集』第一八巻一四三ページ)。

＊59　ロンドン協議会の決定は、小冊子として、七一年一一月に発行された。マルクスは、同じ時期に、インタナショナルのアメリカ支部の代表者であるフリードリヒ・ボルテ（生没年不明）にあてた手紙のなかで、労働者階級の政治運動と経済的な運動について、労働時間の制限をめぐる闘争をとりあげながら、つぎのように指摘していた。

「労働者階級の政治運動はもちろん自分のための政治権力の獲得を究極目的としています。そして、そのためには、もちろん、前もって労働者階級の組織がある程度まで発達していることが必要であり、この組織はこの階級の経済闘争そのものから成長してくるのです。

しかし、他方、労働者階級が階級として支配階級に対抗し支配階級を外部からの圧力によって屈服させようとする運動は、すべて政治運動です。たとえば、ある一つの工場とかあるいはまたある一つの事業でストライキなどによって個々の資本家から労働時間の制限をかち取ろうとする試みは、純粋に経済的な運動です。これにたいして、八時間労働などの法律を強要する運動は、政治運動なのです。このようにして、どこでも労働者たちの個別的な経済運動から政治運動が生まれてくるのです。すなわち、一般的な形態において、つまり一般的な社会的な強制力をもつ形態において、自分の利益を実現するための、階級の運動が生まれてくるのです。これらの運動が、それに先立つある程度の組織を前提するとすれば、それらの運動はまたそれら自身この組織の発展のための手段でもあるのです」（七一年一一月二三日、古典選書『書簡選集』中巻一一一～一一二ページ、『全集』第三三巻二六六ページ)。

五　マルクスとハーグ大会

1　「土地の社会化」をめぐって

国際労働者協会（インタナショナル）では、一八六七年のローザンヌ大会にベルギーの代議員セザール・デ・パープが〝土地を社会の共同所有に引き渡す〟という決議案を提案したことから、「土地の社会化」についての討論が始まっていました。

この問題は、総評議会が用意したローザンヌ大会の議題には入っていなかったもので、デ・パープの提案への賛成も少数にとどまり、つぎの大会でもう一度、土地所有について検討することになります。そして、翌年のブリュッセル大会（六八年）で、土地と鉱山、森林などを社会の所有に移すことが必要だと決議し（議事録③295～296ページ、新メガI／㉑1954～1955ページ）、続くバーゼル大会（六九年）では、ブリュッセル決議を確認し、「社会は、土地の私的所有を廃止して、集団的所有とする権利をもっている」としました（『全集』第一六巻六七七ページ、注解（三〇〇））。

生産手段の一部となる土地の社会化が大会での議事の対象となったことは、社会主義をめざす志向がインタナショナルのなかで発展していることを示すもので、バーゼル大会では、相続権をめぐる討論のなかで、総評議会から社会革命の目標として〝労働手段の社会化〟が提起されていました（本書一六七～一六八ページ「相続権についての総評議会の報告」参照）。

しかし、六八年と六九年の両大会では、フランスの出席者などから、土地所有にたいする小農民の気持ちを考慮してブリュッセル決議に反対する意見も強く出され、採決では棄権票も少なくありませんでした（六八年大会は賛成三〇、反対四、棄権一五。六九年大会は賛成五四、反対四、棄権一三。『ドイツにおける第一インタナショナル（一八六四～七二年）――記録と資料』７４８ページ、７７１ページ、ディーツ出版〔独文〕）。

マルクスは、これらの大会での討論も経ながら、農業における社会主義的変革、社会主義の事業に農民を獲得してゆく道についての探究を重ねてゆきます。その探究の過程を示している資料の一つが、一八七二年三月から四月にマルクスが執筆した「土地の国有化について」です。

この文書は、総評議会員のウジェーヌ・デュポンからの質問にこたえたもので、デュポンは、農業問題をめぐるインタナショナル・マンチェスター支部での討論で問題になった諸点を手紙で知らせ、マルクス、エンゲルスに意見を求めていました（エンゲルス宛の手紙、七二年三月三日）。「土地の国有化について」は、デュポンによって五月の支部会議で読み上げられ、そこでの「報告」という形で、イギリスの週刊紙『インタナショナル・ヘラルド』（六月一五日付）に、「土地の国有化。国際労働者協会マンチェスター支部でおこなわれた報告」という表題で掲載されました。

マルクスは、この文書で、土地の国有化という問題を未来社会への大きな展望のなかで意義づけ、これが生産手段の社会化に発展することで、搾取と決別した新しい社会、自由な生産者の社会（未来社会）に道を開くだろうと述べています。

「土地の国有化は、労資の関係に完全な変化をひきおこすであろうし、結局は、工業であろうと農業であろうと、資本主義的生産を完全に廃止するであろう。そうなったときにはじめて、階級差異と特権とは、それを生みだした経済的土台といっしょに消滅し、社会は一つの自由な『生産者』の結合社会《アソシエーション》に変わるであろう。他人の労働で暮らしていくようなことは、過去の事柄となるであろう！」（古典選書『インタナショナル』二二〇ページ、『全集』第一八巻五五ページ）。

同時に、「農民的所有をもつフランス」では、「土地の国有化」の目標が問題の解決にとって適切ではないとしました。

「フランスでは、だれでも購買する力のある者は、土地を手に入れることができる。しかし、土地が入手容易だという、まさにこの事情が、土地の小地片への分割をもたらし、資力が乏しく、主として自分自身と、さらに自分の家族との肉体労働にたよらざるをえない人々がそれを耕すという結果をもたらしたのである。土地所有のこの形態と、その必然的な結果としての小地片の耕作とは、現代の農業上の改良の応用をまったく不可能にしているだけでなく、同時に耕作者自身を、いっさいの社会的進歩にたいする、とりわけ土地の国有化にたいする最も断固たる敵に変えている」（古典選書『インタナショナル』二一八ページ、『全集』第一八巻五四ページ）。

「このように農民的所有は『土地の国有化』にたいする最大の障害であるから、フランスは、その現状においては、この大問題の解決〔の手がかり〕をもとめるべき国でないことは確かである」（古典選書『インタナショナル』二二九ページ、『全集』第一八巻五四〜五五ページ）。

こうした事情は、フランスだけではなく、ヨーロッパの多くの国々にも存在しており、そこでは、土地の国有化の要求が、そのままでは農民を労働者階級に接近させる指針になり得ないとマルクスは考えたのだと思います。しかし、この時点では、これに代わりうる道筋への言及はありません。

当時のマルクスは、『資本論』での土地所有論の新たな研究を構想しており、農業における社会主義的変革の問題を深めるつもりだったとも考えられます[*60]（本書一九四〜一九七ページ参照）。

文書「土地の国有化について」には、未来社会の特徴づけという点で、以前のインタナショナルにおける説明を発展させる内容も展開されていました。

マルクスは、六六年のジュネーヴ大会の決定で未来社会を「自由で平等な生産者の結合社会」と特徴づけ（決議「協同組合労働」、古典選書『インタナショナル』五五ページ、『全集』第一六巻一九四ページ、本書一三二ページ参照）、六九年のバーゼル大会では変革内容として生産手段の私的所有を社会的所有に移すと述べていました（「相続権についての総評議会の報告」、古典選書『インタナショナル』九三ページ、『全集』一六巻三六〇ページ）。七二年の文書では、つぎのように、この二つの契機を統一して、「生産手段の国民的集中」を基礎とした「自由で平等な生産者たちの諸結合体からなる一社会」と特徴づけています。

「農業、鉱業、製造業、一言でいえばすべての生産部門は、しだいに最も効果的な形態に組織されていくであろう。生産手段の国民的集中は、合理的な共同計画に従って自覚的に活動する、自由で平等な生産者たちの諸結合体《アソシエーション》からなる一社会の自然的基礎となるであろう。これこそ、一九世紀の偉大な経済的運動がめざしている目標である」（古典選書『インタナショナル』二二〇ページ、『全集』第一八巻五五ページ）。

これは、『資本論』での特徴づけ――「共同的生産手段で労働し自分たちの多くの個人的労働力を自覚的に一つの社会的労働力として支出する自由な人々の連合体」（新版①一四〇ページ、Ｉ92ページ）にほぼ対応する規定ですが、一八七二年の時点での未来社会の特徴づけとして、重要な規定だと思います。

＊60　農業における社会主義への道をめぐるマルクスの探究の到達点は、その後、バクーニンの著書『国家制と無政府』（一八七三年）を検討したさいのノート（摘要）のなかに書きつけられた（一八七四～七五年執筆、古典選書『インタナショナル』二五九～二六七ページ、『全集』第一八巻六四一～六四六ページ）。ここでは、社会主義の政権は農民の利害や気分を十分に考慮に入れ、農民が自発的な意思で社会主義に進むように導くとの基本方針が示されていた。この方針は、それから二〇年後、農業における社会主義への基本的な道筋として、エンゲルスの論文「フランスとドイツにおける農民問題」（一八九四年）のなかで公に表明された（古典選書『多数者革命』、『全集』第二二巻に収録）。マルクスの探究の経過と到達については、不破哲三『革命論研究』下、第四講「多

数者革命」の「農業における社会主義への道」を参照（下一五一～一六五ページ）。

2 「資本論」ロシア語版、ドイツ語第二版、フランス語版の刊行

マルクスは、『資本論』第一巻を「一つのまとまった全体をなして」いる著作と考えていました（一八六八年一〇月七日、ダニエリソーン宛の手紙、『全集』第三二巻四六三ページ、訳文は『資本論書簡』②による）。この『資本論』を多くの人々にとって近づきやすいものにするためには、各国語への翻訳も重要な仕事となります。インタナショナルのブリュッセル大会（六八年九月）は、『資本論』の研究と各国語版への翻訳をすすめることを呼びかけていました（本書一六三ページ参照）。

ロシア語版の刊行（一八七二年）

『資本論』の最初の各国語への翻訳は、ツァーリ帝政下のロシアで実現します。第一巻刊行から五年後、一八七二年三月末のことでした。

翻訳を準備したのは、ロシアの革命家でインタナショナルの協会員だったベルマン・ロパーチン（一八四五～一九一八年）でした。彼は、七〇年七月、ポール・ラファルグの紹介状をもってロンドンのマルクス宅を訪問し、大英博物館の図書館で『資本論』のロシア語訳にあたり、秋までには全体の三分の一を訳出しました。ロパーチンは、シベリアに流刑されていた著作家ニコライ・チェル

ヌイシェフスキー（一八二八〜八九年）の救出にあたろうとロシアに帰国し（七〇年一一月末）、七一年五月からは、経済学者ニコライ・ダニエリソーン、ニコライ・リュバーヴィン（一八四五〜一九一八年）がその訳業を引きつぎました。[*61] マルクスは、第一版への変更箇所と誤植訂正の一覧を送るなどの手助けをしています（七一年一一月九日、ダニエリソーン宛、『全集』第三三巻二四九〜二五一ページ）。

そのころの仕事ぶりを語ったマルクスの手紙があります（七一年一一月二四日、デ・パープ宛）。インタナショナルではロンドン協議会（七一年九月）を終え、新たな大会準備もはじまるところでした。

「この四週間というもの、私は家に閉じこもりっきりでした。腫物、医術のかぎりをつくした手術などがあったのです。それでいて、一方ではインタナショナルの仕事のために、また他方、〔パリ・コミューンからの〕亡命者のことで、ロシア語訳のために『資本論』の第一章に手を入れる暇さえとれない始末でした。サンクト・ペテルブルクの友人たち〔ダニエリソーン〕が次第次第にせっついてくるもので、けっきょくこの章はそのままにして、多少手なおしするだけというほかなくなりました。ロンドンですでにお話したように、私はもう総評議会から身をひくときが来たのではないかと、よく自問するのです。協会が発展すればするほど、私の時間もますますなくなるのですが、なんといっても『資本論』はやはり仕上げなければなりません」（『全集』第三三巻二七〇ページ）。

出版物への検閲を行っていたロシアで、どうやって、『資本論』は検閲を突破したのでしょうか。マルクスは、アメリカで活動し、七二年のインタナショナル大会後、その書記長となったフリードリヒ・ゾルゲ（一八二八～一九〇六年）に、つぎのように知らせています。

「ロシアではすでに刷り上がった本が、公刊まえに、検閲にさしだされなければなりません。そして検閲がこれを通過させまいと欲すれば、司法上の告発手続きをとらなければなりません。拙著のロシア語訳（みごとなものです）については、ロシアからの次のような手紙がきています〔ダニエリソーンからの七二年五月二三日の手紙〕。

『この本の検閲は二名の検閲官がやって、その決定を検閲委員会に提出しました。閲読にかかるまえに、本書をたんに著者の名まえで差し止めるべきではなく、本書がその表題にどの程度まで真に適合しているかを厳密に検査すべきであるということが、原則的に確認されていました。検閲委員会によって満場一致で採択され、主管機関の判定にゆだねられた決定の概要は、次のようなものです。

〝「著者はその信念から言えば完全な社会主義者であり、本書全体は間然するところなき社会主義的性格を帯びているとはいえ、その述べるところは何人にも理解可能とはけっして称しがたいこと、また他面では、厳に数理〟的に科学的な論証の形を有していることを考慮して、本委員会は本書の訴追を不可能と断じるものである。」』これによって拙著には世の中への通行証が与えられました」（七二年六月二一日、『全集』第三三巻三九九ページ）。

〝一般の人には理解不能だから大目に見る〟というのが検閲をパスした一番の理由でした。ただし、マルクスの肖像を載せることは拒否されました。ロシア語版は、初版（ドイツ語）の三倍となる三〇〇〇部を発行し、一カ月半ほどで一〇〇〇部が販売されたということです。こうして、ロシアは、当時のヨーロッパでも『資本論』の普及度のきわめて高い国となりました。

ロシア語版への反響の一つが、ロシアの一経済学者[*62]による評論でした。マルクスは、『資本論』第二版の「あと書き」のなかでこの評論を詳しく紹介しています。というのも、ここにマルクスの経済学の方法へのみごとな特徴づけがあったからです。

「この筆者〔カウフマン〕は、私の現実的方法と彼が名づけるものを、このように的確に描き、その方法の私個人による適用にかんする限り、このように好意的に描いているのであるが、こうして彼の描いたものは、弁証法的方法以外のなんであろうか？」（新版①三二ページ、I27ページ）。

＊61　ロパーチンは、熱心に『資本論』のロシア語訳作業をすすめ、引用原典にもあたって、ときには新たな補注をつけるようマルクスに提案し、受け入れられたという（現行の第三篇第七章「剰余価値率」のシーニアにかんする「注三二への追加」。ロシア語版で加えられ、ドイツ語第二版以降に取り入れられた）。チェルヌイシェフスキーを救出する活動にあたったロパーチンは、七一年二月、イルクーツクで逮捕された。和田春樹『マルクス・エンゲルスと革命ロシア』（一九七五年、勁草書房）三二～三九ページ参照。

＊62　ロシアの一経済学者とは、ペテルブルク大学のカウフマン教授（一八四八～一九一六年）を指

す。カウフマンがロシア語版を読んで示した『資本論』への理解と評価の基本点は、新版①二八～三二ページ、Ⅰ25～27ページ参照。マルクスは、それから六年後、カウフマンから著書『銀行業の理論と実際』の贈呈を受けたが、こんどは内容に失望したとロシア語版の訳者ダニエリソーンに語っている（一八七九年四月一〇日、『全集』第三四巻三〇一ページ）。ダニエリソーンは、エンゲルスとも文通したが、ナロードニキの理論家の一人として活動することになった。

ドイツ語第二版（一八七二～七三年）

七一年一一月二八日、『資本論』の出版者であるハンブルクのマイスナーから、初版がほとんど売り切れ、早急に第二版を出版したい旨の連絡がマルクスに入ります。第二版は分冊形式で発行し、七二年六月までに印刷を終え、その後、合本にするとの提案です（実際には、七二年七月から七三年四月にかけて九分冊で刊行され、七三年六月に合本が発行された）。

マルクスは、『資本論』の改訂の必要性を感じていただけに、この提案を受け入れ、直ちに仕事にかかりました。まず手をつけたのが、改訂が必要だと考えられる箇所への「補遺と改訂」をまとめた文書の作成でした。四二ページ（空白ページを含む）にわたる文書の主な内容は、価値論と価値形態論に関するもので、フランス語版の作業の際にも利用され、現在、「『資本論』第一巻のための補遺と改訂（一八七一年一二月～七二年一月）」として公表されています。[*63]

マルクスがこの仕事に手をつけた頃は、ヨーロッパ規模でのインタナショナル攻撃とバクーニン派による破壊攻撃との闘争、またフランスからの亡命者への支援という「さし迫った別の仕事の真っ最中」（新版『資本論』①一八ページ、I 19ページ）でした。マルクスは、第二版の印刷用原稿のかなりの部分を仕上げ、七二年一月下旬には、出版者のマイスナーに送ります。また、第二版の改訂原稿は、フランス語版の訳者（ジョゼフ・ロア）にも送られていました。インタナショナルでの活動と『資本論』の改訂・校正作業を同時に進めるのですから、マルクスにとってもたいへんな仕事量になったと思います。そのため、第二版の改訂作業は、第一巻の全体にはわたりませんでした。

娘のエリナーは、ある手紙で当時のマルクスの仕事ぶりをつぎのように語っています。

「父の著書〔『資本論』第一巻〕の第二版は、ドイツでまもなく出版されることになっています。このためにたくさんの仕事をしなければなりませんでした。多くの書きかえがおこなわれたのです。フランス語版もちかく出版されます。このすべての準備をするのがたいへんな仕事だということはおわかりくださると思います――父は夜おそくまで執筆のために起きていますし、一日じゅう部屋を出ることはありません。これが父の健康に悪くならないかと私は心配しています」（七二年一月二三日、ダニエリソーン宛、『全集』第三三巻五七九ページ）。

第二版での改訂箇所は、大きく見ると二つの内容をもっていました。

一つは、初版にあった本文と「付録」での価値形態の二重の叙述について、これを第二版で一本化し、第一章「商品」を大幅に書き換えたことです。

もう一つは、初版（全六章構成）での「章」を「篇」にあらため、「篇」のなかに新たに章・

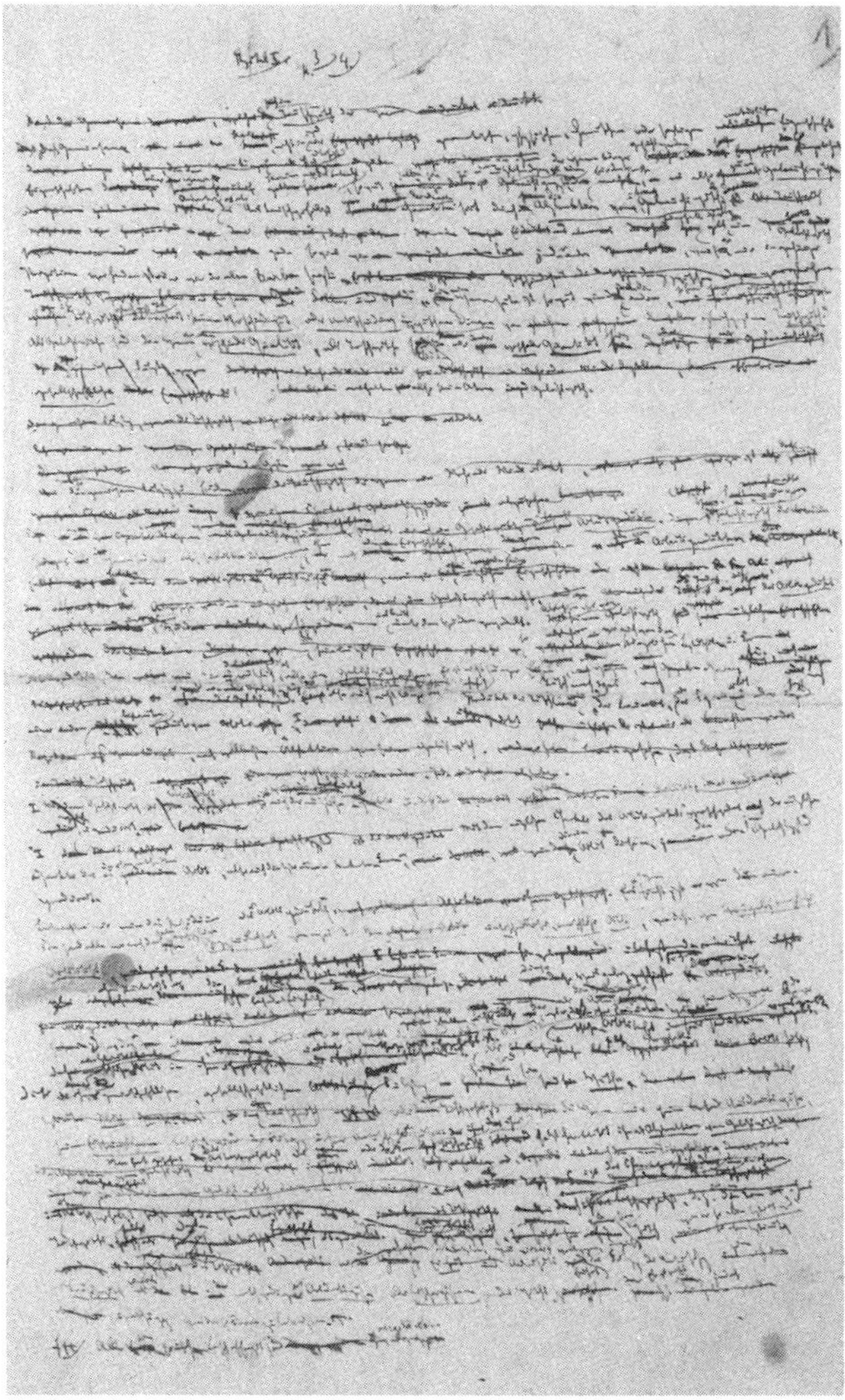

『資本論』第一巻への「補遺と改訂」としてマルクスが作成した文書の最初のページ（1871年12月～72年１月に作成）。『新メガ』第Ⅱ部門第６巻（1987年）から

節の区分を設けて、必要な場合は、「節」のなかに項目区分を取り入れたことです。マルクスは、『資本論』の新しい要素として、剰余価値論、労働の二重性とならんで、「はじめて労賃が、その背後に隠れている関係の非合理的な現象形態として示され」ていることをあげていました（六八年一月八日、エンゲルス宛の手紙、古典選書『マルクス、エンゲルス書簡選集』中巻三八ページ、『全集』第三二巻一〇～一一ページ）。第二版では、この「労賃」部分を「篇」として独立化させ（第六篇）、全体を七篇二五章の編成にあらためました。[*64]

マルクスは、第二版への「あと書き」（一八七三年一月二四日）で、「篇章の分け方がいっそう見わたしやすくなった」と述べていますが（新版①一七ページ、I 18ページ）、これは、エンゲルスから寄せられた意見を受けての改訂でした。[*65] たとえば、第八章「労働日」は、初版では区切りのまったくない一つの節でしたが、七節に分けられました。そのほか、第一二章「分業とマニュファクチュア」（七節に）、第一三章「機械と大工業」（一〇節に）、第二二章「剰余価値の資本への転化」（五節に）、第二三章「資本主義的蓄積の一般的法則」（五節に）、第二四章「いわゆる本源的蓄積」（七節に）でも大きな区切りが設けられました。また、第二版では、新たに四〇の「注」を作成し、一三カ所で注への追記を加えています。第二三章の「f　アイルランド」の叙述が第二版で詳しくなったことは、第二節で紹介しましたが（本書一五五～一五六ページ）、ここでも、二つの注が新たに付けられ（現行の注「一八六c」、「一八八b」）、一つの注に追加部分を加えました（注「一八三」）。

そのほか、初版には、第一部の末尾に区分線が引かれ、第二部「資本の流通過程」への移行を説明する一文がありましたが、第二版は、この一文を削除しています（新版④一三五二ページの＊参照）。

マルクスは、第二版への「あと書き」を執筆し、資本主義社会の矛盾に満ちた運動のなかで、全般的恐慌の勃発が予想されており、その舞台の全面性と作用の強さは、普仏戦争の勝利のなかで生まれた「ドイツ新帝国の成り上がり者たちの頭にさえ弁証法をたたき込むであろう」と結びました（新版①三四ページ、I 28ページ）。

＊63　「補遺と改訂」は、新メガ第二部門第六巻（一九八七年）に収録。表題は編集者による。『マルクス・エンゲルス・マルクス主義研究』第五号、第七号で訳出されている（訳者は小黒正夫氏）。

＊64　マルクスは、一八七六年一〇月から第二部の草稿執筆（第五草稿）を再開するが、第二版での篇・章編成の変更に合わせて、第二部も三章編成から三篇編成に変更した（大谷禎之介『資本論草稿にマルクスの苦闘を読む』三三八ページ参照、二〇一八年、桜井書店）。

＊65　エンゲルスは、初版の校正刷を読み、「どうして君はこの本の外的な区分をこのままほうっておくことができたのだろう！」と述べ、読者の理解を助けるために、「外的な区分」（篇・章・節の区分など）を改善するよう求めていた（六七年八月二三日の手紙、『全集』第三一巻二七一ページ）。

フランス語版（一八七二～七五年）

『資本論』フランス語版を刊行する下交渉は、モリス・ラシャートル（一八一四～一九〇〇年）との間で一八七一年秋からはじまり、七二年二月、いろいろな経過を経て、出版契約が成立しました。契約の内容は、第二版にもとづくフランス語訳（訳者はジョゼフ・ロア）の原稿をマルクスが校閲し、分冊で刊行するというものでした。これ以後、マルクスは、第二版での改訂とフランス語訳の校閲・手直しを並行して進めることになります。

この仕事については、マルクス自身の証言を紹介しましょう。友人のゾルゲに宛てた手紙の一節です。

「インタナショナルの仕事は別としても（世界じゅうに火の手が上がっています）、『資本論』第二版のドイツ語の校正刷り（分冊で刊行されるでしょう）と、パリでのフランス語訳の校正刷りとを毎日見なければなりません。後者は何回もすっかり書き改めましたが、それは問題をフランス人にはっきりわからせるためでした」（七二年五月二三日、『全集』第三三巻三七九～三八〇ページ）。

当時のフランスは、パリ・コミューン後の激動のさなかにあり、マルクスとインタナショナルは猛烈な攻撃を受けていました。そのフランスで、パリ・コミューンにも参加したラシャートルが、攻撃にたじろがず、どうしても『資本論』フランス語版を〝刊行したい〟とマルクスに強く要望したのです。パリ・コミューン後のフランスの政治事情をよく知っていたマルクスも、意を決して準備にあたったと思います。その際、マルクスは、労働者運動におけるプルードン派の影響からの〝解放〟という問題も考慮していました。[*66] マルクスがフランス語版の最後の校閲を終えたのは、七五年一月末のことでした（フランス語版は七二年九月～七五年一一月に分冊刊行）。

マルクスは、ジョゼフ・ロア（一八三〇～一九一六年）の訳文を書き直すだけでなく、篇別構成から説明の仕方まで変更するなど、底本とした『資本論』第二版にかなりの改訂を加え、「原本とはまったく別な一つの科学的価値をもつもの」（フランス語版へのあと書き、新版①三七ページ、I 32ページ）にまとめあげました。

マルクスによる改訂は、第一部の全体に及んでいますが、なかでも第二三章「資本主義的蓄積の一般的法則」のなかで、新たな展開が集中的に行われていました[*67]（フランス語版は「いわゆる本源的蓄積」の章を第八篇とし、第二版での七篇二五章の構成を八篇三三章に変更した）。フランス語版では第二五章となったこの章は、「資本の増大が労働者階級の運命におよぼす影響を取り扱う」章ですから、インタナショナルでの活動の経験も生かされたものと思います。新版『資本論』では、フランス語版でどんな展開があったのかを、監修者の「注」として示す努力をしています（新版④一〇六八ページの＊、一〇九一ページの＊1、＊2、一一〇六ページの＊1、＊2ほか〔本書第三章二五七ページ参照〕）。フランス語版では、一八六七年以降の工場法の〝拡張〟にかかわる記述も、各所で拡充され（新版③八六〇ページの注「三一九a」、八六一～八六五ページ、I 517～519ページほか）、未来社会の労働と労働日の短縮の記述にも手を入れています（新版③九二一ページの＊1、林直道『フランス語版資本論の研究』一六一～一六三ページ参照、大月書店）。

エンゲルスは、『資本論』第一巻第三版（一八八三年）、第四版（一八九〇年）の編集のさいに、重要と思われるフランス語版での書き直しを取り入れましたが（新版①四〇～四一ページ、I 33～34ページ／同①五二ページ、Ⅰ41ページ参照）、そこから外れた箇所も少なくありませんでした（林前掲書参照／「ドイツ語第三版およびドイツ語第四版に取り入れられなかったフランス語版の諸箇所の一覧」、新メガ第Ⅱ部門第一〇巻〔一九九一年〕732～783ページ）。

「フランス語版への序言」には、その冒頭、一八七二年「三月一八日」と、前年のパリ・コミューンの事業のはじまりの日付が書き込まれています。この「序言」は、ラシャートルの求めに応じて執筆された手紙から採られたものですが、パリ・コミューンへの大弾圧で打撃をうけた人々にたいし、〝くじけることなく、共に学び、たたかおう〟というメッセージも込められているように思います。[*68] 同じ日、ロンドンで開かれたパリ・コミューン一周年の記念集会では、「三月一八日の栄《はえ》ある運動は、人類を階級制度から永遠に解放する偉大な社会革命の曙光《しょこう》であるとみなす」（『全集』第一八巻五〇ページ）という決議が採択されていました（マルクス執筆とされる）。

＊66　マルクスは、『資本論』第一巻の清書を終えたころからフランス語への訳者を探していた。ドイツのインタナショナル協会員に送った手紙では、つぎのように述べている（一八六七年五月一日、ルートヴィヒ・ビューヒナー宛）。

「私は、この本〔『資本論』〕がドイツで刊行されたのちにパリでフランス語でも刊行されることを願っていました」「私は、フランス人たちをプルードンが彼の理想化された小ブルジョア主義で陥れてきた誤った考え方から解放することが、きわめて重要だと考えています。最近の〔インタナショナル〕ジュネーヴ大会でも、また私が国際労働者協会の総評議会の一員としてパリ支部とのあいだで行なっている交渉でも、いつもプルードン主義の最もいやな諸帰結にぶつかっているのです」（『全集』第三一巻四五一〜四五二ページ）。

＊67　マルクスは、ロンドンにいたロシアの活動家ラヴローフに「フランス語版にふくまれているいちばん重要な変更は、……蓄積にかんする諸章に、見いだされます」（一八七五年二月一一日、『全集』第三四巻一〇四ページ）と語り、アメリカで活動していたゾルゲには、フランス語版では「ことに蓄積過程を取り扱った篇全体を、僕は根本的に改善したので、君に読んでもらいたかった」（一八七六年四月四日、『全集』第三四巻一四五ページ）と伝えている。そのほか、フランス語版でマルクスが重視して書き加えた部分に、「絶対的および相対的剰余価値」の章でのJ・S・ミルについての批判的な覚え書がある（新版③八九八〜九〇二ページ、Ｉ539〜541ページ）。マルクスからロンドンにいたロシアの活動家ラヴローヴへの手紙も参照（一八七五年二月一一日、『全集』第三四巻一〇四ページ）。

＊68　フランス語版にはマルクスの肖像（版画）が掲げられている。これは、ラシャートルの要望にマルクスが応じたもので、二人は、『資本論』第一巻ロシア語版で肖像掲載が拒否されたことを踏まえていた。

3　ハーグ大会（一八七二年）――歴史的指針を残す

この頃、国際労働者協会の活動も、マルクスに緊張の日々を強いていました。インタナショナルにたいするヨーロッパ規模での攻撃や迫害が続くもとで、バクーニン派は、七一年一一月、スイスのソンヴィリエに集まり、「国際労働者協会のすべての連合への回状」を発します（一六人の回状）。この回状は、総評議会を「権威原理」などと批判し、インタナショナルの「改組」と称して、各支部が大会の即時招集を求めるよう要求していました。

マルクスは、七二年三月五日、バクーニン派への回答として、エンゲルスと共同で「インタナショナルのいわゆる分裂――国際労働者協会総評議会の非公開回状」を執筆し、その内容を総評議会に報告します（議事録⑤119ページ）。この回状は、全体が七節からなり、バクーニン派がインタナショナル内で行ってきた攪乱活動を詳細に明らかにすることで、彼らの活動がインタナショナルの規約と両立しえないことを論証していました。総評議会の四八人全員が署名した「回状」は、フランス語のパンフレットとして、五月、各国の連合評議会に送付されました（『全集』第一八巻三～四五ページ）。

こうした活動ののち、総評議会は、七二年六月一一日、マルクスの提案で九月にオランダで大会（五回目）を開催することを決定しました（議事録⑤221ページ）。

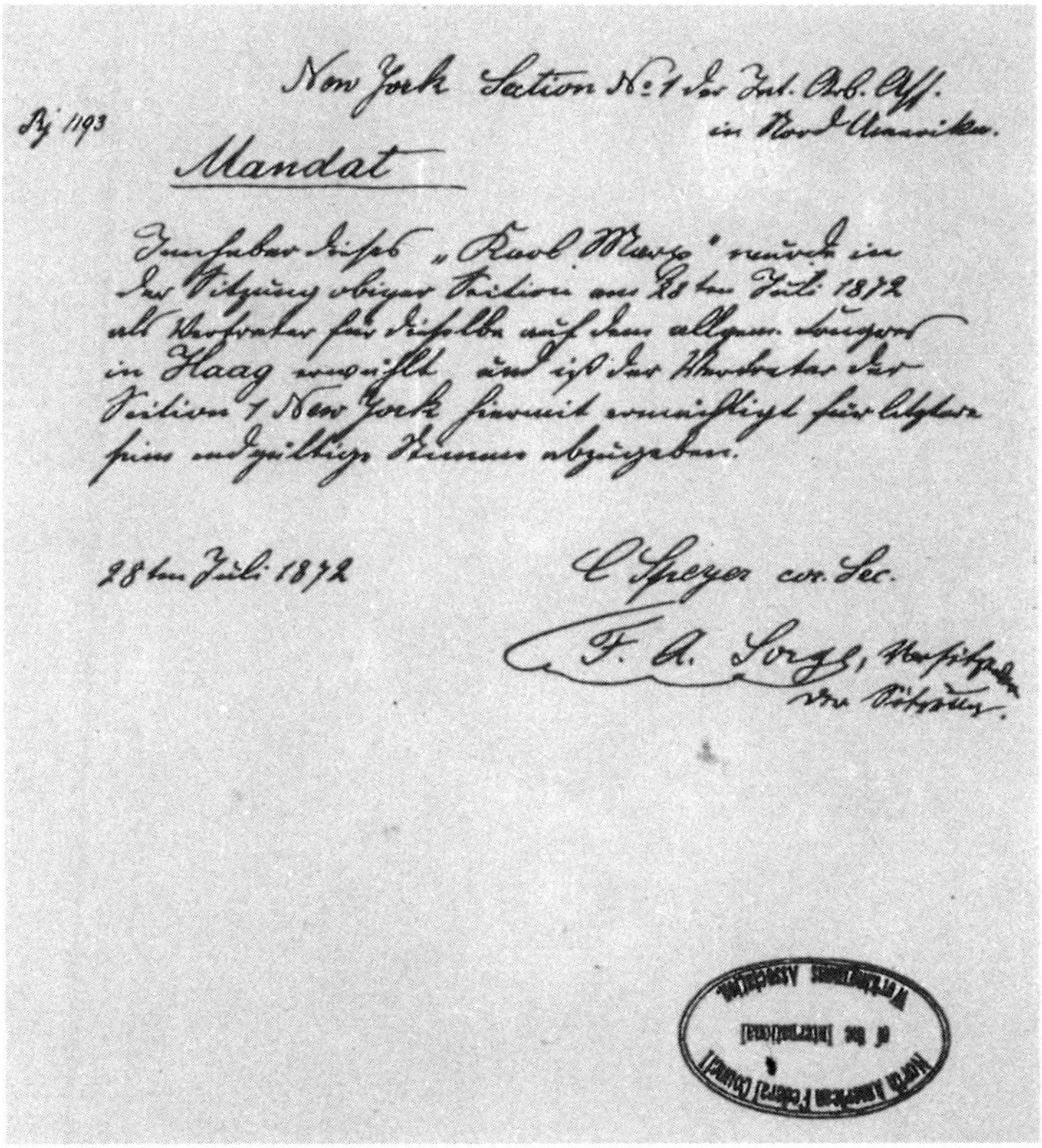
New York Section No. 1 der Int. Arb. Ass.
in Nord Amerika.

Mandat

28ten Juli 1872

C. Speyer cor. Sec.

F. A. Sorge

マルクスのインタナショナル・ハーグ大会への代表委任状。ニューヨークの国際労働者協会ドイツ人第１支部発行。『伝記アルバム　マルクス＝エンゲルスとその時代』（大月書店、1982年）から

委任状

本状の所持者カール・マルクスは、同支部〔ニューヨーク第１支部〕の1872年７月28日の会議で、ハーグ一般大会への同支部代表として選出された。ここに、ニューヨーク第１支部代表として最終評決を行う権限を与える。

1872年７月28日

C. スパイヤー　通信書記
F. A. ゾルゲ　会議議長

インタナショナルの大会は、七二年九月二日〜七日にオランダ・ハーグで開催され、一四カ国から代表六五人が参加しました。この大会は、マルクス、エンゲルスが出席した最初で最後のインタナショナル大会でした。

マルクスによる総評議会報告

ハーグ大会は、資格審査とバクーニン派の秘密組織の調査委員会の設置などに三日間を費やします。

こうして大会四日目、総評議会を代表してマルクス自身が総評議会の報告に立ちました（九月五日、ハーグ大会議事録[*69]①59ページ）。

総評議会の報告は、ヨーロッパ諸国での反インタナショナルの大キャンペーンと弾圧とのたたかいの経過を中心としたもので、新聞への公表を予定していました。そのため、これまでの大会報告でのならわしだった各国での活動報告部分は、概略なものにとどめました。マルクスの報告はドイツ語で行われ、そのあと、大会の書記によって、フランス語、英語、オランダ語で読み上げられたということです。

マルクスは、「バーゼルでひらかれた本協会の前大会（一八六九年九月）以後に、二つの大戦争がヨーロッパの面貌を一変させた。フランス＝ドイツ戦争とフランスにおける内乱とである」、それに続いて、国際労働者協会にたいする「第三の戦争」が行われた、という言葉から報告をはじめます。

マルクスは、一八七〇年以来の諸国政府による労働者運動への迫害の状況を詳しく述べ、ついでパリ・コミューン以後におきた攻撃の質的変化に報告をすすめます。

「インタナショナルにたいする戦争が、はじめは人民投票〔七〇年五月〕[*70]当時から帝政の没落にいたるまでフランスで、ついでプロイセンにたいするフランス共和国の抵抗の全期間をつうじてドイツで、局地戦争として戦われたとすれば、パリ・コミューンが成立し、そして没落してからは、それは全般的な戦争となった」（古典選書『インタナショナル』二二九ページ、『全集』第一八巻一二七ページ）。

この「全般的な戦争」の説明のなかで、マルクスは、諸国政府の弾圧措置（オーストリア・ハンガリー、ドイツ、デンマーク、ベルギー、スイス、イタリア、スペイン、イギリス）とあわせて、それに呼応したマス・メディアを使っての「歴史上に類例のない」「中傷戦」を描き出しています。

「しかし、ヨーロッパ各国の政府の総知を集めて考えつくことのできたいっさいの弾圧措置も、文明世界の嘘つき権力が開始した中傷戦にくらべると、影の薄いものになってしまう。インタナショナルのにせの歴史や内幕話、公文書や私信の恥知らずな偽造、センセーショナルな電報、こうしたものがあとからあとから矢つぎばやにくりだされた。金ずくでどうにでもなるお上品な新聞がもちあわせているあらゆる下水溝の口が一時に開かれて、憎むべき敵〔インタナショナルのこと〕を溺《おぼ》れさせるために、醜聞の洪水のせきが切られた。この中傷戦は、その戦場が真に国際的なひろがりをもっていた点で、また支配階級のあらゆる色合いの言論機関が完全に一致して遂行した点で、歴史上に類例のないものである。シカゴに大火が起こったとき〔一八七一年一〇月〕、これはインタナショナルの凶悪なしわざだと述べた電報が、全世界を経めぐった」（古典選書『インタナショナル』二三四～二三五ページ、『全集』第一八巻一三一ページ）。

マルクスは、詳細な組織報告は避けると断りながら、アイルランド、オランダ、デンマーク、ポルトガルでの組織の拡大、アルゼンチン、オーストラリア、ニュージーランドなどで新たな支部が創設されたことに触れ、インタナショナルがなしとげた仕事の意義を、つぎのように特徴づけました。

「インタナショナルをもたない労働者階級と、インタナショナルをもった労働者階級との違いは、一八四八年の当時をふりかえってみると、いちばん明瞭にわかる。一八四八年六月の蜂起[*71]を、労働者階級そのものが彼ら自身の前衛の仕事と認めるまでには、長い年月が必要であった。ところが、パリ・コミューンは、ただちに全世界のプロレタリアートによって、歓呼で迎えられた。

労働者階級の代表者である諸君は、労働の解放と民族間の確執の絶滅とを目的とする一結社の戦闘的組織を強化するために、ここに相会している」（古典選書『インタナショナル』二三五ページ、『全集』第一八巻一三二ページ）。

＊69　ハーグ大会の英文議事録は、第一巻「議事録と文書」（一九七六年）、第二巻「報告書と書簡」（一九七八年）として刊行された（プログレス出版）。そのほか、ゾルゲの手になる議事録（独文）のファクシミリと英訳などを収録した『第一インタナショナル。一八七二年のハーグ大会議事録な

らびに関係文書』（一九五八年、ウィスコンシン大学出版）がある。

＊70　一八七〇年五月、フランスのボナパルト帝政は、帝政の政策の是非を問うとして「人民投票」を実施し、あわせてインタナショナルの諸支部への弾圧を強行した（本書一八四〜一八五ページ参照。

＊71　一八四八年六月、フランスの二月革命での臨時政府の裏切りに抗議してパリの労働者が立ち上がったもので、労働者たちは政府軍によって残虐に弾圧された。

ハーグ大会の二つの課題

マルクス、エンゲルスは、ハーグ大会に二つの課題をもって臨んでいました。

一つは、インタナショナルのこれまでの活動の到達点を総括し、これを今後の国際的な労働者運動の発展のための歴史的達成として残すという課題です。[＊72]

この課題で中心になったのは、①労働者階級の政治活動の重要性、とくに労働者階級が独自の政党を組織することを明確にすること（具体的には七一年九月のロンドン協議会の政治活動についての決定を、インタナショナルの規約に盛り込むこと）、②バクーニン派のような破壊活動の排除を、国際運動の原則として確認すること（具体的にはインタナショナル内部で秘密裡に存続していた「国際社会民主同盟」とそのメンバーを協会から排除すること）、の二つでした。

この課題での大会準備は、大会の招集が決定されて以来、総評議会で集団的にすすめられていました。たとえば、①の点については、七二年七月二三日の会議で決定しています（議事録⑤261～266ページ）。

バクーニン派も参加した大会では、長時間の激しい討論が交わされましたが、①、②の課題は、ともに出席者の多数で決定されました。

大会では、バクーニン派の問題で彼らの秘密組織の存在を調査する特別委員会が設けられ、エンゲルスがこの委員会に総評議会の報告を提出しました。大会では、証人の喚問をふくめ、長時間の討論を行い、特別委員会はバクーニン派の中心幹部の除名を大会に提案します。こうして、大会の最終日、バクーニンとジャム・ギョーム（一八四四～一九一六年）の除名が決定されたのでした。

マルクス、エンゲルスには、もう一つの課題がありました。二人は、大会終了の前日、この課題を大会に提起しました。それは、総評議会をニューヨークに移転する提案です（九月六日、ハーグ大会議事録①155～157ページ、『全集』第一八巻七〇五～七〇六ページ）。

これは、事実上、総評議会のヨーロッパでの活動を終結させる提案で、攪乱勢力などによるインタナショナルの乗っ取りを許さないために、二人が考え抜いたものでした。突然の提案に、大会の討論は混乱したようですが、わずかな票差で採択され、総評議会のニューヨーク移転が決まりました。

こうして、マルクスは、ハーグ大会で、ロンドン協議会で決定した政治活動についての規定をインタナショナルの規約にもりこみ、バクーニン派の排除を決めて、国際的な労働者運動の発展のための歴史的指針を残すことに成功したのです。翌年、マルクスたちは大会の委託によって、バクーニン派の組織と活動がインタナショナルの活動、諸原則といかに両立しないものであるかを論証した文書「社会民主同盟と国際労働者協会」をパンフレットとして刊行しました（一八七三年八月）。

＊72　この課題の意義については、バクーニン派の攻撃への回答として「ノイエ・フライエ・プレッセ（新自由新聞）」（ヴィーン、八月二九日掲載）に寄せたマルクスの無署名の論説が参考になる（「インタナショナル大会」、『全集』補巻③四五五～四六〇ページ）。

大会後のマルクスの演説

ハーグ大会終了の翌日（九月八日）、マルクスは、オランダ連合評議会の招待で、アムステルダムを訪れ、集会で演説しています。そのなかで、「労働者階級の政治活動」の問題でハーグ大会が採択した決定を紹介し、「労働者は、新しい労働の組織をうちたてるために、やがては政治権力をにぎらなければならない。労働者は、古い制度を支えている古い政治をくつがえさなければならない」（古典選書『インタナショナル』二三九ページ、『全集』第一八巻一五八ページ）と述べ、革命の方法の多様性についても論じて、アメリカ、イギリスなどを「労働者が平和的な手段によってその目標に到達できる国々[*73]」としました（古典選書『インタナショナル』二四〇ページ、『全集』第一八巻一五八ページ）。

マルクスのアムステルダムでの演説は、つぎのように結ばれています。

「市民諸君、インタナショナルのあの基本原理――連帯――について考えてみよう。万国のすべての労働者のあいだで、この生命力にみちた原理を強固な基礎のうえに確立したとき、われわれは、われわれの目ざす偉大な目標に到達することができるであろう。革命は連帯のうえにきずかれなければならない」。

「私自身についていえば、私はひきつづき私の任務を果たし、将来にとってみのり多いこの連帯をすべての労働者のあいだにうちたてるために、たえまなく働くであろう。断じて、私はインタナショナルから隠退しはしない。私の余生は、過去における私の努力がそうであったように、社会的思想の勝利にささげられるであろう。この思想がいつかはプロレタリアートの世界的抬頭《たいとう》にみちびくことを、諸君は確信してよいのである」（「ハーグ大会についての演説」、古典選書『インタナショナル』二四一ページ、『全集』第一八巻一五九ページ）。

マルクスは、『資本論』第一巻で、資本主義的生産の進展のもとでの労働者階級の状態を分析し、階級運動の発展方向――訓練され、結合され、組織される労働者階級の反抗の増大――を示しました（新版④一三三二ページ、Ｉ７９１ページ）。マルクスにとって、インタナショナルでの八年間の活動は、『資本論』での解明を理論的な指針ともしながら、この方向を現実の運動のなかで具体化するという〝私の任務〟を果たす日々だったのではないでしょうか。そして、その活動は、人間の生活のあり方と〝自由な時間〟の探究、工場立法と社会変革の展望との関連の考察、また、アイルランド問題、土地所有の歴史的分析をはじめとして、『資本論』研究の進展にも大事な意味をもっていたと思います。

＊73　それから六年後、マルクスは、ドイツのビスマルク政府が、ドイツにおける労働者党の前進をおしとどめようとして、ドイツ社会主義労働者党（のちのドイツ社会民主党）を非合法化する「社会主義者取締法」を帝国議会に提出したときに、議会討論の速記録を読みながら、議会と多数者革命についての考察をノートに書き込んだ（一八七八年九月）。そこには、革命の平和的発展の可能性についてのマルクスの考えが、七二年のアムステルダム演説よりも、より立ち入った内容で説明されている。

「この場合の目標は労働者階級の解放であり、そのことに内包される社会変革（変化）である。時の社会的権力者のがわからのいかなる強力的妨害も立ちはだからないかぎりにおいて、ある歴史的発展は『平和的』でありつづけうる。たとえば、イギリスや合衆国において、労働者階級が国会《パーラメント》ないし議会《コングレス》で多数を占めれば、彼らは合法的な道で、その発展の障害になっている法律や制度を排除できるかも知れない。しかも社会的発展がそのことを必要とするかぎりでだけでも。それにしても、旧態に利害関係をもつ者たちの反抗があれば、『平和的な』運動は『強力的な』ものに転換するかも知れない。その時は彼らは（アメリカの内乱やフランス革命のように）強力によって打倒される、『合法的』強力にたいする反逆として」（マルクス「社会主義者取締法にたいする帝国議会討論の概要」、古典選書『多数者革命』九六ページ、『全集』第三四巻四一二ページ）。

『資本論』の続巻刊行をめざして

『資本論』第二版は、インタナショナル・ハーグ大会直前の七二年七月中旬から、また、フランス語版は大会終了直後の九月一七日から、それぞれ分冊での刊行がはじまっていました。マルクスが、第二版への「あと書き」を執筆したのが七三年一月二四日、フランス語版への「あと書き」の執筆は、七五年四月二八日のことでした。

つづいて、マルクスは、ドイツのリープクネヒトとユリウス・ヴァールタイヒ（一八三九～一九一五年）の依頼をうけて、七五年七月から八月初旬にかけて、ヨハン・モスト（一八四六～一九〇六年）のパンフレット『資本と労働――カール・マルクス著「資本論」のやさしいダイジェスト』（一八七四年三月刊行）の第二版改訂作業を、入獄中のモストに代わって行っています。この作業でマルクスが書き下ろした文章は、改訂版テキスト全体の二〇パーセントに及び、三〇〇カ所余りに手を入れました（『マルクス自身の手による資本論入門』、大谷禎之介訳、六ページ、一八八ページ参照、二〇〇九年、大月書店）。この改訂版は、一八七六年四月に刊行されました。[*74]

フランス語版の刊行を終えたのち、マルクスは、アメリカにいるゾルゲに、つぎのような依頼の手紙を送っています。

「ニューヨークから（もちろん、僕の費用で）、一八七三年から現在までのアメリカの図書目録を送ってもらえないだろうか？　この場合、問題は、（『資本論』第二巻のために）、アメリカの農業や土地所有関係について、さらにまた信用（恐慌、貨幣その他、およびこれに関連した事柄）についてなにか利用できる資料がでているかどうか、自分で調べることにあるのだ」（一八七六年四月四日、『全集』第三四巻一四六ページ）。

この手紙にある『資本論』第二巻とは、第二部および第三部を収録する巻のことです。

マルクスは、七六年一〇月、六年ぶりに、第二部草稿の執筆を再開しました（第五、六、七、八草稿。執筆作業は八一年前半まで続くが、病気のために、拡大再生産についてのまとまった記述を含む第八草稿で中断した）。第三部については、土地所有や信用論にかかわる諸文献を研究しましたが、草稿としては、六四年から六五年に執筆した大部の草稿（主要草稿）のほかには、六七年から六八年にかけて執筆した第一章冒頭の改稿草案と、剰余価値率と利潤率に関する計算、「差額地代と、土地に合体された資本の単なる利子としての地代」という小論（七六年執筆）を残しただけでした（新メガ第Ⅱ部門第四巻第三分冊〔二〇一二年〕、同第一四巻〔二〇〇三年〕に収録）。七六年の小論は、主要草稿とともに、エンゲルスによって『資本論』第三部第四四章に取り入れられています（新版⑪一三三三～一三三五ページ、Ⅲ754～755ページ）。

一八七七年、『資本論』第一巻の英訳をアメリカで出版する話がゾルゲから持ち込まれます。マルクスは、ドイツ語第二版の変更とフランス語版によって置き換えるべき箇所を指示する「『資本論』第一巻アメリカ版のための変更一覧表」（表題は新メガ編集者）をゾルゲに送りました（一八七七年一〇月一九日のゾルゲ宛の手紙、『全集』第三四巻二四三ページ、一覧表は新メガ第Ⅱ部門第八巻〔一九八九年〕に収録)。一覧表での変更箇所の七割は、現行『資本論』の第七篇に集中していました。このアメリカ版出版の計画は実現の運びにいたらず、「変更表」は、マルクス死後、ゾルゲからエンゲルスに回送されました(一八八六年四月二九日、エンゲルスからゾルゲ宛の手紙。『全集』第三六巻四一八ページ)。

『資本論』研究にもかかわって、マルクスは、「ゴータ綱領批判」(一八七五年三月)で生まれたばかりの共産主義社会とより高い段階の特徴、資本主義社会から共産主義社会への「革命的転化の時期」などを論じ、エンゲルスが執筆していた『反デューリング論』のために「デューリング『国民経済学の批判的歴史』への傍注」(七七年二月〜三月五日に執筆、新メガ第Ⅰ部門第二七巻〔一九八八年〕に収録)を作成し、提供しています。また、一八八〇年には、「生産手段の社会化」と「人間の自由」との関係をわかりやすく解明した「フランス労働党の綱領前文」を口述します(古典選書『インタナショナル』一〇〇〜一〇二ページ、『全集』第一九巻二三四〜二三五ページ)。そのほか、『資本論』での解明点を図式的な「歴史哲学理論」に歪曲することに反論した「『オテーチェストヴェンヌィエ・ザピスキ〔祖国雑記〕』編集部への手紙」(七七年末頃、『全集』第一九巻)、『資本論』で展開した使用価値論にもかかわる「アードルフ・ヴァーグナー著『経済学教科書』への傍注」(七九年後半から八〇年、『全集』第一九巻)、モーガン『古代社会』を読む中で発展させた共同体論を述べた「ザスーリチへの手紙」と「手紙への回答の下書き」(八一年二月〜三月、『全集』第一九巻)なども執筆しています。

*74　一九八四年一二月、マルクスが書き込みをしたパンフレット改訂第二版の自用本がドイツで発見され、翌年、復刻版として刊行された（新メガ第Ⅱ部門第八巻の付録に収録）。著者のモスト自身は、その後、無政府主義者として活動し、マルクスから厳しい批判を受けた。マルクスは、改訂作業の内容について、つぎのように述べている。

「僕が改善の筆をくわえたモストの本を、同便で送る。僕の名まえはださなかった。名まえをだすとなると、もっとたくさん直さなければならないだろうからだ（価値、貨幣、労賃、その他多くの問題で、僕は全文を没にして、自分の文章でおきかえなければならなかった）」（一八七六年六月一四日、ゾルゲ宛の手紙、『全集』第三四巻一四八～一四九ページ）。

むすびにかえて――革命家マルクスの探究と活動

アメリカに本拠を移したインタナショナルの総評議会にたいし、マルクス、エンゲルスはさまざまな援助を続けました。その後、スイスの代表を中心にした小規模の集まり（ジュネーヴ、七三年九月）を経て、七四年八月、ゾルゲが書記長を辞任し、国際労働者協会は七六年七月、アメリカ・フィラデルフィア協議会で正式に解散を決定しました。解散宣言は、「万国の労働者、団結せよ！」と結ばれていました（サミュエル・バーンスタイン『アメリカにおける第一インタナショナル』282ページ、一九六二年、ニューヨーク〔英文〕）。

インタナショナルの活動を通じてきずかれたマルクス、エンゲルスにたいする各国の運動家の信頼は大きく、その後も、多くの人々が運動上の助言を二人に求めました。

インタナショナルの解散から二年後、一八七八年七月のことです。六九年までインタナショナルの評議員を務めたジョージ・ハウエル（一八三三～一九一〇年）が、インタナショナルの歴史を「失敗」であり、消え失せたとする「解説」を月刊誌に発表しました。マルクスは、〝胸がむかむかしてくる〟と言いながら、ハウエルの「解説」の誤りを訂正し、これに反論する論説を雑誌に発表しています（「ジョージ・ハウエル君の国際労働者協会の歴史」、執筆は七八年七月、雑誌掲載は、八月四日付号）。

マルクスは、この論説を、インタナショナルは死滅したのではなく、国民的な規模で組織されている各国の労働者党と労働者階級の積極的な交流、運動のなかに生きていること、運動は「孵化《ふか》期」からより高い時期に移行したのであって、「インタナショナルは、その歴史の最後の一章が書けるようになるまでには、前進的発展の過程で、今後もなお多くの変化を経験しなければならないであろう」と結びました（古典選書『インタナショナル』二七六ページ、『全集』第一九巻一五一ページ）。

この文章にある「最後の一章」とは、人間の自由な発展と解放をめざす〝偉大な目標〟への前進のことだと思います。革命家マルクスにとっては、インタナショナルでの活動も『資本論』研究も、ともにこの目標への道を切り開く、精魂を込めた大仕事でした。

第Ⅱ部　新版『資本論』を読む

第三章　新版『資本論』の刊行と今日の世界

二〇一九年九月から刊行を開始した新版『資本論』は、各分野からの協力を得て、二〇二一年七月、全一二冊をもって完結しました（監修・日本共産党中央委員会社会科学研究所、新日本出版社から刊行）。

本章では、新版『資本論』の特徴と刊行の意義について、述べたいと思います。

一　研究の新たな条件を得て

新版『資本論』は、集団的翻訳として高い評価を得た新書版『資本論』（全一三冊、一九八二〜八九年）の全体を、二一世紀という新たな地点にたって見直し、改訂したものです。

改訂にあたっては、『資本論』の波乱に満ちた形成史と恐慌論、社会変革論、未来社会論など、カール・マルクスの学説の達成を広く検討するとともに、『資本論』研究をめぐる新たな条件の発展に注目しました。

とりわけマルクス、エンゲルスの著作と論文、草稿と抜粋ノート、手紙などを収めた新しい『マルクス・エンゲルス全集』[*1]（新メガ、国際マルクス／エンゲルス財団編集）の刊行とマルクスの利用した専門文献や各種の報告書の公開の進展に大きく助けられました。

具体的には、『資本論』とその準備草稿を収録した新メガ第Ⅱ部門（一五巻二三冊、一九七六〜二〇一二年）が完結し、これらの条件を生かした研究によって、準備草稿の状態、『資本論』の形成とマルクス自身の研究の発展、さらにエンゲルスによる第二部、第三部の編集上の問題点が、詳しくわかるようになってきました。

＊1　新メガについては、本書第一章一六ページの＊5参照。

転換と飛躍をともないながら
『資本論』の成り立ちから見てみましょう。
マルクスは、「一八五七〜五八年草稿」、「一八六一〜六三年草稿」と呼ばれる二つの経済学草稿の研究を経て、著作の表題も『資本論』にあらため、一八六三年の夏から、資本の生産過程を取り扱う第一部の最初の草稿執筆に入ります。

六四年夏までに第一部の草稿を執筆したマルクスは、ついで第三部の草稿執筆にとりかかり、同年末頃までに前半部分（第一～三章）を書き終えたようです。前半部分では、剰余価値の利潤への転化と平均利潤率およびその運動が考察され、「利潤率」の低下という現象を科学的に解明することに成功しました。同時に当時は、これが恐慌への動因となり、資本主義の体制的危機（没落）につながると考え、第三部の第三章（現行の第三篇、章への区分と表題はエンゲルス）も、この見方によっていました（新版『資本論』⑧四ページの＊参照。＊印は訳注を指す。以下同じ）。

翌六五年前半、マルクスは、資本の流通過程を扱う第二部の最初の草稿（第一草稿）の執筆に移ります。まだ荒削りな草稿でしたが、資本の循環を考察した最初の章のなかで、マルクスは、商人資本の介在によって、販売が「現実の需要」から独立化し、「架空のW―G―W」が現実のそれにとってかわり、恐慌が準備されてゆくことをつかみます（新版⑦八五八～八六二ページの＊2参照）。この研究は、機械制大工業の段階で深刻さを増す「生産と消費との矛盾」が、再生産過程のなかでどのように展開し、現実の恐慌に発展するのかという角度からの接近になるもので、利潤率低下の法則とは異なる地点での解明でした。

これも契機にして、マルクスは、恐慌の発生と資本主義の没落とを直接的に結びつける以前の見方を乗り越え、資本主義的生産の発展とそのもとでの社会変革の諸条件の発展を深く探究してゆきました。[*2]『資本論』の組み立ても、当面の研究課題を「資本一般」にしぼった当初の構想から、賃労働と土地所有を含めた資本主義的生産の全体を研究対象とするものに発展させています（新版⑤一〇ページの＊2参照）。

マルクスは、六五年後半に執筆した第三部の後半部分（第四～七章）で、商業利潤、利子、地代の成立と運動をとりあげ、恐慌にいたる過程での商人資本の果たす役割を「架空の需要」という用語も使って研究し（新版⑨五一八～五二一ページ、Ⅲ315～317ページ）、信用論では、恐慌を資本主義の「没落」の時期の現われと見るのではなく、産業循環の諸時期の一つととらえました（新版⑩八六八～八七〇ページ、Ⅲ506～507ページ）。締めくくりの第七章〔現行の第七篇〕では、未来社会の展望まで論じていました（新版⑫一四五七～一四六〇ページ、Ⅲ826～828ページ）。

こうして、六五年末、マルクスは、ともかくも『資本論』全三部にわたる最初の草稿を書きあげました。

六六年一月からは、第一部草稿の仕上げにかかります（第一部完成稿）。マルクスは、機械制大工業が切り開きつつある資本主義的発展の巨大さを正面からとらえ、産業循環を近代的産業の「生活行路」と呼び、恐慌をその一局面として位置づけます（新版③七九四ページ、Ⅰ476ページ／同④一一〇四ページ、Ⅰ661ページ）。そして、新たな章も執筆して、「資本の増大が労働者階級の運命におよぼす影響」を研究します（新版④一〇六八ページ、Ⅰ640ページ）。これらは、「資本」の側からだけでなく、その変革者である労働者階級の成長・発展を視野においての研究でした。こうして、第一部の結論部分で、資本主義的蓄積の進行が、「貧困、抑圧、隷属、堕落、搾取」の増大の過程であると同時に、資本主義的生産の機構そのものによって労働者が「訓練され結合され組織され」、反抗を増大させる過程となることを解明し、労働者階級の闘争を軸にした社会変革の必然性が書き込まれることになりました（第七篇第二四章第七節「資本主義的蓄積の歴史的傾向」）。『資本論』第一部は、マルクス自身の研究上の転換と飛躍を経て、一八六七年九月、ドイツ・ハンブルクで刊行されました。

第一部刊行後、マルクスは、第二版（一八七二〜七三年）とフランス語版（七二〜七五年）で第一部の改訂に取り組みます。[*3] 第二部についても、第一草稿に満足せずに一八六七年から七〇年、中断をはさんで七六年から八一年にかけて書き直しの作業をつづけ、[*4] 八三年、その途上で倒れました。第三部については、手直しの機会をもつことなく、六四年から六五年にかけて執筆した「主要草稿」が遺されました。[*5]

＊2　この時期のマルクスの研究は、国際労働者協会（インタナショナル）での活動と深く結びついていた。「労働日」の章を歴史的に拡大した第一部完成稿での研究は、インタナショナル・ジュネーヴ大会（一八六六年九月）の議題に予定されていた「労働日の制限」、「年少者と児童（男女）の労働」などの決議案作成の準備とも関連していた。この点については、本書第二章一二九〜一三三ページ参照。

＊3　『資本論』第二版とフランス語版での改訂については、本書第二章二三三〜二三一ページ参照。

＊4　マルクスは、第二部（第二巻）にかんして、第一草稿をふくめ八つの草稿と抜き書き帳を遺し

ている（このほか断片的な諸草稿がある）。新版『資本論』⑤四三〜四五ページの訳注参照。

＊5　『資本論』第一部初版への「序言」で明記されているように、マルクスは、理論的な三つの部にくわえて「第四部　理論の歴史」をくわえた四部構成の著書を計画していた（新版①一五ページ、I 17ページ）。

しかし、実際にマルクスが執筆したのは、第三部までの草稿で、第四部については、その主題の一部をなすと考えられる「剰余価値に関する諸学説」についての草稿が「六一〜六三年草稿」のなかに遺されるにとどまった。なお、第三部では、新メガ第Ⅱ部門第四巻第二分冊（一九九二年、実際は九三年の刊行）で公表された主要草稿以外に、短い四つの書き直しの試み（現行の第一篇）が残されている（一八六七〜六八年執筆と推定、新メガ第Ⅱ部門第四巻第三分冊〔二〇一二年〕に収録）。

エンゲルスの苦闘と編集上の問題

フリードリヒ・エンゲルスは、マルクスの死後、遺された第二部、第三部の諸草稿を発見し、はじめてこれに目を通します（一八八三年三〜五月）。その後、草稿を編集して第二部、第三部を公刊するまでのエンゲルスの苦闘は、彼自身が〝難行苦行〟と述べたように、苦しい作業の連続でした（一八八四年六月二〇日のヨハン・フィリップ・ベッカーへの手紙、『全集』第三六巻一四八ページ）。

エンゲルスは、健康状態が思わしくないもとで、判読の困難なマルクスの草稿を口述筆記も利用して清書し、そこから編集に入ります。彼自身、マルクスから草稿についての詳しい説明を受けたことなく、判読に苦労をして、諸草稿の全体を本格的に読み込むゆとりはなかったかもしれません。[*6]第二部の編集作業は二年ほどつづき、一八八五年七月、第二部を刊行します。第三部は、最初に書いた未完成部分を含む大部の草稿で計算間違いも多く、一〇年近くにおよぶ編集作業が必要でした。エンゲルスは、一八九四年の末に第三部を刊行し、その八カ月後に亡くなりました。

マルクス死後、一〇年余りのあいだに、第二部、第三部を公刊し、『資本論』研究の全体の姿を示したことは、エンゲルスならではの歴史的業績でした。同時に、そこには、マルクスの研究の到達点を的確に反映できなかった編集上の問題点も残されていました。

エンゲルスは、第二部第一草稿を「断片的」で「利用できるものはなかった」と述べたように（第二部への「序言」、新版⑤九ページ、Ⅱ11ページ）、恐慌論でのマルクスの研究の進展を十分にはつかんでいなかったように思います。この判断は、第二部、第三部の全体にかかわる編集上の問題にもつながっていました（新版⑤一〇ページの＊2参照）。

こうして、第三部第三篇の編集で資本主義の古い没落論が残され、第二部では、第一篇第二章での第五草稿（一八七六～七七年執筆）による第一草稿などの転記部分（新版⑤一二四～一二五ページ、Ⅱ80～81ページ）や第二篇第一六章の原注「三二」（新版⑥五〇一～五〇二ページ、Ⅱ318ページ）などで、草稿の編集と文章の書き入れの双方に検討の必要な問題が生まれました。

マルクスは、第三部後半の商人資本論で恐慌論の新しい展開にかかわる重要な言及を行っていました（第四篇第一八章「商人資本の回転。価格」）。しかし、現行版では、その趣旨が読み取りにくくなっています（新版⑨五一八〜五二一ページ、Ⅲ315〜317ページ）。また、恐慌論の命題にかかわるマルクスの文章へのエンゲルスによる書き換えもありました（第三部第五篇第三〇章「貨幣資本と現実資本　Ⅰ」、新版⑩八五六〜八五七ページ、Ⅲ500〜501ページ／同⑩八七〇〜八七一ページ、Ⅲ507ページ）。

新版『資本論』が、マルクスの学説の歩みと到達点を新しい訳注で示しながら、エンゲルスの編集上の問題に留意しているのも、こうした経緯を踏まえてのことです。

＊6　エンゲルスの第三部編集原稿（一八八四〜八五年）は、新メガ第Ⅱ部門第一二巻（二〇〇五年）ではじめて公表された。

二　新版の特徴を各部ごとに見る

つぎに、新版『資本論』の改訂上の特徴を、各部ごとに見てゆきましょう。

第一部「資本の生産過程」（全七篇二五章）

第一部（新版では全四冊で刊行）では、完成稿でのマルクスの新たな解明点を重視し、資本主義社会のもとでの変革主体としての労働者階級の成長と発展を論じた部分の訳文や訳語を改善し、マルクスの研究上の発展、歴史的事項に関わる訳注を大幅に増やしています（新版①七ページの＊、④一〇六八ページの＊ほか）。関連して、資本主義的生産の発展を分析するさいのマルクス独自の重要概念である「独自の資本主義的生産様式」[*7]、「全体労働者」の訳語を統一し、それぞれについて、新たな訳注を設けました（新版③五七八ページの＊、同八八八ページの二つ目の＊）。

さらに、第二版、フランス語版での改訂内容を重視し、叙述のどこが変更・追加されたのか、また、第三版（一八八三年）、第四版（一八九〇年）におけるエンゲルスによるフランス語版の記述の反映などを、訳注として詳しく紹介しています（新版①一八ページの＊3、③九七三ページの＊、④一〇〇七ページの＊、④一〇六八ページの＊後段、④一〇六九ページ、一〇八七ページ、一〇九三ページ、一〇九八ページ、一二四六ページの各＊ほか）。必要な場合には、現行版にはないフランス語版での追加部分（新版①一三九ページの＊、④一一〇六ページの＊1、＊2、一二四八ページの＊1ほか）、その後の版で削除された叙述や原注も訳出しています（新版①九ページの＊1、③九〇三ページの＊、④一三五二ページの＊ほか）。

ここからも、マルクスの研究の進展と叙述の改訂ぶりを確認できると思います。

＊7　新版『資本論』は、「独自の資本主義的生産様式」について、フランス語版での重要な記述を訳注で紹介している（新版③八八八ページの最初の＊、④一〇九一ページの＊1）。

第二部「資本の流通過程」（全三篇二一章）

第二部（新版では全三冊で刊行）では、とくに恐慌論と再生産論の展開を重視しています。マルクスは、資本主義的生産における経済的矛盾の深刻な現われとして恐慌の現象を重視し、第二部で、恐慌論のまとまった形での展開を構想していました（この構想は、第二草稿〔一八六八～七〇年執筆〕のなかで述べられた）。しかし、この構想は、病気による草稿執筆の中断で実現しませんでした。新版では、この点を踏まえ、恐慌論の今後の展開について述べたマルクスの「覚書」を、第二草稿から訳出し、訳注として紹介しています（新版⑥五〇二ページの＊3）。

また、エンゲルスが編集に利用しなかった第一草稿（一八六五年前半執筆）のなかの恐慌論の新たな解明部分を、参考資料として第二部の末尾に収録しました（新版⑦八五八～八六二ページの＊2）。

マルクスは、社会全体の生産と消費の流れをとらえる拡大再生産の研究で苦闘し、一八八〇年から八一年にかけて、第八草稿のなかで、その表式化をなしとげていました。[*8] エンゲルスは、草稿に独自の節や表題をつけ、つながりのある論述となるように手を入れて、この部分を編集しました（第三篇第二一章「蓄積と拡大再生産」）。しかし、実際のマルクスの研究は、順調にすすんだわけではなく、失敗と模索、挑戦を繰り返していました。新版では、拡大再生産の研究に挑戦したマルクスの研究の節目と考えられる箇所に新しい訳注を設けています（新版⑦七九三ページの＊2、同七九四ページの＊、同八一八ページの＊、同八二二ページの＊、同八三一ページの＊1）。これによって、マルクスが失敗と模索のなかで、最後に拡大再生産の表式化に到達するまでを〝苦闘は苦闘として〟読むことができるのではないかと思います。

＊8　第二部第八草稿は新メガ第Ⅱ部門第一一巻（二〇〇八年）に収録。大谷禎之介氏によって、その全文が邦訳されている（『資本論草稿にマルクスの苦闘を読む』、前出）。

第三部「資本主義的生産の総過程」（全七篇五二章、草稿では、「総過程の諸姿容」）

第三部（新版では全五冊で刊行）では、利潤率の傾向的低下と体制的危機の関連づけに、その後乗り越えた論述がふくまれていることを訳注で指摘し（新版⑧一〇ページの＊ほか）、信用論、未来社会論でのエンゲルスの編集上の問題に新たな光をあてました。

第五篇信用論の編集は、エンゲルスにとっても、第三部編集での最難関となったところです。この篇では、もともと注とされていた部分を本文に組み込んだり（第二五章）[*9]、マルクスが他の著作で利用する予定でいた議会報告書からの抜粋を信用論の本文に組み込み、そこに自らの文章も書き加えて、第三三章、第三四章を編集しています。

マルクスの信用論研究は、現代の金融経済を分析するうえでも重要な内容です。新版では、マルクスの信用論草稿の状態を訳注で詳しく説明し（新版⑨六九三～六九四ページの＊）、第三三章と第三四章では、信用論の本論としてマルクスが書いた文章、エンゲルスが書き加えた文章、もともと他の著作で利用する予定だった抜粋部分を、それぞれ区別して読み取れるように訳注を大幅に増やしました（新版⑩九三二ページの＊10ほか）。

つぎに第七篇で展開された未来社会論です。ここでは、エンゲルスによる原稿の配列を変更しています。

マルクスは、第三部第七篇第四八章「三位一体的定式」のなかで、未来社会論をまとまった形で展開していました（新版⑫一四五七～一四六〇ページ、Ⅲ826～828ページ）。これらの文章には、マルクスの手によって角括弧［ ］がつけられていましたが、この印は、当面の主題とは別の問題を論じるときなどにつけたマルクスの独特の符号でした。

エンゲルスの編集では、この文章が、「断片」と名付けた三つの文章（「Ⅰ」、「Ⅱ」、「Ⅲ」）と、〝粗雑な現象のもっともらしい説明をおこなう〟俗流経済学への批判の文章のなかに挟み込まれていました。現在では、「断片」の二つについても、おかれるべき場所が明確になっています。

新版『資本論』は、マルクスの草稿どおりに、未来社会を論じた文章を第四八章の冒頭におき、訳注で、今回の組み替えの経緯を明らかにしています（新版⑫一四五七ページの＊2）。

マルクスは、剰余労働が搾取社会のなかでどんな役割を果たしてきたかを述べるなかで、「未来社会ではどうなのか」と考え、「真の自由の国」、「必然性の国」という用語もつかって、［ ］でくくられた未来社会にかかわる考察に移ったようです。[11]

第七篇冒頭部分の改訂によって、すべての人間が〝自由な時間〟をもち、全面的な発達をとげてゆくと展望したマルクスの未来社会論の到達を、ありのままの形で検討できると思います。

以上、改訂上の特徴点のあらましを紹介しました。[*12]

新版『資本論』の改訂作業にあたった不破哲三さんは、新版刊行の意義について、刊行記念講演会（二〇一九年九月）の講演で、つぎのように述べています。

「私たちは、エンゲルスも十分に読み取る機会と条件がなかった『資本論』成立の歴史が、資料の面でもこれだけ明らかになった現在、この仕事をやりとげることは、マルクス、エンゲルスの事業の継承者としての責任であり、義務であると考えて、この仕事に当たってまいりました。そして、今回、発刊する新版『資本論』は、エンゲルスが、資料も時間も十分にもたないなかでおこなった編集事業の労苦に思いを寄せ、その成果を全面的に生かしながら、『資本論』の執筆者であるマルクスの経済学的到達点をより正確に反映するものになったことを確信しています[*13]」（不破哲三「『資本論』編集の歴史から見た新版の意義」、『「資本論」完成の道程を探る』五四ページ、二〇二〇年、新日本出版社）

＊9　エンゲルス版では、草稿で注だった部分が他の本文よりも小さい活字で組まれている（一八九四年の第三部初版）。新版もこれに従った（新版⑨六九六ページの＊4、同七〇三ページの＊2）。この点については、『今、「資本論」をともに読む』（二〇二三年、新日本出版社）一七〇〜一七一ページの山口発言を参照。

＊10　信用論草稿の全体は、大谷禎之介氏のつぎの著作で邦訳されている。『マルクスの利子生み資

本論』全四巻、二〇一六年、桜井書店。

＊11　第三部で展開された未来社会論の内容については、本書第一章七一～八三ページ参照。

＊12　私は、『経済』二〇二〇年五月号で「新版『資本論』の刊行とその特徴」を報告した。この報告は、新版『資本論』の完結後、補訂・加筆し、『マルクス「資本論」のすすめ「新版」で読む』（学習の友社、二〇二一年）の第二章に収録した。ここでより詳しく論じた点も多い。

＊13　新版『資本論』刊行後、不破氏は、『「資本論」全三部を読む　新版』（全七冊、二〇二一～二二年、新日本出版社）を刊行した。同書の特徴については、本章の補論Ⅱ「不破哲三著『「資本論」全三部を読む　新版』の刊行によせて」で検討した。

三　マルクスの理論と今日の課題

私たちは、この間、コロナ・パンデミック（世界的流行）を経験するなかで、世界の資本主義の現状と歴史をどうつかみ変革するのか、するどく問われてきました。そのもとで、さまざまな資本主義論が語られ、資本主義を超える社会への関心も高まっています。

新版『資本論』は、このような時期にあって、マルクスの理論と今日の諸課題の解明とを結ぶ、社会的にも意味のある刊行になったと思います。[*14]

＊14　『前衛』誌（二〇二一年一一月号、一二月号）での座談会「コロナ禍の下で『資本論』を学ぶということ」が、新版『資本論』の特徴とともにマルクスの解明の現代的な意義について、多角的な議論を交わしている（出席者は、石川康宏、関野秀明、萩原伸次郎の各氏と山口。座談会は、前出『今、「資本論」をともに読む』に収録）。

資本主義を根底からつかむ

『資本論』は、一九世紀の著作ですが、そこには、今日の課題を考えるうえでも不可欠な、多くの理論的解明があります。

マルクスは、人間の搾取を実態とする剰余価値のより大きな追求が、資本主義的生産の本性であり、資本主義の強制法則であることを、詳しく明らかにしました。私たちが「利潤第一主義」と呼んでいるものです。

「資本は唯一の生活本能を、すなわち自己を増殖し、剰余価値を創造し、その不変部分である生産諸手段で、できる限り大きな量の剰余労働を吸収しようとする本能を、もっている」（第一部第三篇第八章「労働日」、新版②四〇一ページ、Ｉ247ページ）。

「自由競争は、資本主義的生産の内在的な諸法則を、個々の資本家にたいして外的な強制法則として通用させる」（同、新版②四七一ページ、Ｉ286ページ）。

マルクスは、資本の「利潤第一主義」が社会全体を支配し、雇用の不安定化と労働・生活苦を増大させ、社会的格差の大きな拡大を引き起こすこと、そこに、資本主義的生産の固有の制限と限界を見ました。そして、社会的ルールづくりと働く人々の共同の成長による資本への対抗の道を示しました（同、新版②五三二ページ、Ⅰ319～320ページ）。

『資本論』によって、資本主義的生産の諸原理をつかむことは、現在、起きている事態の性格をつかみ、問題の打開方向を探究する、大きな力になると思います。

人間と自然との関係でも

マルクスは、剰余価値の獲得を目的とする資本主義的生産が、人間と自然との有機的な関係（物質代謝）と衝突し、これをかき乱すと警告しました（第一部第四篇第一三章「機械と大工業」、新版③八八〇～八八二ページ、Ⅰ528～530ページなど）。

長年にわたる利潤追求の経済活動が、地球大気のなかのCO_2（二酸化炭素）排出量を増やし、その結果、大気の温度が上がることで、海水温の上昇、気候の大変動がおこり、人類の生存の危機ともいえる事態を生みだしました。大型台風や豪雨にともなう河川の氾濫《はんらん》、大規模な土砂崩れなど、前例のない災害も頻発しています。コロナ・パンデミックをめぐっても、その根底に、経済活動の生態系への無秩序な進出、破壊に由来する問題があると指摘されています。ここでも暮らしのただなかで、資本主義的生産が抱える問題群が顕在化しています。

こうした攪乱《かくらん》・破壊を規制・抑制し、人間と自然との交流・共生を、合理的に、「人間性にもっともふさわしい、もっとも適合した諸条件」のもとですすめようというのが、マルクスの解明であり、未来社会への展望としても、重視していたものでした（第三部第七篇第四八章「三位一体的定式」、新版⑫一四六〇ページ、Ⅲ828ページ）。

一方、気候危機にたいしては、CO_2の排出量を削減し、脱炭素、省エネルギーと再生可能エネルギーを大規模にすすめる、真剣な規制の取り組みもはじまっています。マルクスの解明は、このような現代の動きとも、共鳴しあう内容をもっています。

新しい社会への変革の諸条件

マルクスは、資本主義社会が人間社会の永遠に続くあり方ではなく、一時的な性格をもっていること、矛盾する現実のなかに新しい社会への変革の諸条件が生みだされていることを明らかにしました。

「彼は容赦なく人類を強制して、生産のために生産させ、したがって社会的生産諸力を発展させ、そしてまた、各個人の完全で自由な発展を基本原理とするより高度な社会形態の唯一の現実的土台となりうる物質的生産諸条件を創造させる」（第一部第七篇第二二章「剰余価値の資本への転化」、新版④一〇三〇ページ、Ⅰ618ページ）。

それらの条件として、マルクスは、社会的生産力と国民の生活と権利を守るルール、経済への規制・管理の諸形態の発展とともに、新しい社会をつくりだす主体的な勢力の成長と自由な個性の発展に着目しました。

『資本論』第一部では、「一八五七～五八年草稿」、「一八六一～六三年草稿」と呼ばれる二つの経済学草稿での〝自由な時間〟の研究を踏まえ、一日の労働時間を制限する工場法などの獲得の歴史をふりかえり、工場法獲得の成果と労働者の階級的成長が社会変革の契機になってゆくことを明らかにしています。第三篇第八章「労働日」の結びの部分では、最後の注のなかに、『工場監督官報告書』からつぎの一節を引いています（新版②五三三ページ、Ｉ３２０ページ）。

〝工場法の獲得は、労働者たちに「彼らを自分自身の時間の主人にすることによって、彼らをいつか起こりうる政治権力の獲得に向かわせる精神的エネルギー」を与えた〟。

また、マルクスは、同じ章のなかで、「自分自身の時間」（自由に処分できる時間）の内容を、「人間的教養《ビルドウング》のための、精神的発達のための、社会的役割《ゾツイアール》を遂行するための、社会的交流《ゲゼリヒ》のための、肉体的・精神的生命力の自由な活動のための時間」（新版②四六二ページ、Ｉ２８０ページ）と特徴づけました。[*15]

続く第四篇では、労働者が社会的生産の担い手となってゆく過程、さらに、工場法が社会全体に拡大してゆく過程を分析し、労働者階級による政治権力の獲得にも言及しながら、工場立法などの成果が「変革の酵素」（第一部第四篇第一三章「機械と大工業」、新版③八五一ページ、Ｉ５１２ページ）になっていると位置づけます。そして、「工場立法の一般化」が「新しい社会」の「形成要素」および「古い社会の変革契機」という二重の意義を持つことを解明し、今日の主体的取り組みが未来社会に向かう条件を成熟させてゆくことを先駆的に示したのでした（新版③八七七ページ、Ｉ525〜526ページ）。

このなかでは、マルクスは、「一つの歴史的な生産形態の諸矛盾の発展は、その解体と新たな形成との唯一の歴史的な道」であることを強調し（新版③八五一ページ、Ｉ512ページ）、資本主義的生産が「家族と男女両性関係とのより高度な形態のための新しい経済的基礎をつくり出す」（同八五五ページ、Ｉ514ページ）という、注目すべき提起も行っています。

＊15　マルクスは、一八五〇年代の経済学研究のなかで、イギリスで発行された匿名パンフレット『国民的苦難の根源と救済策――ジョン・ラッセル卿への書簡』（ロンドン、一八二一年）の著者（チャールズ・ウェントワース・ディルク）の所論を知り、「自由に処分できる時間」の獲得に着目した。そして、一日の労働時間の短縮と〝自由な活動と諸能力の発展〟をはかる「自由な時間」の獲得に特別の意義を認め、未来社会論としての展開をふくめ、一連の研究を続けていた（本書第一章参照）。

現代に生きる著作として

このように『資本論』は、資本主義の矛盾を太くつかみだすとともに、新しい社会への展望を豊かに語っています。今日的な諸課題の考察にあたって、生きた力を発揮している著作といってよいでしょう。

マルクスの労作を研究し、資本主義の世界的な現実のなかに、資本主義的生産様式の矛盾とその限界をつかみ、乗り越えてゆくことは、二一世紀を生きる私たちの理論的、実際的な課題です。

補論Ⅰ　新版『資本論』の特徴と魅力——刊行記念講演会*から

＊「新版『資本論』刊行記念講演会」は、二〇一九年九月二〇日、東京・新宿区で開催された。当日のあいさつと講演は、『新版「資本論」のすすめ』（志位和夫、萩原伸次郎、山口富男、不破哲三、日本共産党出版局、二〇二一年）に収録されている。

ご来場のみなさん、またインターネット中継をご覧のみなさん、こんばんは。日本共産党社会科学研究所の山口富男です。私は、「新版『資本論』の特徴と魅力」について、お話ししたいと思います。

新版刊行の条件の発展

新版『資本論』（全一二冊、二〇一九～二一年）は、一九八〇年代に刊行された新書版（全一三冊、一九八二～八九年）を全面的に改訂したものです。

新書版の完結後、この三〇年の間に、『資本論』をより充実した内容で読むことのできる、新しい条件が発展してきました。

一つは、マルクス、エンゲルスの書いたすべての文章を収める、新しい『マルクス・エンゲルス全集』（新メガ、国際マルクス／エンゲルス財団編集）の刊行がすすんだことです。二〇一二年には、『資本論』とその準備のための草稿を収録した新メガ第Ⅱ部門が完結しました（一五巻二三冊）。その結果、私たちは、『資本論』に関係するマルクスの草稿の全体を、はじめて読むことができるようになりました。また、国内でも、マルクスの二つの経済学草稿、「一八五七〜五八年草稿」と「一八六一〜六三年草稿」が翻訳され、『資本論』第二部、第三部関係の草稿の翻訳もすすみました。

二つ目には、資料の公開によって、イギリスの『工場監督官報告書』、『児童労働調査委員会報告書』など、『資本論』で利用された公的な報告書、それから経済分野の専門著作の多くが、インターネットやマイクロ・フィルムの利用によって、わが国でも直接、読めるようになったことです。

こうした条件を生かした研究によって、『資本論』の草稿の状態、マルクス自身の研究の発展史が、詳しくつかめるようになりました。さらに、第二部、第三部の編集にあたったエンゲルスのたいへんな苦労とともに、編集上の問題点も浮き彫りになってきました。

私たちは、このような条件を踏まえて、新版刊行の準備にあたってきました。

訳文、訳語、訳注の全面的な改訂

まず、新版『資本論』の全体的な特徴から、紹介したいと思います。

はじめに訳文です。翻訳ですからたいへん大事になります。訳文は、新書版での達成を生かして、ひきつづき平易で明快なものをめざし、全体を改訂しました。また、各種の報告書、著作からの引用も直接読めるようになっているのですから、可能な限り原典に当たり直し、訳文や数字などを改訂しました。

つぎに訳語です。『資本論』を執筆するなかでつくられたマルクス独自の重要概念である「独自の資本主義的生産様式」と「全体労働者」について、訳語を統一しました。それぞれの用語の内容については、はじめて登場する箇所に訳注をつけて説明しています（第一部第五篇第一四章〔新版③八八八～八八九ページ〕、同第四篇第一一章〔同五七八～五七九ページ〕）。

訳注については、大きく改訂し、相当数の訳注を新たに加えました。新しい訳注では、『資本論』の著作構成の変化、恐慌論と再生産表式論、そして未来社会論などでのマルクス自身の探究と発展を重視しました。さらに、エンゲルスの編集上の問題点を検討して、この面での訳注を充実させ、必要な場合には、マルクスの草稿そのものを訳出することにしました。

また、経済学史、一九世紀の政治史や諸事件などの歴史的事項についても、その内容をつかめるように、大幅に訳注を増やしています。

マルクスの独特のいいまわしについても、注意を払いました。たとえば、マルクスは、この人物は、〝取引所のピンダロス〟（新版②二六二ページ、Ⅰ165ページ）、〝自動化工場のピンダロス〟（新版③七三五ページ、Ⅰ441ページ）、などといいます。新版では、なぜ、このような呼び方をするのか、訳注で、ピンダロスについてつぎのように説明しています。

「古代ギリシアの叙情詩人。オリンピア祭での競技の勝利者への賛歌で知られる。マルクスは、資本主義社会のあれこれの諸制度の誇大な礼賛者にたいして、しばしば、この詩人の名を借りて皮肉った」（新版②二六三ページの＊）。

これは、一例です。

このように、新版『資本論』は、マルクス自身の研究の発展史を反映するとともに、エンゲルスの編集上の問題点についても、くわしい検討を行いました。この主題については、不破哲三さんの記念講演が、歴史的な検討を行います（不破哲三「『資本論』編集の歴史から見た新版の意義」、『新版「資本論」のすすめ』日本共産党出版局、『「資本論」完成の道程を探る』新日本出版社に収録）。

第一部。マルクスによる改訂箇所を重視して

『資本論』全三部は、よく知られているように、第一部だけが、マルクスによって仕上げられました。第二部と第三部は、マルクスの死後、残された草稿をエンゲルスが編集したものです。こうした経過も反映して、新版『資本論』には、全三部のそれぞれに、改訂の特徴があります。

つぎに各部ごとの特徴を紹介したいと思います。

まず、第一部「資本の生産過程」です。第一部は、四分冊で刊行します（第一分冊～第四分冊）。

新書版の編成とほぼ同じですが、新版では、第四分冊を「第七篇　資本の蓄積過程」だけでまとめ

るようにしています。翻訳上の底本は、一八九〇年に刊行された第一部第四版を使いました。この版が、エンゲルスの校閲した最後の版となっているからです。

第一部の改訂では、一八六七年の初版にたいするその後の版での書き換え、また、マルクス自身が独自の意義をもつと語ったフランス語版『資本論』（一八七二～七五年）とその成果を反映させた第三版（一八八三年）、第四版（一八九〇年）での改訂箇所を重視しました。この面での新しい訳注は、新たに一〇〇カ所あまり増えています。

初版では、「価値形態」論が本文と「付録」で二重に叙述されていました。マルクスは、第二版（一八七二～七三年）でそれまでの二重の叙述を一本化し、第一章「商品」を書き直しました。新版では、この経過を訳注で示し、必要な場合には、その後の版で取り除かれた叙述や原注も訳出しています。

マルクスは、第一部に一一〇〇を超える原注を付けています。新版では、これらが、初版以降、第四版までのどの版でつけられたものか、わかるようにしました。たとえば、マルクスは、第二版で、新たに四〇の注を追加し、一三カ所で追記を加えています。

このような改訂の結果、第一部では、叙述改善に努めたマルクスの足跡が、これまで以上につかみやすくなったと思います。

第二部。必要に応じマルクスの草稿を訳出

つぎに、第二部「資本の流通過程」です。第二部は、第二部の三つの篇をそれぞれ一冊にまとめて三分冊で刊行します（第五分冊~第七分冊）。第二部の初版は、一八八五年に刊行されましたが、翻訳上の底本には、一八九三年に刊行された第二版を使用しました。これも、エンゲルスの校閲した最後の版となったものです。

新版では、第二部の初版と第二版で叙述の異なる箇所を示し、エンゲルスが草稿に付け加えた文章や追加した注、また、草稿との異同、読み誤りなどについて、訳注で、くわしい指摘を行いました。これらに関連した新しい訳注は、一五〇カ所あまりとなります。また、三つの篇の表題、二一の章の表題、それから節の表題についても、これまでの訳注を見直し、マルクスの草稿との違いについての記述を充実させました。

また、マルクスの残した八つの草稿と第二部におけるその利用状況については、最近の研究による情報を示し、恐慌論では、関連するマルクスの草稿そのものを訳出することにしました（第二篇第一六章の注「三二」〔新版⑥五〇一~五〇二ページ〕、第三篇第二一章の末尾〔新版⑦八五八~八六二ページ〕など）。

こうして、エンゲルスの編集上の問題点についても、『資本論』にそくして、具体的に検討していただけるものと思います。

第三部。編集上のいろいろな工夫

つづいて、第三部「総過程の諸姿容」（マルクスによる表題。現在の「資本主義的生産の総過程」はエンゲルスによる）です。第三部は、五分冊で刊行します（第八分冊〜第一二分冊）。翻訳上の底本は、エンゲルスが編集し、一八九四年に刊行した第三部第一版を使いました。

第三部の草稿は、『資本論』の草稿のなかでも、もっとも早い時期に準備されたものです。そこには、執筆時期の異なる二つの部分がありました。第一篇から第三篇までが一八六四年に執筆された前半部分、第四篇から第七篇が、前半部分の執筆から半年後に取り組まれた後半部分です。そして、前半部分にあたる第三篇には、後半部分の執筆にあたって、マルクスが乗り越えていた見解――利潤率の傾向的低下を資本主義的生産の没落の動因とする立場が残っていました。

新版は、こうした点に留意しながら、新しい訳注でマルクスの研究の発展と到達点を示し、草稿の記述と異なっている箇所、また、エンゲルスによって文章が混入された箇所などを、くわしく示すことにしました。この面での新しい訳注は、二五〇カ所あまりとなります。

つぎに、第三部で行った編集上の工夫について、二点、紹介します。

第一。新書版は、以前の古い理論的命題の残る第三篇と、その後に執筆された第四篇とを同じ巻に収録していました（新書版の第九分冊）。新版では、マルクスの理論的発展を考慮して、第三篇と第四篇とを同じ巻に収めず、二冊に分けることにしました（新版の第八分冊と第九分冊）。

第二。新版の全体の編集は、翻訳上の底本に従っています。唯一の例外が、第三部の第七篇第四八章「三位一体的定式」です（第一二分冊）。この章では、エンゲルスによる原稿配列を組み替え、マルクスの草稿どおりに、未来社会論を論じた部分を章の冒頭に置くことにしました。

八〇〇人をこえる人名索引も面白い

私の話の最後に、第一二分冊の巻末に収録する「人名索引」について、触れたいと思います。索引に登場する人名は、八〇〇人を超えています。

『資本論』に登場する人名としては、当然のことながらイギリス、フランス、ドイツ、イタリア、アメリカなどの経済学者が多く、アダム・スミス、リカードウをはじめ、約二〇〇人の名前があがっています。

そのほかに、ヨーロッパの王族、政治家、イギリスの銀行家などの名前が目立ちます。この人たちは、主に支配勢力側の人々です。それにくわえて、資本主義の諸矛盾を痛烈に告発したイギリスの医師、労働監督官、法律家、さらに証言に名を残した労働者、各時代の歴史的特徴をつかもうとした歴史家、自然科学者、哲学者と文学者、詩人の名前も少なくありません。シェークスピアなどはその代表です。

マルクスは、当時のヨーロッパ社会の生々しい現状をつねに眼の前におきながら、資本主義の経済法則と社会変革の展望を探究した革命家であり、経済学者です。登場する人名の構成にも、このようなマルクスの変革者としての研究姿勢の一端が表われているように思います。

索引では、それぞれの人名について、主な経歴を示し、経済学者については、代表的な著作を紹介しました。これも、『資本論』を読み、活用するうえでの手助けになるものと思います。

以上、新版『資本論』の特徴と魅力について、紹介させていただきました。

新版『資本論』は、全一二分冊で刊行され、二年後の二〇二一年七月に完結の予定です。ぜひ手にとってご覧いただき、読み手を広げてくださいますよう、心からお願い申し上げます。ありがとうございました。

補論II　不破哲三著『「資本論」全三部を読む　新版』の刊行によせて

不破哲三氏（元日本共産党中央委員会議長）の著作『「資本論」全三部を読む　新版』が、二〇二二年一一月、全七冊で完結しました（新日本出版社）。この著作は、『「資本論」全三部を読む――代々木『資本論』ゼミナール・講義集』（二〇〇三～〇四年、新日本出版社）を、その後の研究をふまえて精査・改定し、新たな書名で刊行したものです。

『「資本論」全三部を読む　新版』（以下、『全三部を読む』）では、歴史的事項と著作、専門用語、人名への注が拡充され、新たに『資本論』の準備と執筆をめぐる大型の年譜も収録されました（第一冊巻末）。改訂の主要部分は、欄外「補注」として示されています。

改訂にあたっては、新版『資本論』での研究成果を生かし、『資本論』からの引用・参照箇所も、新版『資本論』の訳文・ページ数に変更されています。こうして、『全三部を読む』は〝新版『資本論』をテキストに全三部を読む〟初めての案内書となりました（「新版刊行にあたって」参照、①三ページ。以下、補論IIでは、断りのないかぎり、丸数字とページ数字は『全三部を読む』の冊名とページ数を指す）。

補論Ⅱでは、不破氏の著作の全体的な特徴を紹介しながら、『資本論』に迫ってゆきたいと思います。

1　『資本論』の全体像をつかむ――現代に生きる指針として

『全三部を読む』の目標は、不破哲三氏を講師とした二一回の講義（ゼミナール）を通じて、『資本論』全三部を読み、その全体像をつかむことにあります。講義は、『資本論』の「第一部　資本の生産過程」に八回、「第二部　資本の流通過程」に五回、「第三部　資本主義的生産の総過程」に六回、加えて「ゼミナールの出発にあたって」（最初の序論）、「全三部を読み終わって」（最後の総括的な講義）に各一回をあてます。『全三部を読む』では、三回分の講義が全七冊の各一冊にまとめられています。

なぜ、いま『資本論』を読むのか――。不破氏は、マルクスの『資本論』が科学的社会主義の理論にとって、要《かなめ》をなす本であること、そこには、現代の資本主義を的確に分析する生きた指針があり、二一世紀の未来社会を探究してゆく上で、十分な足場となりうる内容が豊かに含まれているからだ、と語っています（①二五～四八ページ）。

〝『資本論』の全体を現代に生きる指針として読む〟――これが『全三部を読む』の大きな特徴です。

不破氏は、マルクスが資本主義社会をつぎのより高度な社会に交代する必然性をもった経過的な一段階と把握したことを重視し（①一〇六ページ）、利潤第一主義を「推進的動機」とする資本主義的生産の運動が、社会の法則的な発展方向として、古い歴史的形態を脱ぎ捨て、社会変革の諸条件を準備してゆくことを、あますところなくつかもうとしています。

講義では、工場立法についての歴史的分析に、〝ルールある経済社会〟の確立をめざす現代の運動につながる解明があることを重視し（②一五三ページ）、マルクスが、そこに社会の発展を促進する社会変革的な意義を見ていたことを明らかにします（③八二ページ）。さらに、マルクスの信用制度・銀行制度の分析に、資本主義のつくりだす経済制度や機構が、社会変革のテコとなりうるとの言明があることもわかります（⑥三〇二～三〇四ページ）。

マルクスは、労働を人間と自然との「物質代謝」を媒介するものと位置づけ（新版①七九ページ、Ⅰ57ページ）、剰余価値の拡大にたいする資本の限りない衝動が、人間と自然との関係を攪乱すること（新版③八八〇～八八一ページ、Ⅰ528ページ）、人間はこの攪乱を規制・抑制し、未来社会において、人間の発展にふさわしいかたちで「物質代謝を行うこと」（新版⑫一四六〇ページ、Ⅲ828ページ）を展望しました。不破氏の講義は、マルクスの言明を系統的に紹介し、そこに発展的なつながりがあることを示しています（②七七～七八ページ、③八八～八九ページ、⑦一八一ページなど）。この解明は、気候危機をめぐるこんにちの事態と打開の展望を考えるうえでも、重要な視点となるものです。

マルクスは、資本主義的生産が、「生産のための生産」を旗印に一国の経済を制覇するだけでなく、世界的な広がりをもってゆく過程を分析しています。不破氏は、「このような現実問題を、多彩に、しかも理論的な連関の筋道を明らかにしながら織り込んでゆく」ところに資本主義分析のマルクス的な特徴の一つがあるとして、その内容を追っています（資本の循環論、④七八～七九ページ、一七〇～一七三ページ）。

未来社会についての論究は、第一部第一篇での「自由な人々の連合体」という共産主義社会についての最初の特徴づけから（①一九二～一九四ページ）、第一部第四篇での全面的に発達した人間をはじめ未来社会にかかわる一連の考察（②六六～七九ページ）、「真の自由の国」と「必然性の国」という用語もつかって未来社会論の核心部分を展開した第三部第七篇での解明（⑦一七一～一八三ページ）まで、もれなく取り上げ、大事な理論展開を見逃しません（⑦二四九～二五六ページ）。全篇を通して、未来社会と資本主義社会を対比的に論じている箇所や共産主義社会への接近論にも注目しています（③一〇三～一〇八ページ、⑤三三一～三三四ページ、同一二一四～一二二六ページ、三三一二～三三一四ページほか）。この点では、『全三部を読む』第二冊に収められた二つの補論「労働日の規制と国際労働者協会」、「労働時間の短縮と未来社会」が重要です。この補論は、旧版でつけられたものですが、講義のなかでは、マルクスの〝自由な時間〟研究の歩みがここで初めてまとまった形で紹介されています（第一部第三篇についての講義、②一九二～二〇一ページ）。

また、不破氏は、マルクスが、「労働の生産力」の発展は本来なら物質的生産のための負担を減らして人間が自身の発展のために使える自由な時間を豊かにする、ここに人間の自由で全面的な発展の基礎があるとの見方に立って、生産力を資本の支配のもとにおいている資本主義的生産への批判と分析を行っていることを明らかにしています（第一部第四篇についての講義、②二一五～二一七ページ）。

二一回の講義で明らかにされるマルクスの資本主義分析、未来社会論の達成は、日本共産党の近年、二回の綱領改定にさいしても、理論的指針として、生きた力を発揮してきたものです（不破哲三『報告集　日本共産党綱領』〔二〇〇四年、日本共産党出版局〕、志位和夫『新・綱領教室』上・下〔二〇二二年、新日本出版社〕参照）。

マルクス自身の歴史のなかで読む

講義をはじめるにあたって、不破氏は、〝『資本論』を『資本論』自身の歴史のなかで読む〟よう、強調しています（①六八～六九、九七～一〇〇ページ、⑦二三六～二四一ページ）。『資本論』自体に、形成と発展、模索の歴史があり、そこをつかんでこそ、マルクスの到達点も的確につかめるし、その理論を現代に発展的に生かす力をきたえることもできるからです。

ひとつひとつの命題や考察も、開拓と苦闘の経過を知って、はじめて真意を理解できる場合もあれば、研究の発展のなかで、マルクス自身が以前の見方を乗り越える場合もあります。『資本論』第二部と第三部は、マルクスの死後、残された草稿からエンゲルスが編集したものです。そこには、マルクスがより進んだ研究を行って改めたいと考えた箇所もあれば、編集にエンゲルスの誤解が入り込んだ箇所もありました。不破氏は、現行の第二部には、書いてあることを書かれているとおりに読んだだけでは、「本当の内容が、十分につかめない」（④一九〜二〇ページ）、「いきさつを知らない」と分からない問題（④二三〇ページ）があると指摘しています。

講義は、第一部の価値論、第二部の恐慌への過程の追跡と再生産論、そして第三部の信用論、土地所有論をはじめ、主題をめぐるマルクスの探究の歩みを視野におさめながら、マルクスの思考と展開の筋道をつかみ読み解きます。マルクスの本来の到達点をつかみきろうとするこうした努力には、多くの苦労がともなったと思います。

つぎに、マルクス自身の歴史のなかで読むことに徹した講義例をあげてみます。内容は、読んでからの楽しみにしたいと思いますので、ここでは、項目見出しの最初のページ数だけを示すことにします。

「マルクスは、『資本論』をどのように準備したか？」（①七〇ページ）、「『資本論』はどういう形で遺されているか？」（①九〇ページ）、「『恐慌の可能性』という概念について」（①二六七ページ）、「労働時間の短縮と未来社会」（②一九二ページ）、「『資本論』での所有論の整理が社会主義・共産主義の目標の定式化に道を開いた」（③二九九ページ）、「第二部を読む前に」（④一九ページ）、「第二部第一草稿から」（④一〇七ページ）、「固定資本をめぐってのQ＆A（マルクス、エンゲルス）」（④二一九ページ）、「マルクスにも模索の歴史があった」（④二四五ページ）、「恐慌論についての『覚え書』」（⑤三四ページ）、「マルクスの再生産論探究の歴史をふりかえる」（⑤五七ページ）、「第二部の残された部分について」（⑤一六九ページ）、「第三部草稿の特徴を見る」（⑤二四〇ページ）、「〈解説〉『費用価格』と『生産価格』」（⑥四一ページ）、「信用論の草稿について」（⑥二〇一ページ）、「マルクスの土地所有論の〝二つの魂〟」（⑦一四ページ）、「草稿執筆後のマルクスの新構想」（⑦一二九ページ）、「第七篇の成り立ちを考える」（⑦一五一ページ）。

研究方法を重視し、理解を深める

不破氏の講義には、もう一つの特徴があります。それは、マルクスの研究方法に着目して、『資本論』に迫っていることです（①一〇八～一一三ページ、①一三四～一三九ページ、②四五～四七ページ、⑤二五七～二五九ページ、⑥二〇～二二ページ、⑦二四一～二四二ページほか）。

資本主義社会は、たいへん高度で複雑な仕組みをもつ経済社会です。そのため、この社会を研究し、その運動の法則をつかみだすためには、この社会の複雑な仕組みをどういう順序で分析してゆくかという、研究の方法が重要な意味をもちます。

マルクスは、資本主義社会の生きた現実の研究にあたって、基礎的な諸関係をまず解明し、それから必要な「中間項」を一歩一歩たどり、より高度な諸関係の研究にすすむという方法をとりました。『資本論』の全体が、この方法で組み立てられています。不破氏は、古典派経済学の方法論上の混迷ぶりを批判したマルクスの言明も紹介しながら、これを「発生論的」方法と呼んでいます

（①一〇九ページ）。

ここには、「研究は、素材を詳細にわがものとし、素材のさまざまな発展諸形態を分析し、それらの発展諸形態の内的紐帯をさぐり出さなければならない」（『資本論』第一部第二版への「あと書き」、新版『資本論』①三二ページ、Ⅰ27ページ）としたマルクスの弁証法の核心の一つがありました。

第一部の第一篇第一章「商品」は、資本主義社会の研究の出発点であり、基礎的な諸関係の分析です。講義では、同章の第一節を、順を追って逐条的に読むことで、読者とともに『資本論』挑戦への最初の壁を突破し、マルクスの議論の進め方を飲み込めるようにしています（①一三二〜一五二ページ）。

不破氏の講義では、『資本論』全三部の各篇での分析と展開のつながり具合も、具体的につかみ出されます。

マルクスは、資本主義的生産の展開を、協業、マニュファクチュア、機械制大工業の三つの段階を追って分析しました（第一部第四篇）。講義では、マルクスが、各段階を技術面と資本主義的生産の発展にどんな意義をもつのかの両面から考察し、機械制大工業を、労働と生産の方法を資本主義ならではのものに変える「独自の資本主義的生産様式」の典型的な発展をとげた段階、と見ていたことを明らかにします（②二一七〜二二〇ページ）。そして、「独自の資本主義的生産様式」概念のあらましがつぎの第五篇で説明され、第七篇・蓄積論の分析でさらなる展開をはかったことを読み取ります（③一六四ページ）。

生産にたずさわる労働者が、一人で働く生産者から、集団的に働く生産者（結合された生産者）へ変貌してゆく過程の分析も、講義の注目点です（②二二〇ページほか）。この分析は、成長した生産者が、社会主義的変革をへて社会化された生産手段を把握し、「結合した生産者」として、生産の主役となることへの解明につながるものでした（⑦二五四～二五六ページ）。

わかりやすく、面白い

不破氏の講義は、マルクスの研究の歴史、第一部から第三部までの部ごとの組み立てと研究の流れ、さらに各篇・章での論述の筋道と主題を明確にしながら、大事な概念や考え方は突っ込んで解説し、ときには先に紹介した第一部第一章第一節での商品論、第三章第二節での「商品の変態」（①二四九～二七五ページ）、第二四章第七節の「資本主義的蓄積の歴史的傾向」（③二七七～二九八ページ）でのように、逐条的な読み方をはさんで進んでゆきます。

難読箇所とされるところでは、〝不破流〟だと断っての読み方が披露されます。第二部の再生産論では、実体的な中身を読むために論だてをかき分けながら進みます（⑤一〇二ページ）。第三部の地代論の読み方もその一つでしょう（⑦七九ページ）。さらに、弁証法と史的唯物論の展開の箇所に注意を向け（①二八～四三ページ、④七九～八三ページ、⑦二四一～二四九ページほか）、〝マルクスの宗教論をめぐって〟（①二二三～二二九ページ）、〝マルクスと文学〟（①二五八～二六〇ページほか）、

〝マルクスの日本論〟（③一二三六～一二四八ページ）といった、味のある論点の紹介も忘れません。

さらに講義では、貨幣論、本源的蓄積論、再生産論、商業資本論をはじめ、『資本論』で展開された内容を日本の歴史や現実のなかでつかむ試みも行われています（①一二三八～一二四八ページ〔貨幣論〕、②三二一～三四ページ〈『資本論』における一六世紀〉、③一八四～一八八ページ〔経済発展と労働者人口〕、③二六九～二七七ページ〔本源的蓄積論〕、④一〇一～一〇五ページ〔資本の循環の定式〕、⑤二二六～二三六ページ〔再生産論〕、⑥一六〇～一六四〔商業資本論〕ほか）。

また、不破氏は、古典派経済学や同時代の異なる立場に立った理論研究にたいして、マルクスがどういう態度でのぞんだのかについても論究し（④一八五～一八七ページほか）、第二部では、学説史的な部分にたいする読み方も提案されています（④二四二ページ）。

そのほか、講義の主題におうじた各種の年表、関連資料と解説、補論もたっぷりと用意されているので、〝話がわかりやすく、展開が面白い〟のです。

こうして、私たちは、第一部と第二部で、資本主義的生産様式の本質的な諸関係、諸現象の奥底にある内面的な関連を生産過程から流通過程へと段階を追ってつかみ、第三部で、平均利潤、商業利潤、利子と地代などが表向きの主役を演じる現象の世界の分析に迫り、現代に生きる指針をたっぷりと学ぶことになります（①一三八ページ、⑤二五七ページ）。

2　マルクスの経済学的到達点をつかむ――新版『資本論』をテキストに

不破哲三氏の講義は、新版『資本論』をテキストに進められます。

不破氏は、党社会科学研究所所長（当時）として、新版『資本論』の刊行事業（二〇一九～二〇二一年）にあたってきました。この事業では、「『資本論』諸草稿の刊行と研究の発展をふまえ、エンゲルスによる編集上の問題点も検討し、訳文、訳語、訳注の全体にわたる改訂」が行われました（新版『資本論』の「凡例」参照）。

不破氏は、「今回、発刊する新版『資本論』は、エンゲルスが、資料も時間も十分にもたないなかでおこなった編集事業の労苦に思いを寄せ、その成果を全面的に生かしながら、『資本論』の執筆者であるマルクスの経済学的到達点をより正確に反映するものになった」（『「資本論」完成の道程を探る』五四ページ、二〇二〇年、新日本出版社）と述べています。

講義の流れにそって新版『資本論』を読むことで、マルクスの経済学的到達点を鮮明につかむ――ここにも、『全三部を読む』の大きな特徴があります。

第一部。マルクスによる叙述の改善

『資本論』を歴史的に読むための基本的な資料として、第一冊には、「『資本論』の準備と執筆の年表」（①七〇～七七ページ）が用意されています。これによって、『資本論』の成立と叙述の改善過程、草稿などの公刊と翻訳の状況などを知ることができます。

『資本論』の草稿や関係文献は、国際マルクス／エンゲルス財団編集の新しい『マルクス・エンゲルス全集』（新メガ）の刊行によって、ほぼすべてが読めるようになりました（『資本論』と準備草稿を収録した新メガ第Ⅱ部門は、二〇一二年に一五巻二三冊で完結）。

新版『資本論』は、草稿の刊行と『資本論』の成立史をふまえ、第一部では、マルクスが校閲した初版、第二版との異同、フランス語版と第三版、第四版の主な改訂箇所などを訳注で示し、マルクス独自の重要概念である「独自の資本主義的生産様式」と「全体労働者」について、訳語を統一しました。

不破氏の講義は、マルクスによる叙述の改善に注目し、③一七八～一八四ページでは、新版『資本論』の訳注も紹介しながら、フランス語版での産業循環と恐慌の叙述などを重点的に紹介しています。また、先の二つの重要概念の訳語の扱いを含めて、この概念が生み出された経過と資本主義的生産の分析にとってもつ意義を解説します（②二二〇～二二二ページ、②二四一～二四五ページ）。いずれも、新版『資本論』での改訂内容と理解を掘り下げるものです。

第二部。恐慌論での新たな解明と現行版

講義では、『資本論』の第二部、第三部について、マルクスの構想とエンゲルスの編集上の問題点について、立ち入った検討をくわえています。

第二部の講義では、遺されたマルクスの八つの草稿とエンゲルスによる編集の経過を詳しく検討し（「第二部を読む前に」、④一九〜六〇ページ）、資本の循環（第一篇）、資本の回転（第二篇）、社会的再生産過程（第三篇）の部分にどの草稿が利用されているかに注意を払いながら、恐慌論と再生産論の展開を重視して追っています。

マルクスは、資本主義的生産における経済的矛盾の深刻な現われとして恐慌の現象を重視し、第二部で、恐慌論のまとまった形での展開を構想していました（第二草稿でのマルクスの「覚え書」、⑤三四〜四〇ページ、新版『資本論』⑥五〇二ページの訳注＊3を参照）。しかし、エンゲルスの編集した現行版には、その展開がありません。病気によるマルクスの草稿執筆の中断が主な原因でしたが、本書は、恐慌論をめぐるマルクスの研究の展開を十分につかんでいなかったエンゲルスの弱点も編集上にあらわれていた、ととらえます（④四二〜四六ページ）。

マルクスは、第二部「資本の流通過程」の最初の草稿（第一草稿、一八六五年前半執筆）のなかで、恐慌がどのような仕組みで起こるのかについて、つぎのような解明をしていました。[*1]

〝資本家は、生産した商品を商人に売ることで、消費者の手に現実に商品が届かなくても、商品の貨幣への転化を先取りすることができる（「流通過程の短縮」と呼ぶ）。資本家はこの貨幣を使って生産を加速させるが、そこでは、商品の販売が現実の需要から独立し、「架空の需要」が生まれる。そして資本主義的生産がこの「架空」の軌道を進むなかで、現実の需要との乖離《かいり》を拡大、累積させ、恐慌が準備される〟（④一一二～一一五ページ参照）。

不破氏は、この解明をマルクスによる新たな理論的展開の起点になるものと見ます。また、マルクスは、この草稿で第二部の再生産論のなかで「再生産過程の攪乱」について論じる構想をもっていました（④五五ページ）。

不破氏は、第一草稿の関連部分を講義ですべて引用・紹介し、恐慌がおこる過程の分析と、マルクスが設定した理論的な探究課題についても論究しています（④一〇七～一二七ページ）。この解明は、マルクスの恐慌論研究の全体像をつかんでゆくうえでも大事な内容だと思います。

エンゲルスは、第二部の編集にあたって第一草稿から「利用できるものはなかった」（新版⑤九ページ、Ⅱ11ページ）と述べましたが、マルクス自身は、第一草稿での恐慌論の展開の文章の一部を、一八七七年に執筆した第五草稿の脚注に転記していました。現行版では、これが第二草稿からの脚注の一文とともに第一篇第二章「生産資本の循環」に本文として組み込まれています（新版⑤一二五ページの＊1参照）。

『マルクスと「資本論」――再生産論と恐慌』（全三巻、二〇〇三年、新日本出版社）以来、この点に着目していた不破氏は、講義では、「恐慌への過程の追跡――第一草稿と現行版第二部との対照表」もつくり、マルクスの恐慌論研究の足跡を追っています（④一三五～一四五ページ、補注★18がその後の新たな判明点を補足している）。また、第二部での恐慌問題の考察に注意を向け（⑤一〇六～一〇八ページ）、第二部の講義の最後（第14回）に、「再生産過程の攪乱」を論じるというマルクスの構想の検討課題についても、そのあらましを検討します（⑤一六九〜二〇一ページ）。

現行の『資本論』では、第三部第四篇の第一八章「商人資本の回転。価格」のなかに、一八六五年に発見した恐慌論を自身の言葉で描き出したマルクスの貴重な文章があります（新版⑨五一六〜五二一ページ、Ⅲ314〜317ページ）。『全三部を読む』では、⑥一三七〜一四〇ページでこの点を取り上げています。

＊1　不破氏は、『マルクスと「資本論」――再生産論と恐慌』のなかで、このような解明を、恐慌の発現過程にかかわる領域の問題、恐慌の「運動論」と呼び、マルクスの新しい発見と位置づけた。そのさい、「商人資本の登場によって、流通が加速され、流通時間が短縮されるという問題そのものは、商人資本の効用という角度から、マルクスが、すでにいろいろな草稿で取り上げてきたことでした。しかし、これを、『恐慌を準備する』運動形態としてとらえ、その角度から意義づけたのは、第一草稿の解明が最初のものでした」と述べていた（同書第二巻九二ページ）。この点は、『全三部を読む』でも、指摘されている（④一一七〜一一八ページ）。

第二部。再生産論をめぐって

マルクスは、第二部で、社会全体の生産と消費の流れをとらえる再生産論研究でも、大きな達成をなしとげました（⑤五七〜六九ページ）。しかし、現行版では、その達成が読み取りやすいわけではありません。第三篇第二〇章「単純再生産」では、第二草稿と第八草稿という「二つの違った方法によって書かれた二つの原稿をつなぎ合わせた」（エンゲルスからアドラー宛の手紙、一八九五年三月一六日）点にも、読み取りにくさの大きな原因がありました（⑤四七〜四八ページ）。不破氏は、社会的資本の総運動を再生産表式によって描き出した「単純再生産」論の基本点のつかみやすい読み方を披露し（⑤八四〜八八ページほか）、「貨幣の還流」問題の扱いについても取り上げています（⑤九九〜一〇二ページ）。

第二一章「蓄積と拡大再生産」はどうか。不破氏は、「マルクスといっしょに攻めどころを考え、探究の苦労をともにするつもりで読まないと、筋道がよく見えてこない」と述べ（⑤一三八ページ）、講義一回分をこの章にあてて、マルクスが、拡大再生産の研究で苦闘し、一八八〇年から八一年にかけてその表式化をなしとげたこと、〝書きながら考える〟マルクスらしく、失敗の考察もこの草稿（第二部第八草稿）に記録されていたことを明らかにします（⑤一三七〜一六八ページ）。講義にそって、第二一章を読んでゆくと、失敗と模索のなかで、拡大再生産の表式に到達したマルクスの達成の意義が、その苦闘とともに見えてくるでしょう。マルクスは、病気のためにここで第二部の草稿の執筆を中断し、一八八三年三月、その生涯を終えたのでした。

エンゲルスは、草稿に独自の節や表題をつけ、つながりのある論述となるように手を入れて、この章を編集しています。『全三部を読む』第五冊の補注（⑤一六七ページの★40）で紹介されているように、新版『資本論』では、拡大再生産の研究に挑戦したマルクスの研究の節目と考えられる箇所に独自の訳注を付しています[*2]（本書第三章二五七〜二五八ページ参照）。

＊2　エンゲルスによる加筆の具体例は、⑤一五五ページなどで紹介されている。

第三部の主題と草稿の特徴

第三部は、マルクスの遺した「主要草稿」と呼ばれる大部の草稿からエンゲルスが編集したものです。不破氏は、第三部の講義の冒頭に「『資本論』第三部について」をおき、第三部で扱われる主題と研究の順序、未定稿部分も多い草稿の状態とエンゲルスによる編集の特徴、また、資本主義の現象的な世界をとらえるマルクスの方法論についての「総論」的な話をしています（⑤二三九〜二六三ページ）。

資本主義の現象的な世界を研究する第三部では、「費用価格」と「利潤」、「生産価格」をはじめ、新しい概念や観念が生まれ、経済的な運動のなかで重要な働きをします。さらに剰余価値が商業利潤、利子、地代などに分割されます。不破氏は、第一部、第二部で資本主義社会の本質的な諸関係を分析したマルクスが、そのうえに立って「日常の意識」の世界を分析してゆくところに第三部の特質があり、大事な内容があると強調しています（⑤二五二〜二五七ページ）。この研究でも資本主義経済の基本的な関係からより複雑な関係へ、必要な中間項を着実にたどりながら研究を進めていく、「発生論的」方法が力を発揮しました（⑥二〇〜二二ページ、三七〜三八ページほか）。

「主要草稿」は、執筆時期の異なる前半部分（現行の第一篇〜第三篇、一八六四年後半）と後半部分（現行の第四篇〜第七篇、一八六五年後半）からなっています。マルクスは、その間に執筆した第二部第一草稿で、恐慌が資本主義的生産様式のもとでは周期的に起こる循環の一局面であることを解明し、恐慌の到来と資本主義の体制的危機を結びつける見方を乗り越えました。その前に執筆していた第三部の草稿には、以前の理論的命題が含まれていました。

この点は、『資本論』全体の理解にもかかわる問題なので、不破氏は、④四〇ページの補注★6、⑥九三ページの補注★10などで、この問題に注意を喚起し、第三篇については、「利潤率の傾向的低下の法則」の解明の意義と不破氏の感じる問題点を指摘したうえで、「恐慌論は恐慌論として読む」という読み方を提起しています（⑥七七～一〇六ページ）。

第三部。信用論、未来社会論

利子生み資本は信用という新しい経済関係を生みだしました。マルクスが第五篇の信用論で何を明らかにし、今後の研究を構想していたかをつかむことは、現代の金融経済の動きを研究するうえでも、重要な研究課題です。しかし、信用論には、マルクスの草稿自体に未完成の粗さがありました（⑥二〇三ページの補注★25を参照）。

エンゲルスにとっても、第五篇が第三部編集の最難関箇所となり、マルクスが他の著作で利用する予定で用意した議会報告書からの抜粋部分を、『資本論』の本論として編集してしまうこともありました。

不破氏は、『全三部を読む』で、現行第五篇第二五章「信用と架空資本」の前半部分（新版⑨六九三～七〇九ページ、Ⅲ413～420ページ）に相当するマルクスの主要草稿の状態を復元し、本来の本文をきちんと読むという試みを行っています（⑥二二一～二三九ページ）。新版『資本論』では、マルクスの信用論草稿の状態を訳注で説明し（新版⑨六九三～六九四ページの＊）、本論として書かれた部分と議会報告書からの抜粋部分を区別できるようにしています。

マルクスは、第七篇第四八章「三位一体的定式」の草稿のなかで、未来社会論をまとまった形で展開しています[*3]（新版⑫一四五七～一四六〇ページ、Ⅲ826～828ページ）。これらの文章には、マルクスの手によって［　］括弧がつけられていますが、エンゲルスは、この文章を、「断片」と名付けた三つの文章（「Ⅰ」、「Ⅱ」、「Ⅲ」）と、俗流経済学への批判の文章のなかに挟み込んで、現行版を編集しました。

新版『資本論』では、マルクスの草稿どおりに、未来社会を論じた文章を第四八章の冒頭におき、訳注で、今回の組み替えの経緯を明らかにしています（新版⑫一四五七ページの＊2）。また、「断片」のうち二つは置かれるべき位置が明らかになっていますので、そこに移し、一つは独立した「断片」として扱う形で章末尾に移動しました。

不破氏の講義は、こうした編集問題も指摘し、マルクス自身は、剰余労働が搾取社会のなかでどんな役割を果たしてきたかを述べるなかで、「未来社会ではどうなのか」と考え、「真の自由の国」、「必然性の国」という用語もつかって、［　］でくくられた未来社会にかかわる考察に入っていったことを明らかにしました。そして、〝未来社会では、労働時間の短縮によって、すべての人間が自由な時間をもち、全面的な発達をとげてゆく〟と展望したマルクスの解明とその到達点の意義を示したのでした（⑦一七一〜一八三ページ）。

このように、『全三部を読む』はマルクスの経済学的到達点をつかんでゆくうえでの、案内書にもなっています。

＊3　『資本論』第三部第四八章で展開された未来社会論の特徴については、本書第一章七三〜八五ページ参照。

3　その後の研究の展開を「補注」に読む

『全三部を読む』の旧版は、刊行前後に発表された不破氏の三つの著作での達成を踏まえ、新たな研究としてまとめられたものでした（⑦二三五ページ）。その著作とは、『資本論』の形成・成立の過程をエンゲルスとの交流と共同を軸にあとづけた『エンゲルスと「資本論」』（上下巻、一九九七年）、レーニンと『資本論』とのかかわりを歴史的に吟味した『レーニンと「資本論」』（全七巻、一九九八〜二〇〇一年）、「再生産論と恐慌」を主軸にマルクスの理論の形成と発展の過程を追跡した『マルクスと「資本論」』（全三巻、二〇〇三年）の三点です（いずれも新日本出版社刊）。これらの著作の刊行当時、私は、「不破哲三氏の『資本論三部作』を読む」と題する一文で、三つの著作での探究の意義を検討したことがあります（『新しい世紀に日本共産党を語る』一〇三〜一二一ページ、二〇〇三年、新日本出版社）。

不破氏は、旧版刊行後、つぎのような『資本論』研究の著作を発表し、探究の歩みを進めてきました。

『「資本論」はどのようにして形成されたか』（二〇一二年）、『マルクス「資本論」――発掘・追跡・探究』（二〇一五年）、『「資本論」探究――全三部を歴史的に読む』上・下（二〇一八年）、『「資本論」のなかの未来社会論』（二〇一九年）、『マルクス　弁証法観の進化を探る――「資本論」と諸草稿から』（二〇二〇年）、『「資本論」完成の道程を探る』（二〇二〇年）。いずれも新日本出版社刊。

新版として刊行された『全三部を読む』では、旧版以降のこうした研究の新展開が、欄外「補注」という形で示されています。別の言い方をすれば、「補注」が、不破氏の研究のその後の展開を知る手掛かりになるのです。

読んでおきたい一つの文章

欄外「補注」に話を進める前に、読んでおきたい一つの文章があります。

その文章とは、『「資本論」探究――全三部を歴史的に読む』上の冒頭におかれた「連載論稿を『資本論』探究――全三部を歴史的に読む』にまとめるにあたって」です（同書一一～一二ページ）。

ここで、不破氏は、自らの『資本論』探究の歩みを語り、『全三部を読む』の旧版を刊行した二〇〇三～〇四年段階から「私自身の理解にも、かなり多くの発展」があったと述べ、その要点として、つぎの三つの内容をあげました（前掲書一五～一八ページ）。

①未来社会の問題――マルクスの未来社会論の本論と生産物の分配方式の変化を最大の基準にして未来社会を論じた従来の理論が両立するものでないことを本格的に探究し、日本共産党綱領の未来社会の諸規定を一新した。

②恐慌の運動論[*4]――その発見が『資本論』の内容におよぼした影響は、恐慌理論にとどまらず、「恐慌＝革命」説を克服し、第一部完成稿において資本主義的生産の「必然的没落」の新たな角度での理論化に道を開いたものだった。

③『資本論』の著作構成の変化――マルクスは、『資本論』の研究主題を大きく広げ、第一部完成稿では、資本主義的生産について、「資本」の側からだけでなく、その変革者である労働者階級の成長発展の過程からの考察を行った。

「まとめるにあたって」では、経済学の発展と経過的に切り離しがたく結びついていたマルクスの革命理論の追跡も、その後の研究の一つにあげられています。

＊4　恐慌の運動論の内容は、『全三部を読む』では、①二六六～二六七ページ、④一〇九～一一六ページ、同一三五～一四五ページ、⑤一九二～二〇一ページなどで説明されている。

著者による研究案内

それでは、欄外「補注」のいくつかを読んでみましょう。各項の末尾にある（　）内は、『全三部を読む』の冊数とページ、および補注番号です。

◎エンゲルスの苦労　『資本論』第二部、第三部の編集にあたったエンゲルスの苦闘の経過と歴史的功績については、不破「エンゲルス書簡から『資本論』続巻の編集過程を探索する」（『前衛』二〇二〇年二月～四月号）を参照。『「資本論」完成の道程を探る』（二〇二〇年、新日本出版社）に収録（①八七ページ、補注★51。④二一ページの★1も参照）。

◎使用価値論の展開　経済学研究におけるマルクスの使用価値論の展開については、不破『マルクス　弁証法観の進化を探る』（前出（①三九ページ））の第二篇「使用価値と交換価値の弁証法」で、詳しい検討を行った（①一四五ページ、補注★66）。

◎社会変革の展望の解明　この点については、不破『マルクス「資本論」発掘・追跡・探究』（二〇一五年、新日本出版社）の「三　社会変革の主体的条件を探究する」で、工場立法にたいするマルクスの解明の意義について検討した。同書二三六～二四〇ページ参照（③八二ページ、補注★14）。

◎エンゲルスが第二部第一草稿を「利用できるものはなかった」としたことは、『資本論』第二部、第三部の全体にかかわる編集上の問題を残した。マルクスは、一八六五年前半に執筆したこの第一草稿のなかで、恐慌論の根本にかかわる重大な発見を行っていた。この発見によって、恐慌が資本主義的生産様式のもとでは周期的に起こる循環の一局面であることが明らかになり、恐慌を革命的危機の根拠とした「恐慌＝革命」説や、利潤率の低下法則を資本主義の危機と結びつける論述などが、マルクス自身によって乗り越えられることになった。またこの発見を転機に、『資本論』の構成そのものについても、資本、賃労働、土地所有を独立の部門とする初期の構想の変更をはじめ、根本的な再編成が行われることになった。この点については、不破「エンゲルス書簡から『資本論』続巻の編集過程を探索する」の「六　第一草稿と恐慌の運動論」参照（『「資本論」完成の道程を探る』に収録。同書一〇四～一一四ページ）（④四〇ページ、補注★6）。

◎利潤率の低下現象の意義づけ　マルクスは、利潤率の低下という現象を科学的に解明することに成功したが、『資本論』第三部の前半部分では、これを、一八五〇年以来とってきた「恐慌＝革命」説と結びつけ、資本主義の体制的危機論という形で展開していた。これは、利潤率の低下現象がリカードウらに与えた危機感を、資本主義批判の立場でひきついだものだった。この体制的危機論には、一八六五年、恐慌を含む経済循環のしくみを解明した新しい恐慌論の発見とともに終止符がうたれた。この点については、不破『「資本論」完成の道程を探る』（二〇二〇年、新日本出版社）二一一～二二四ページ（「一八六五年の大転換」の項）、および『マルクス弁証法観の進化を探る――「資本論」と諸草稿から』（二〇二〇年、新日本出版社）の第三篇「発展と没落の弁証法――『肯定的理解』と『必然的没落の理解』」を参照（⑥九三ページ、補注★10）。

◎構想プランの変更と信用論草稿　マルクスは、一八六五年、恐慌の運動論の発見を転機に、『資本論』の構想プランを変更し、第五篇では、利子の成立の問題だけでなく、利子生み資本の運動の全体、すなわち、信用制度そのものを研究の対象にする新たな研究に踏み出した。そのため、

第五篇の草稿は、経済学研究の本格的な主題として信用問題に取り組む初稿として、未完成の様相を強く残すことになった。この点については、前掲『「資本論」探究――全三部を歴史的に読む』下・四〇～四六ページ、六四～六五ページほか、「『資本論』編集の歴史から見た新版の意義」の「1、『資本論』の歴史をふりかえる」（『「資本論」完成の道程を探る』などに収録）などを参照願いたい（⑥二〇三ページ、補注★25）。

◎〔未来社会論についての〕先行的な叙述　『五七～五八年草稿』と『六一～六三年草稿』における叙述については、……不破「マルクス未来社会論の〝発掘〟」の補論「二つの草稿に未来社会論の成熟過程を読む」でも詳しい検討を行った（『マルクス「資本論」――発掘・追跡・探究』〔二〇一五年、新日本出版社〕八八～一〇六ページ）（⑦一七七ページ、補注★31）。

◎『資本論』と未来社会論　この点については、不破『「資本論」のなかの未来社会論』（二〇一九年、新日本出版社）のなかで、詳しく論じた（⑦二五一ページ、補注★47）。

これらの欄外「補注」[*5]によって、新たな探究を志した不破氏が、その研究をどの著作で行ったのかがわかります。

＊5　このほかにも、④一四五ページの★18（第二部第五草稿）、⑥一三九ページの★14（マルクスによる「恐慌の運動論」の説明）などがある。

『資本論』への挑戦

『全三部を読む』の「補注」（★、◆、＊）は、著者自身の研究案内のほかに事項注、人名注、文献注などを含み、その数は、七〇〇を超えています。

アダム・スミス（一七二三～九〇年）、デーヴィド・リカードウ（一七七二～一八二三年）をはじめとした二五〇人をこえる人名には、初出箇所に簡単な紹介注が付いています。また、第七冊巻末におかれた人名索引では、言及ページのすべてが網羅されています。

同じ第七冊巻末におかれた「マルクス、エンゲルス文献索引」は、収録文献を増やし、新たに『資本論』の草稿関係を独自項目としています。

文献と重要概念を説明する「補注」も今後の研究への誘いとなるでしょう。

『資本論』に挑戦するなかで、誰もが感じる困惑の一つは、知らない人名、事項、文献などがつぎつぎと登場してくることです。本書での、「補注」と文献索引は、この面でも、『資本論』通読への大きな手助けを提供しています。

著者の不破哲三氏は、あとでふりかえってみれば、「探究の歴史のなかの過渡的な一時点だった、ということになるでしょうが、私としては、この『講義録』に、『資本論』探究における私自身の現在の到達点を、力の及ぶ限り、反映させた」（⑦二三六ページ）と述べています。そして、「この足場を大事にして、今後の学習の支えにしていただきたい」（⑦二五八ページ）と呼びかけ、講義を結びました。

私たちも、この講義録を一つの支えにしながら『資本論』の世界に挑戦し、現代に生きるマルクスの理論的達成を汲《く》みつくす努力をつづけたいと思います。

第四章　第一部第八章「労働日」を読む

はじめに――「労働日」研究の重要性

本章では、『資本論』を実際に手にとり、一日の労働時間をめぐってマルクスが解明した内容を読みとってゆきたいと思います。その舞台は、第一部第三篇「絶対的剰余価値の生産」の第八章「労働日」です（新版②三九八～五三四ページ、Ｉ245～320ページ）。

マルクスは、第八章「労働日」で、剰余価値学説の意義を、標準労働日の制定（一日の労働時間を制限する法律）をかちとってきたイギリス労働者の歴史的活動と結びつけて論じています。そのさい、労働時間の延長による剰余価値の生産を原理的に説明するだけでなく、労働時間をめぐる資本と賃労働の対立関係の実態、打開の方向を歴史的に明らかにします。また、マルクスは、労働時間の短縮を求め、〝自由な時間〟を取り戻し拡大しようとする労働者の運動が、未来社会の形成にもつながる「新たな主体」をつくり出してゆくことも視野に収めています。

なお、マルクスは、第三篇の冒頭の第五章「労働過程と価値増殖過程」で、労働は、「人間が自然とのその物質代謝を彼自身の行為によって媒介し、規制し、管理する一過程」であり、「人間は、この運動によって、自分の外部の自然に働きかけて、それを変化させることにより、同時に自分自身の自然を変化させる。彼は、自分自身の自然のうちに眠っている諸力能を発展させ、その諸力の働きを自分自身に服属させる」という、本来、たいへん人間的な活動であることを明らかにしています（新版②三一〇ページ、Ｉ１９２ページ）。この労働論は、資本主義的生産のもとで労働がどのような状態に置かれ、また変わってゆくのか、というマルクスの分析の出発点となっており、『資本論』第三部の最後の篇で展開される未来社会での労働論にも発展的につながってゆくものです。[*1]

＊1　未来社会での労働論については、本書第一章七七～七八ページ参照。

一日の生活と労働時間

「労働日」とは、一日の労働時間のことです。一日の労働時間の長さは、労働者階級にとって、生活と労働をめぐるもっとも重要な条件の一つです。

一日の労働時間は、労働者の労働力の価値、すなわち労働者の維持・再生産のために必要な生活諸手段の価値を生産するのに相当する「必要労働時間」と、それを超えて資本家を魅惑する剰余価値を形成する「剰余労働時間」からなり、剰余価値は資本家にしぼり取られ、搾取されます（新版

②三七三〜三七四ページ、Ｉ230〜231ページ）。後者の時間は、資本家が無償で手に入れるという意味で「不払労働（時間）」とも呼ばれます（第一六章「剰余価値率を表わす種々の定式」、新版③九二七ページ、Ｉ556ページ）。ですから、労働時間の長さがどうなっているのかは、経済学にとっても私たちの生活と社会にとっても大問題で、労働時間の増大による剰余価値の生産をとりあげる第八章は、第一部で三番目に長い大長編の章となりました。分量的にも、第八章は、第一部のおよそ一割を占めています。

マルクスは、『資本論』第一部初版への「序言」のなかで、「イギリスの工場立法の歴史、内容、成果にたいして、本巻のなかであのように詳しい叙述のページをさいた」とふりかえり、「一国民は他の国民から学ばなければならないし、また学ぶことができる」と述べました（新版①一三〜一四ページ、Ｉ15ページ）。

そして、『資本論』をまとめた最終目的について、こう述べています。

「ある社会が、その社会の運動の自然法則の手がかりをつかんだとしても――そして近代社会の経済的運動法則を暴露することがこの著作の最終目的である――その社会は、自然的な発展諸段階を跳び越えることも、それらを法令で取りのぞくことも、できない。しかし、その社会は、生みの苦しみを短くし、やわらげることはできる」（新版①一四ページ、Ｉ15〜16ページ）。

そうだからこそ、工場法と労働時間をめぐる諸問題を具体的に研究しようというのです。

全体の組み立てと留意点

第八章は、大きくくくると、三つの部分からなっています。

一つは、第一節「労働日の諸限界」です。ここで、労働日をめぐる原理的な解明が行われます（新版②三九八～四〇五ページ、Ｉ２４５～２４９ページ）。

二つ目は、第二節から第六節で、「労働日」の標準化（一日の労働時間への制限を法律で定める）をめぐる歴史についての分析です（新版②四〇五～五二四ページ、Ｉ２４９～３１５ページ）。ここには、とりあげる問題によって、いくつかのまとまりがあります。そのまとまりについては、読んでゆくなかで紹介したいと思います。

三つ目は、第七節で、この研究の総括部分にあたるものです（新版②五二四～五三四ページ、Ｉ３１５～３２０ページ）。

第八章を読むさいには、留意しておきたい二つの点があります。

一つは、この章には、草稿段階（一八六三年八月～六四年前半）にはなく、第一部完成稿段階（一八六六年一月～六七年四月）で拡充された内容が多く含まれていることです。以前の経済学草稿では、あまり取り上げられていない内容も出てきます。これらを読み取ることが大切です。[*2]

もう一つは、初版（一八六七年）には見出しも節区分もなく、現在の七つの節区分と見出しは第二版（一八七二～七三年）でつけられたことです。七つの節区分をふまえつつも、論述の流れを的確におさえて読む必要があります。

新版『資本論』では、第八章に三五の新しい訳注を加え、はじめて登場する地名には、割注をつけています。

それでは、第一節から読んでゆきましょう。

＊2　第八章の内容を拡充した経緯については、マルクスがエンゲルス宛の手紙で説明している（一八六六年二月一〇日）。本書第二章一二九〜一三三ページ参照。

一　労働日（一日の労働時間）と「自由に処分できる時間」（第一節）

第一節「労働日の諸限界」は、短いながらも、大事な中身がたっぷりと書いてあります。

一日の労働時間の説明として、線分a―b―cという記述が出てきます（新版②三九八ページ、Ⅰ245ページ）。a―bが必要労働時間、b―cが剰余労働時間です。先に（本書三〇六ページ）に紹介した必要労働と剰余労働についての規定は、前の章（第七章　剰余価値率）で行われています（新版②三七三〜三七四ページ、Ⅰ230〜231ページ）。それ以前の経済学は、労働時間が具体的にどうなっているかの分析はあまりやりませんでした。労働日を変動する可変量として分析したのも、マルクスがはじめてです。

一日は二四時間ですが、人間には肉体的な限界があり、「知的および社会的な諸欲求の充足」のための時間も必要です。労働日には、「肉体的および社会的な諸制限」があるわけです（新版②四〇〇ページ、Ｉ246ページ）。

第八章の記述でも、「労働力がその価値どおりに売買される」ことが前提です。この商品交換の法則のもとで、資本家は、労働時間をできる限り延長しようとします。

「資本は唯一の生活本能を、すなわち自己を増殖し、剰余価値を創造し、その不変部分である生産諸手段で、できる限り大きな量の剰余労働を吸収しようとする本能」をもっている（新版②四〇一ページ、Ｉ247ページ）。わかりやすくいえば、「利潤第一主義」を〝生活本能〟にしているということです。

それでは、労働者が剰余労働という形で資本家に搾取されている時間とは何か。

マルクスは皮肉たっぷりに、こう言います。「もし労働者が、自分の自由に処分できる時間を自分自身のために消費するならば、彼は資本家のものを盗むことになる」（新版②四〇一ページ、Ｉ247ページ）。

本来、労働者がもつべき「自由に処分できる時間」が、「資本家のもの」になっている。言い方を変えれば、労働者から奪われているというのです。マルクスは、『資本論』に先立つ経済学草稿のなかで、資本の側が労働者の「自由な発展のための時間」を〝横領〟しているとも語っていました（本書第一章三八〜三九ページ参照）。『資本論』で「自由に処分できる時間」という用語が使われるのは、ここがはじめてです[*3]（内容の説明は新版②四六二ページ、Ｉ２８０ページ、第八章第五節で行われる）。

私は、本章の「はじめに」で、工場立法の歴史を重視した初版への「序言」でのマルクスの文章を紹介しました（新版①一四ページ、Ｉ１５〜１６ページ）。そこで引用した文章のつぎに、マルクスは、個々の資本家の善悪ではなく、「経済的諸カテゴリーの人格化」、「特定の階級的諸関係や利害の担い手」として、資本を問題にするのだと述べています（新版①一四ページ、Ｉ16ページ）。これも、第八章を念頭に置いての注意書きだと思います。

つぎに、資本家の利潤第一主義にたいして、労働者はどう立ち向かうか。

「僕は標準労働日を要求する。なぜなら、僕は他のすべての販売者と同じように、自分の商品の価値を要求するからである（四〇）」（新版②四〇四ページ、Ｉ２４８〜２４９ページ）。

ここに付された注「四〇」が重要です。マルクスは、この注で、労働時間を九時間に短縮するよう求めたロンドンの建築労働者たちのストライキを含む大闘争を紹介しています（新版②四〇四ページ、Ｉ２４９ページ）。マルクスは、この闘争の意義について「一八六一〜六三年草稿」での〝自由な時間〟研究のなかで検討していたのです（本書第一章五三〜五四ページ参照）。

こうして、一日の労働時間の制限、標準化の決着は、「総資本家すなわち資本家階級と、総労働者すなわち労働者階級とのあいだの一闘争――として現われる」（新版②四〇五ページ、Ｉ２４９ページ)。資本家と労働者のあいだの闘争、二つの立場の対決によって決まるという規定が出てきます。

＊3　マルクスによる「自由に処分できる時間」の研究の経過とその達成については、本書第一章を参照。

二　労働日の標準化の歴史（第二節～第六節）

第八章の第二節から第六節には、先にも（本書三〇八ページ）述べたようにいくつかのまとまりがあります。

1　「労働日の標準化」をめぐる歴史的な序論（第二節前半）

その一つは、第二節前半（新版②四〇五～四一四ページ、Ｉ249～253ページ）です。ここに「労働日の標準化」の歴史を分析するにあたっての歴史的な序論があります。冒頭は、つぎの一文です。

「資本が剰余労働を発明したのではない。社会の一部の者が生産諸手段を独占しているところではどこにおいても、労働者は、自由であろうと自由でなかろうと、自分の自己維持のために必要な労働時間に余分な労働時間をつけ加えて、生産諸手段の所有者に生活諸手段を生産しなければならない」（新版②四〇五～四〇六ページ、Ｉ２４９ページ）。

マルクスは、奴隷所有者、封建領主、資本家たちの剰余労働にたいする欲求に触れたうえで、剰余労働にたいする資本家の際限のない渇望を、イギリスの工場主とドナウ諸侯国（ワラキアとモルダヴィア侯国〔現在のルーマニア周辺〕）のボヤールという封建領主との対比を通じて示します。[*4]

工場主はいろいろな手をつかって労働時間の増大をはかり、ボヤールは、領主に提供すべき夫役労働の日数などを増やします。後者では何日分の耕作、運搬労働を領主に提供するか、はっきりわかります。マルクスの計算では、後者（ボヤール）の場合、天候も考慮すると、農民が働ける日は一四〇日で、その内訳は夫役労働（五六日）と農民の生活を維持する必要労働（八四日）となります。その比（剰余価値率）は、六六⅔パーセントです（新版②四一一ページ、Ｉ２５３ページ）。イギリスの紡績工場では、労働日の二つの構成部分（必要労働と剰余労働）の相互の比率（剰余価値率）が一五三11／13パーセントでした（新版②三七八ページ、Ｉ２３３ページ）。マルクスは、そういう対比をしながら、資本家の際限のない搾取という問題を提起しています。

ここに、工場立法についての最初の性格規定が出てきます（新版②四一二～四一三ページ、Ｉ２５３ページ）。

ドナウ諸侯国では、「レグルマン・オルガニク」（基本法）がつくられますが、これは剰余労働にたいするボヤールの渇望を「合法化」したものです。これにたいし、イギリスの工場法は、労働日を制限することによって、「労働力を無制限にしぼり取ろうとする資本家の熱望を制御する」もの、とマルクスは言います。

序論部分の最後で、マルクスは一八五〇年の工場法（一〇時間労働法）を紹介し、工場法の実施状況を点検する工場監督官の報告書が[*5]、「剰余労働にたいする資本家の渇望の継続的かつ公式の統計を提供する」と、指摘しています。

＊4　マルクスは、剰余労働にたいする資本家と領主の渇望について、イギリスでは『工場監督官報告書』、『児童労働調査委員会報告書』、ドナウ諸侯国ではエリア・ルニョー（一八〇一～一八六八年）の著作『ドナウ諸侯国の政治的社会的歴史』（一八五五年）を利用して、その実態を研究した。邦訳『ルーマニア史ノート』（一九七九年、大月書店）は、マルクスによるルニョー研究の一部をなす。

＊5　本書第一章五八ページの＊23参照。マルクスは、『資本論』で一八四二年から六七年までに刊行された四〇冊にのぼる『工場監督官報告書』を活用している。

2　搾取の生々しい実態と〝自由な時間〟（第二節後半～第五節前半）

二つ目のまとまりは、第二節後半から第四節にかけてです（新版②四一四～四六二ページ、Ｉ２５４～２７８ページ）。ここでは、資本家による搾取の生々しい実態が、各種の公的報告書などを使って、暴かれます。マルクスは、「一八六一～六三年草稿」で行った『工場監督官報告書』からの抜粋をここで利用しています。引用元になった「六一～六三年草稿」には、『資本論』で利用した抜粋箇所の欄外に「1)」「2)」「3)」「4)」「5)」「6)」といった番号が書き込まれています（『資本論草稿集』④三四四～三四七ページ）。これらの番号は、第八章「労働日」の第二節に付された注四九～五三の順に対応したものと考えられます（本書第一章五七ページ参照）。

報告書などからの引用も多いので読み飛ばしがちですが、マルクスは、理論的な展開を数々の歴史的事実で証明しようと努めています。現代の労働現場を念頭に置きながら、じっくり読みたいところです。

労働時間のちょろまかし

まず、第二節後半（新版②四一四～四二一ページ、Ｉ２５４～２５８ページ）です。

「しばらく、われわれは工場監督官たちの言うところを聞こう」――という一句からはじまり、一八五〇年八月に成立した工場法[*6]のもとで、労働時間の増大をはかる資本家の衝動とその実態をするどく告発してゆきます。

注「四八」の内容は、「『労働日』にかんする篇を歴史的に拡大した」と述べたエンゲルス宛の手紙（一八六六年二月一〇日の手紙。前出＊２参照）とあわせて読むと、マルクスの研究の経過もわかり、面白いと思います。

つづいて、資本家たちが一八五〇年の工場法という法的制限があっても、労働時間を延ばすために食事時間や休養時間まで削っているとして、「数分間のちょろまかし」、「ひったくり」、さらに「食事時間のかじり取り」という労働者の言葉も使って、その衝動のすさまじさを示してゆきます（新版②四一五〜四二〇ページ、Ｉ２５５〜２５７ページ）。工場監督官レナド・ホーナーの報告によれば、「ちょろまかし」や「かじり取り」分だけで、労働者は週に五時間四〇分も資本家に奪い取られるというのです。

＊6　本書第二章一〇八ページの＊9参照。

搾取の法的制限のない部門（第三節）

マルクスは、第三節で、搾取の法的制限の及んでいない産業部門に目を転じます（新版②四二一〜四四七ページ、Ｉ２５８〜２７１ページ）。

「二、三の生産部門に目を向けよう」と述べていますが、実際には、八つの部門が事例として出てきます。

最初は、レース製造業での児童の二〇時間にもおよぶ長時間労働の実態です（新版②四二二〜四二三ページ、Ｉ２５８〜２５９ページ）。つづいて七歳の子どもが一日一五時間働くという製陶業での長時間労働と胸部疾患などによる早期死亡（新版②四二三〜四二六ページ、Ｉ２５９〜２６１ページ）、マッチ製造業での燐毒による健康被害（新版②四二六〜四二七ページ、Ｉ２６１ページ）、労働しながら食事をさせるなど、人間が労働手段の補助材料になっている壁紙工場の実態（新版②四二七～四三〇ページ、Ｉ２６１～２６３ページ）、製パン業での不衛生と不純物まじりのパン製造、長時間労働のしぼりだし（新版②四三〇～四三八ページ、Ｉ２６３～２６７ページ）、一日一三時間から一四時間労働、日曜日にも追加労働を行う農業労働者（新版②四三八ページ、Ｉ２６７ページ）、過酷な長時間労働となっていた鉄道労働と数百人の犠牲者を出した鉄道事故（新版②四三八～四四〇ページ、Ｉ２６７～２６８ページ）、さらに婦人服仕立所とメアリー・アン・ウォークリーの過労死（新版②四四二～四四五ページ、Ｉ２６９～２７０ページ）、鍛冶屋での重労働（新版②四四六ページ、Ｉ２７１ページ）です。これらの産業部門では、一日一四～一五時間の長時間労働が支配的でした。

労働時間の規制が及んでいなかったこれらの産業部門の実態は、何人もの児童、少年、少女、女性、医師たちの証言[*7]によって、告発されています。

一例だけ、見ておきます。

一八六三年六月二四日、ロンドンの新聞に「単なる働き過ぎからの死」というセンセーショナルな見出しをつけた記事が出ます（新版②四四二ページ、Ｉ２６９ページ）。二〇歳の女性労働者、メアリー・アン・ウォークリー（一八四三～一八六三年）が、一六時間半をこえる連日の労働のうえに、二六時間半もの労働を強いられ、息絶えたという記事です。王族の舞踏会用ドレスを短期間に仕上げるために、六〇人の女性労働者が狭い部屋に集められ、そのうちの一人ウォークリーが「過労死」したのです。

マルクスはこの悲報を知って、たいへん驚き、執筆していた経済学草稿（「一八六一～六三年草稿」）のなかに、「これは引用しなければならない」と書き込みました（『資本論草稿集』④二八一ページ）。そして、『資本論』で、ウォークリーの名を四回もあげて、この事件をとりあげたのでした。『資本論』で四回も名前をあげられた労働者は、ほかにいません。過労死を生むような労働現場の事態を、マルクスは、経済学を研究する立場からも、人間としても、許せなかったのだと思います。彼自身が、労働時間の短縮のたたかいによって、〝自由な時間〟を獲得し、人間解放への道を開いてゆくことを真剣に探究していたからです。

マルクスが、意識的に『資本論』に書き込んだ箇所ですから、新版『資本論』では、マルクスが読んだと思われる「タイムズ」などの論説を訳注で紹介し（新版②四四五ページの＊1）、第一二分冊に収録した人名索引で、ウォークリーの項を新たに立てています。

これらの産業部門にも、やがて工場法が適用されてゆきますが（一八六〇～六三年）、この点は第六節末尾で取り上げられます（新版②五二一～五二四ページ、Ｉ313～315ページ）。

＊7　多くの証言は、『児童労働調査委員会』第一次報告書（一八六三年）によっている。この報告書は、「一八六一～六三年草稿」では、まだ利用されていない。一八六二年に任命されたこの委員会は、一八六七年まで、労働時間の法的規制を受けていない産業の実態を調査した。マルクスは、六三年八月頃に第一次報告書を入手し、続刊を待っていた（一八六三年八月一五日のエンゲルスへの手紙）。「ところで、イギリスにかんする君の本〔『イギリスにおける労働者階級の状態』のこと〕以来こ

んどやっとまた第二回目の『児童労働調査委員会報告書』が出た。これは、工場法によっていくつかの産業部面から駆逐されたあらゆる残虐行為が新たな狂暴さで自由な領域に突進してきた！ということを示している。この報告書が完全に公刊されしだい、君の本へのすばらしい付録ができるだろう」（『全集』第三〇巻二九五ページ）。

夜間労働、交替制（第四節）

第四節では、「昼間労働と夜間労働。交替制」を取り上げています（新版②四四七～四六二ページ、Ｉ２７１～２７８ページ）。

主題としては、『資本論』ではじめて論じるものですから、最初に原理的な説明があります。ここでは、一日二四時間の全体にわたって労働をわがものにしたい、その〝内在的衝動〟から、資本の側が昼夜交替制などを導入したことを明らかにしています（新版②四四七ページ、Ｉ２７１ページ）。資本による夜間労働、交替制の導入は、「真に恐るべき」（新版②四四九ページ、Ｉ２７３ページ）長時間、過度労働をもたらしました。

つぎに、この問題が、児童、女性たちの多くの証言によって暴かれます。一八三〇年代のイギリスでは、綿工業や絹工業が大産業部門で、資本家は、機械を連続的に運転するために、六歳から一八歳までの児童、年少者、そして女性たちを長時間の労働に駆り出しました。六〇年代までには工場法の規制を受けるようになっていましたが、工場法の適用を受けない「自由な」産業諸部門、圧延や冶金工業ではまだ広く行われていたようです。

マルクスは、朝六時から翌晩八時半まで続く圧延工場での過酷な労働実態などをあげ、そこでの限界を超える過度労働は、「残酷で信じがたい」ものだった、と述べています（新版②四四八〜四六一ページ、Ｉ２７２〜２７８ページ）。証言としては、『児童労働調査委員会』の一八六四年、六五年、六六年の報告が使われていますから、この論述の多くが第一部の完成稿段階でまとめられた内容だと考えられます。

なお、第八章「労働日」は、労働時間を研究の主題にしていますから、マルクスは、夜間労働や交替制の問題も、その角度から論じています。第二部「資本の流通過程」での研究では、マルクスはこの問題を「資本の循環」の角度から取り上げています（新版⑤一九八ページ、Ⅱ１２５ページ）。資本主義的生産の継続には、できるだけ速く資本を回す必要があり、そのために、夜間労働を利用するのです。このあたりの、研究のすすめ方が、マルクスらしいところです。また、長時間、過度労働によって労働者の生命と健康が〝浪費〟される問題は、第三部第一篇第五章「不変資本の使用における節約」でも論じられています。

第五節前半での理論的整理と〝自由な時間〟

マルクスは、第八章の第五節前半で、第一節から第四節にかけて検討してきた「労働日」をめぐる問題の理論的整理を行っています（新版②四六二〜四七三ページ、Ｉ２７９〜２８６ページ）。これも、ひとつのまとまった展開です。

第一節で、労働時間をめぐる問題を提起し、第二節から第四節で生々しい具体例を告発したうえで、第五節前半で理論的整理を加え、標準労働日の歴史をとりあげる第五節後半以降への理論的指針を示したのです。

まず、労働時間を一日の生活時間（生活日）のなかに位置づけます。そして、剰余労働（時間）という形で資本に奪われているものが、労働者の「自由に処分できる時間」であることを示しています。マルクスは、この時間の内容を、「人間的教養《ビルドウング》のための、精神的発達のための、社会的役《ゾツイアール》割を遂行するための、社会的交流《ゲゼリヒ》のための、肉体的・精神的生命力の自由な活動のための時間」（新版②四六二ページ、Ｉ２８０ページ）であると説明しています。

そして、剰余労働を求める資本の衝動、渇望は、「労働日の精神的な最大限度のみではなく、その純粋に肉体的な最大限度をも突破」して、「身体の成長、発達、および健康維持のための時間」を強奪し「労働力の寿命を短縮する」すなわち過労死まで生み出すことによって、「この目的を達成する」（新版②四六三ページ、Ｉ２８０〜２８１ページ）と指摘しています。

こうして、マルクスは、労働者の「自由に処分できる時間」が、資本の自己増殖のために強奪されていることを明らかにしたのでした。

私は、本書の第一章で、マルクスが「一八五七〜五八年草稿」、「一八六一〜六三年草稿」という二つの経済学草稿を通じて〝自由な時間〟の探究を進めてきたことを明らかにしましたが、その内容の一端が、簡潔な叙述ながら、ここに示されていると思います。

続いて、マルクスは、つぎのように述べます。

「したがって、本質的に剰余価値の生産であり剰余労働の吸収である資本主義的生産は、労働日の延長によって、人間的労働力の萎縮《いしゅく》をつくり出して、人間的労働力がその正常な精神的肉体的な発達諸条件および活動諸条件を奪いとられるだけではない。それは労働力そのもののあまりにも早い消耗と死亡とをつくり出す。それは、労働者の生存時間を短縮することによって、ある与えられた期限内における労働者の生産時間を延長する」（新版②四六四ページ、Ⅰ281ページ）。

これが、労働時間をめぐる実態であり、人間社会の大問題だと、マルクスは言うのです。

こうした整理のうえに、「大洪水よ、わが亡きあとに来たれ！」という〝あとの祭り〟ともいうべき立場が資本家の立場であり、それは労働者に「肉体的、精神的萎縮、早死、過度労働の責め苦」をもたらす。しかも、剰余労働を求める資本の衝動は、利潤を増やすのがわれわれの楽しみなのだから、労働者の苦しみに悩むことはないのだ——と、マルクスは、ドイツの詩人ゲーテ（一七四九～一八三二年）の詩を使って特徴づけています（新版②四七一ページ、Ⅰ286ページ）。

マルクスは、ここで、資本の横暴をおさえる「社会による強制」の重要性を提起します。「資本は、社会によって強制されるのでなければ、労働者の健康と寿命にたいし、なんらの顧慮も払わない」からです。相手は、個々の資本家の善悪の問題ではなく、資本主義的生産の内在的な法則です。

これを社会で規制するというマルクスの提起を深く理解してこそ、現代の問題にたいする理論的指針として生かすことができるでしょう。

3　標準労働日獲得のための闘争（第五節後半～第六節）

第八章の第五節後半（新版②四七三～四八七ページ、Ⅰ286～293ページ）から第六節（新版②四八七～五二四ページ、Ⅰ294～315ページ）は、イギリスにおける標準労働日獲得をめぐる歴史を取り上げます。

マルクスは、「資本家と労働者とのあいだの数世紀にわたる闘争の成果」（新版②四七三ページ、Ⅰ286ページ）である標準労働日の確立をめぐる闘争を振り返るさいに、これを二つの流れ、歴史的時期にわけてつかむことが大事だと述べています。

第一の時期は、「一四世紀なかばから一七世紀末」までの、労働時間を強制的に延長するための強制法を押し付けた時期、第二の時期は、「一八三三年―一八六四年のイギリスの工場立法」の時期で、法律によって労働日（労働時間）が強制的に制限されるようになった時期です。

二つの歴史的時期にわけてつかむという提起は、「一八六一～六三年草稿」で行われており、マルクスは、第一の時期の立法は「資本主義的生産の形成期」に対応し、第二の時期の立法は「資本主義的生産様式の支配」の時期に対応していると述べています（『資本論草稿集』⑨六九一ページ）。

労働時間を延長した第一の時期

第五節後半は、第一の時期を取り上げ、一三四九年の最初の〝労働者規制法〟から叙述をはじめています。[*8] 伝染病のペストが人口を激減させ、農業労働者の賃銀の高騰が起こるもとで、力ずくで賃銀をおさえることが必要になったのです。繰り返し、労働時間を延長する法が出てきますが、「ここでは労働日の限界だけがわれわれの関心事である」（新版②四七五ページ、Ｉ288ページ）としている点に注意してください。さまざまな刑罰を用意しての〝流血の立法〟という、これらの法律がもつもう一つの顔は、第七篇第二四章「いわゆる本源的蓄積」の第三節で取り上げられています（新版④一二八二～一二九六ページ、Ｉ761～770ページ）。

ここからは、〝〇〇王の在位何年〟という法律名がひんぱんに出てきます。新版『資本論』では、王の在位年を割注で示し、法律のおおよその年代がわかるようにしています。

マルクスは、ここで、イギリスの経済学者のポスルスウェイト（一七〇七～一七六七年）と匿名書の著者・カニンガム（一七二九～一七七三年）との論争を紹介しています（新版②四八〇～四八七ページ、Ｉ290～293ページ）。マルクスは、「労働日」の第一節で、労働日にたいする資本家の立場と労働者の立場の違いを論じましたが、経済学者のなかにも、労働者を擁護する立場と、徹底的に資本家の側に立つ立場があります。カニンガムの立場は、労働時間の規制どころか、より長い労働時間を求めるもので、現代的にいえば、資本の目先の利潤を第一にする〝新自由主義〟派というところでしょう。もちろん、マルクスは、ここでその正体を暴き出しています。

＊8　マルクスは、ジョン・バーナード・バイルス（一八〇一～八四年）の著作『自由貿易の詭弁《きべん》と通俗経済学の検討』（一八五〇年）を使って、最初の〝労働者規制法〟について研究した。匿名で出版されたこの著作については、「六一～六三年草稿」に最初の研究があり（『資本論草稿集』④三六〇～三六一ページ）、『資本論』では、第一部第七篇の第二四章「いわゆる本源的蓄積」でも利用されている（新版④一二八九～一二九〇ページ、Ｉ766～767ページ）。

標準労働日の獲得へ

第八章の第六節からは、標準労働日を獲得する第二の時期の検討に入ります（新版②四八七～五二四ページ、Ｉ294～315ページ）。

一八世紀の最後の時期に、大工業が誕生して、長時間労働への突進が始まる一方、労働者の抵抗もはじまり（新版②四八七～四八八ページ、Ｉ294ページ）、一八〇二～一八三三年までに五つの労働法がつくられます。しかし、それらは強制的な実施や必要な職員などの経費を議決しない名目的なものにとどまりました（新版②四八八ページ、Ｉ294ページ）。

マルクスは、ここで、標準労働日（一日労働時間の法的制限と規制）の獲得にむかう歴史の流れを、大きく四つの節目で明らかにしてゆきます。

第一の節目は、一八三三年の工場法で児童（九歳～一三歳）の労働を一日九時間、年少者（一三歳～一八歳）の労働を一二時間に制限したことです。これは、綿工場、羊毛工場、亜麻工場、および絹工場に適用されました。マルクスは、これによって「近代産業にとって一つの標準労働日がようやく始まる」と述べています（新版②四八九ページ、Ｉ２９５ページ）。

二つ目は、一八四四年の追加工場法で女性労働者の一日の労働時間を一二時間に制限し、夜間労働を禁止したことです（新版②四九四～四九五ページ、Ｉ２９８ページ）。マルクスは、「大多数の生産過程において、児童、年少者、および女性たちの共同作業が不可欠」であり、成年男性の労働時間も同じ制限に従わせられていった、と述べています（新版②四九六ページ、Ｉ２９９ページ）。

三つ目は、普通選挙権、秘密投票などを求めたチャーティスト運動の高揚とも結んで勝ちとった一八四七年の新工場法です。これは四八年五月に発効し、年少者とすべての女性労働者の一〇時間労働への規制が実現します（新版②四九七ページ、Ｉ３００ページ）。

四つ目は、「リレー制度」と呼ばれた方式で働き手を変え、個々人への労働時間の規制のハードルをこえようとする制度を禁止し、一〇時間の標準労働日を制定した一八五〇年の工場法（新版②五一五ページ、Ｉ３０９ページ）の成立です。[*9] その実効性は、五三年の補完新工場法で補完されました（新版②五一八ページ、Ｉ３１１～３１２ページ）。

これらは、マルクスが「半世紀にわたる内乱」（新版②五二〇ページ、Ｉ３１２ページ）と呼んだ歴史研究の一端です。資本家階級がどのような作戦で、労働時間の規制に対抗しようとしたのか、これにたいして、労働者階級がどう対決し、労働時間の制限と規制を勝ち取っていったのか、イギリスにおける階級闘争史の研究を、じっくり味わっていただきたいと思います。

私は、この部分を、マルクスが『資本論』第二版への「あと書き」で自らの研究の方法論の説明として述べていた〝素材のさまざまな発展諸形態を分析し、その内的紐帯《ちゅうたい》を探り出す〟〝この仕事をやって、現実の運動をそれにふさわしく叙述した〟ものとして、読んでいます（新版①三二ページ、Ｉ27ページ参照）。

マルクスは、ここで、「労働者階級の攻撃力が、直接には利害関係のない社会階層のなかでの彼らの同盟者の数の増大とともに、増大した。一八六〇年以来の比較的速い進歩は、そこから生じた」（新版②五二〇ページ、Ｉ３１３ページ）と述べています。

労働者は、イギリスで工場法が勝ち取られた時期は、まだ選挙権をもっておらず、労働者の代表は議会にはいませんでした。その条件のもとで、労働者階級は、議会への請願もするし、議会内外でさまざまな社会階層からの同盟者をつくり、たくみな運動を広げました。経済学の著作ですから、それ以上の詳しい説明があるわけではありませんが、私たちの現在の運動の発展から考えても、この時点でのマルクスの注目すべき言及ではないかと思います。

＊9　マルクスは、「国際労働者協会創立宣言」（一八六四年）のなかで、イギリスの労働者階級が十時間法案を通過させたことを高く評価していた（本書第二章一〇四ページ参照）。

三　自分自身の〝時間の主人〟へ（第七節）

最後に第八章の第七節です。

ここは、「労働日」をめぐる研究の総括的な部分です（新版②五二四〜五三四ページ、Ⅰ315〜320ページ）。利用している文献と研究内容から見て、第七節の全体が完成稿で執筆されたものと考えられます。

はじめに、「剰余価値の生産すなわち剰余労働のしぼり出しが、資本主義的生産の独特な内容および目的をなす」こと（新版②五二四ページ、Ⅰ315ページ）、そこには、商品の売り手として資本家と契約を結んだ労働者がいたことを振り返ります。この労働者は、新版②五三二ページ（Ⅰ319〜320ページ）にふたたび登場しますので、注意してください。

歴史的諸事実の連関から

そのうえで、マルクスは、これまで見てきた歴史的諸事実の連関から、二つの理論的整理を行います。

一つは、労働時間の制限、規制は、児童、年少者と女性、また繊維産業での労働時間の規制という例外的性格をもったものとしてはじまりました。産業を限定し、対象とする人々を限定しての出発です。この規制が徐々に広がり、しだいに例外的性格を脱却してゆきます。こうした歩みは、現代の闘争史から見ても実感として理解できることだと思います。当時の産業では児童と女性の労働が大きな比重を占めていますから、この分野の労働時間を規制すると、成人男性の労働時間も制約を受けます。児童・年少者・女性たちの労働と連携しなければ、生産自体が軌道にのりません。例外的な立法を脱し、さまざまな脱法の道をふさぐなかで、イギリス社会は、産業の全体におよぶ労働時間の制限と規制を勝ちとっていったのでした。マルクスは、「生産者たちの社会的諸関係」の変化が、社会的な規制をよびおこしたという点に注目しています（新版②五二五ページ、Ｉ３１５～３１６ページ）。

二つ目は、労働時間の規制では、孤立した労働者でなく、階級としてのたたかいが必要であって、実際の歴史もそのことを示していたことです。マルクスは、この歴史をふまえ、標準労働日の創造を、資本家階級と労働者階級とのあいだの「内乱の産物」と呼んだのだと思います（新版②五二六～五二七ページ、Ｉ３１６～３１７ページ）。そして、この闘争にたちあがったイギリスの工場労働者たちを近代的労働者階級一般の戦士と呼び、一〇時間労働を自らの工場で実施したロバート・オーエンを「資本の理論に最初に挑戦」した理論家と評価しました。

労働日の制限は先決条件

つぎに、フランス、アメリカでの労働時間の規制の流れが紹介されています（新版②五二八～五三〇ページ、Ⅰ317～318ページ）。一日の法定労働時間を八時間にするよう求めたアメリカ・ボルティモアにおける全国労働者大会（六六年八月）の宣言の紹介につづき、国際労働者協会への重要な言及があります。一八六六年九月に開催されたジュネーヴ大会で採択された決議「労働日の制限」[*10]の紹介です。

「労働日の制限が、それなしには他のすべての解放の試みが失敗に終わらざるをえない先決条件であると言明する」（新版②五三〇ページ、Ⅰ319ページ）。

ジュネーヴ大会の決議は、労働者階級は、一日の労働時間を制限することで得た自らの時間によって、「健康と体力」を回復し、「知的発達をとげ、社交や社会的・政治的活動にたずさわる可能性」を得るとしていました。この決議は労働時間の短縮と〝自由な時間〟の獲得を重視していたマルクス自身の起草によるものです。

大西洋の両岸（ヨーロッパとアメリカ）での運動を紹介したマルクスは、この運動は、工場監督官のつぎのような発言の正しさを裏書きしていると述べています。

「社会改革のためのより進んだ諸方策は、労働日がまえもって制限され、さらに定められたその制限が厳格に強制されるのでなければ、なんらかの成功の見込みをもって実行されることは決してありえない」（新版②五三一ページ、Ｉ３１９ページ）。

＊10　ジュネーヴ大会の決議の内容とその意義については、本書第二章一三六～一三八ページ参照。

労働時間の規制と社会変革

いよいよ、第七節の結びです（新版②五三二ページ、Ｉ３１９～３２０ページ）。

マルクスは、標準労働日をめぐるたたかいのなかで、労働者は、「生産過程にはいったときとは違うものとなって、そこから出てくる」と言います。

はじめは、孤立した労働者として、労働力を資本家に売ったが、やがて、資本・賃労働関係の内実を知り、自分たちを苦しめる資本の横暴にたいし、「結集し、階級として一つの国法」をかちとるまでになったのです。先ほど（本書三二八ページ）注意をうながした労働者（新版②五二四ページ、Ｉ３１５ページ）が、労働時間の制限・規制を求める闘争のなかで鍛えられ、大きく変化したのです。こうしてマルクスは、労働者階級が自分とその階級の存続のためにたたかう必然性を、歴史的、理論的に示したのでした。

こうした研究を踏まえて打ち出した命題が、労働者とその同族を「死と奴隷状態」に陥れることをみずから阻止する「社会的バリケード」の獲得でした。これは、いまの私たちの言葉で言えば、資本の横暴を国家の法律で規制する「社会的ルール」の獲得の重要性を明らかにしたものです。

当時、社会的バリケードの獲得は、法律によって制限された労働日（工場法）という形をとりました。[*11] そして、マルクスは、結びの注「二〇一」で、『工場監督官報告書』から、つぎの一節を引用したのでした（新版②五三三ページ、Ｉ３２０ページ）。

〝工場法の獲得は、労働者を自分自身の時間の主人とすることによって、彼らに「いつか起こりうる政治権力の獲得に向かわせる精神的エネルギー」をあたえた〟。

これは、マルクスが、労働時間の規制と短縮による〝自由な時間〟の獲得を、利潤第一主義を社会的に規制してゆくだけでなく、社会変革への主体を形成する契機にもなりうることを示したものだと思います（本書第一章八八ページ参照）。

第八章第七節の本文の末尾は、「なんと大きく変わったことか」（古代ローマの詩人、ウェルギリウスの言葉）と、結ばれています（新版②五三二ページ、Ｉ３２０ページ）。労働者の階級的成長と労働時間の規制の歴史を検討してきたうえでの、たいへん印象的な言葉です。

＊11　マルクスは、工場立法を、社会が、生産過程の自然成長的な姿に与えた「最初の意識的かつ計画的な反作用」ととらえていた（新版③八四〇〜八四一ページ、Ｉ５０４ページ）。イギリスの工場法の内容とその一般化についての考察は、『資本論』第一部第一三章「機械と大工業」の「第九節　工場立法（保健および教育条項）。イギリスにおけるそれの一般化」で行われている。

第八章「労働日」の流れとポイントを読んできました。マルクスの分析と提起が、多くの点で現代の資本主義を分析し、運動をすすめてゆく指針になりうることを確認できたのではないでしょうか。その発見も力にして〝『資本論』は面白い、挑戦したい〟と、一歩でも二歩でも踏み出していただければ、これほどうれしいことはありません。

収録論文の初出一覧

第Ⅰ部　マルクスと〝自由な時間〟

第一章　マルクスによる未来社会の探究と〝自由な時間〟（『経済』二〇二四年五月号～七月号）

第二章　インタナショナルと『資本論』――マルクスの探究と活動を追って（『前衛』二〇二四年八月号～一二月号）

第Ⅱ部　新版『資本論』を読む

第三章　新版『資本論』の刊行と今日の世界（『経済』二〇二一年五月号、『今、「資本論」をともに読む』新日本出版社に収録）

補論Ⅰ　新版『資本論』の特徴と魅力（新版『資本論』刊行記念講演会から。『前衛』二〇一九年一一月号、『新版「資本論」のすすめ』日本共産党出版局に収録）

補論Ⅱ　不破哲三著『「資本論」全三部を読む　新版』の完結によせて（原題は「『資本論』を現代に生きる指針として読む――不破哲三著『「資本論」全三部を読む　新版』の完結に寄せて」、『前衛』二〇二三年二月号）

第四章　第一部第八章「労働日」を読む（「新版『資本論』のすすめ――刊行開始一年にあたって」の第三章を改稿、『前衛』二〇二〇年一二月号）

山口富男（やまぐち　とみお）

1954年静岡県生まれ。日本共産党社会科学研究所所長。
著書に、『今、「資本論」をともに読む』（共著、新日本出版社、2023年）、『マルクス「資本論」のすすめ―「新版」で読む』（学習の友社、2021年）、『変革の時代と「資本論」―マルクスのすすめ』（共著、新日本出版社、2017年）、『「古典教室」全３巻を語る』（共著、新日本出版社、2014年）、『守ろう９条・生かそう25条』（東京民医連、2005年）、『21世紀と日本国憲法』（光陽出版社、2004年）、『新しい世紀に日本共産党を語る』（新日本出版社、2003年）、『変革の立場と傍観者の論理』（共著、新日本出版社、1994年）、『ネオ・マルクス主義―研究と批判』（共著、新日本出版社、1989年）、『大学生講座・生活術』（共著、大月書店、1985年）、他。

〝自由《じゆう》な時間《じかん》〟の探求《たんきゅう》と『資本論《しほんろん》』

2025年２月25日　初　版

著　者　山　口　富　男
発行者　角　田　真　己

郵便番号　151-0051　東京都渋谷区千駄ヶ谷4-25-6
発行所　株式会社　新日本出版社
電話　03（3423）8402（営業）
03（3423）9323（編集）
info@shinnihon-net.co.jp
www.shinnihon-net.co.jp
振替番号　00130-0-13681

印刷　光陽メディア　　製本　小泉製本

落丁・乱丁がありましたらおとりかえいたします。

ISBN978-4-406-06869-7 C0030　Printed in Japan

マルクス、エンゲルスの文献索引

この索引では、本書で言及したマルクス、エンゲルスの文献を、著作と論文、手紙、『資本論』関連などが、本書の何ページで取り上げられているかを中心に紹介した。〔　〕内の巻数は、『マルクス＝エンゲルス全集』（大月書店）の巻数を示す。科学的社会主義の古典選書（新日本出版社）に収録されている著作、論文は、表題に＊印をつけた。二人の執筆ではない関連記録も記載した。なお表題名には、編集者がつけたものもある。マルクスはM、エンゲルスはEと略記した。

【著作、論文ほか】

〔補巻３〕
Ｍ：ジュネーヴ大会の議案についての常任委員会の提案　130
Ｍ：＊国際社会民主同盟の綱領と規約への評注　164，165，167
Ｍ：インタナショナル大会（1872年）　239
（補録）加入団体にたいする加入許可状　111
（補録）1866年の普墺戦争にたいする国際労働者協会の態度についての決議　139，140
（補録）1868年のインタナショナル大会の開催地変更にかんするマルクスの演説の記録　157
（補録）＊マルクスの『ザ・ワールド』紙通信員とのインタビューの記録　204，205
〔補巻４〕
Ｍ：モーガン『古代社会』摘要　92，93
Ｍ：アメリカ革命から1801年の合併にいたるまでのアイルランド。抜粋および評注　154
〔全集未収録の文献〕
Ｍ：ルーマニア史ノート　314
Ｍ：ポーランドにたいするフランスの関係についての演説の草案（1864年）　115，116
Ｍ：ピーター・フォックスとの論戦のための資料（1864年）　115，116
Ｍ：（イギリスとフランスの）諸新聞からの抜粋（1871年３月18日～5月１日）　203
Ｍ：（パリ・コミューンにかんする）人名録、新聞からの抜粋（1871年）　203

【手紙から】

相手名がなく、日付のみの手紙は二人の往復書簡。＊印は、科学的社会主義の古典選書『マルクス、エンゲルス書簡選集』全３

巻に収録されている手紙を示す。
〔第29巻〕
M：1857.12.8　恐慌と経済学研究　33
M：＊1857.12.18　経済学の「要綱」執筆と恐慌ノート　33
〔第30巻〕
M：1860.1.11　工場監督官報告書について　133
M：1863.4.9　『イギリスにおける労働者階級の状態』を読んで　133
M：1863.8.15　児童労働調査委員会の報告書について　133，318
〔第31巻〕
M：＊1864.11.4　国際労働者協会の創立と宣言などの執筆事情　101
M：ヴァイデマイアーへ　1864.11.29　国際労働者協会への参加と創立宣言　111
M：＊1864.12.10　ポーランド問題の討論　114
M：1865.2.1　リンカーンの礼状、議会改革連盟　113，117
M：1865.2.25　国際労働者協会と議会改革連盟　117
M：1865.3.13　『資本論』の仕事と国際労働者協会　116
M：＊1865.5.20　ウェストン氏への批判　119
M：ユングへ　1865.11.20　インタナショナル・ジュネーヴ大会の議題　127
M：＊1866.2.10　「労働日」の篇の拡大　129〜131，309，315
M：リープクネヒトへ　1866.5.4　インタナショナルの活動の広がり　128，129
M：＊1866.6.20　国際労働者協会と普墺戦争　140
E：＊1866.7.25　ドイツの情勢について　140
M：1866.7.27　ドイツの情勢について　140
M：＊クーゲルマンへ　1866.10.13　『資本論』の四部構成プラン　141

イエニーからエンゲルスへ　1866.12.24　『資本論』第一巻の清書　141
M：ビューヒナーへ　1867.5.1　『資本論』のフランス語訳　230～231
M：1867.8.16　『資本論』第一巻は完成した　144
E：1867.8.23　第一巻について　144，227
E：1867.9.1　第一巻について　144
E：1867.9.9　第一巻について　144
M：1867.9.11　『資本論』刊行の遅れ　144
M：＊1867.11.2　アイルランド問題　150
M：＊1867.11.30　アイルランド問題　151，152
〔第32巻〕
M：＊1868.1.8　『資本論』の新しい要素　226
E：1868.1.23　夜業をやめて健康回復　155
M：＊1868.3.14　マウラーの著作を読んで　156
M：クーゲルマンへ　1868.3.17　各種報告書を買い込む　155
M：1868.3.25　フラースの著作を読んで　156
M：＊1868.4.30　『資本論』第二部・第三部の構想　155
M：ジークフリート・マイアーへ　1868.7.4　アメリカの土地所有について　194
M：ダニエリソーンへ　1868.10.7　『資本論』第一巻について　219
M：1869.1.13　国際社会民主同盟について　165
M：1869.3.1　フォスターの著作を読んで　172
M：クーゲルマンへ　1869.3.3　『資本論』の続巻作業　172
M：1869.3.20　有機化学の勉強　172
E：1869.4.6　北ドイツ連邦議会での論戦　180
E：1869.5.7　北ドイツ連邦議会での論戦　180
E：1869.7.1　〝自由の日〟をむかえて　191

Ｅ：1869.7.6　北ドイツ連邦議会での活動　180
Ｍ：1869.7.24　クレムの著作を読んで　172
Ｍ：＊1869.8.10　北ドイツ連邦議会での活動　180，181
ジェニー・マルクスからクーゲルマンへ　1869.10.30　152
Ｅ：1869.11.9　俗流経済学者・ケアリ批判　194
Ｅ：1869.11.19　ケアリと地代論　194
Ｍ：1869.11.26　ケアリ批判　194
Ｅ：1869.11.29　ケアリ批判　194
Ｍ：1869.12.10　アイルランド問題　153
Ｍ：デ・パープへ　1870.1.24　ベルギー農業と小土地所有　195
Ｍ：マイアー、フォークトへ　1870.4.9　国際労働者協会とバクーニン批判　175
Ｍ：1870.4.14　アイルランド問題　153
Ｍ：＊ポールおよびラウラ・ラファルグへ　1870.4.19　バクーニン批判　169
Ｍ：＊クーゲルマンへ1870.6.27　ロシアの土地所有について　195
〔第33巻〕
Ｍ：ジェニー・マルクスへ　1871.9.23　ロンドン協議会について　210
Ｅ：＊エリザベート・エンゲルスへ　1871.10.21　インタナショナル攻撃について　206
Ｍ：ダニエリソーンへ　1871.11.9　『資本論』第一巻の変更箇所　220
Ｍ：ユングへ　1871.11.16　パリとロンドンでの共同闘争　212
Ｍ：＊ボルテへ　1871.11.23　労働者階級の政治運動と経済的な運動　213
Ｍ：セザール・デ・パープへ　1871.11.24　『資本論』のロシア語版　220

エリナー・マルクスからダニエリソーンへ　1872.1.23 『資本論』第二版の仕事　224
M：ラシャートルへ　1872.3.18 『資本論』フランス語版　230
M：ゾルゲへ　1872.5.23 『資本論』第二版とフランス語版　228, 229
ダニエリソーンからマルクスへ　1872.5.23 『資本論』ロシア語版　221
M：＊ゾルゲへ　1872.6.21 『資本論』ロシア語版　221
M：ダニエリソーンへ　1872.12.12　ロシアの土地所有について　196
〔第34巻〕
M：ラブローフへ　1875.2.11 『資本論』フランス語版　231
M：ゾルゲへ　1876.4.4 『資本論』フランス語版　231, 242
M：ゾルゲへ　1876.6.14　モストの本について　245
M：ゾルゲへ　1877.10.19 『資本論』第一巻アメリカ版のための変更一覧表　243
M：＊ダニエリソーンへ　1879.4.10　カウフマンの著作について　223
（補録）M：＊社会主義者取締法にかんする帝国議会討論の概要　241
〔第35巻〕
M：＊ザスーリチへ　1881.3.8 『資本論』の分析とロシア　93, 244
〔第36巻〕
E：ベッカーへ　1884.6.20 『資本論』続巻の編集作業　254
E：ゾルゲへ　1886.4.29 『資本論』第一巻アメリカ版のための変更一覧表　244
〔第39巻〕
E：＊カネパへ　1894.1.9　各人の自由な発展が万人の自由な発

【『資本論』に関連した文献から】

『資本論草稿集』に収録された文献

『資本論』の各版と関連文献

『資本論』の草稿

本書で訳出した文献

未邦訳の文献

その他

関連年表　マルクス、エンゲルスの生涯と『資本論』

1818年５月	マルクス、プロイセン（現ドイツ）のライン州トリーアで生まれる。
1820年11月	エンゲルス、プロイセンのライン州バルメンで生まれる。
1835～41年	マルクスの学生時代。ヘーゲル哲学に熱中。41年７月、大学卒業後、フォイエルバッハを研究（ほぼ同じ時期にエンゲルスも）。
1842～43年	マルクス、「ライン新聞」（ライン州ケルンで発行）で活躍（42年10月～翌年３月は主筆）。専制政治下の生活の現実を知り、新聞への検閲とたたかう。42年11月、エンゲルスが同紙編集部を訪問。
1844年２月	マルクス、フランス・パリに移り、雑誌『独仏年誌』刊行（１冊）。ヘーゲル法哲学の批判的研究。経済学研究を開始。「経済学・哲学草稿」執筆。
1844年８月	パリで再会したマルクス、エンゲルスは、共産主義者、唯物論者として思想的一致を確認。生涯にわたる共同の活動が始まる。
1845年	マルクスは、パリを追放され、ベルギー・ブリュッセルに移る（２月）。二人の初の共同著作『聖家族』刊行（前年から執筆）。５月頃、「フォイエルバッハに関するテーゼ」、つづいて「ドイツ・イデオロギー」を執筆（45年10月～46年夏）。このなかで史的唯物論の基本を確立。
1845年５月	エンゲルス、『イギリスにおける労働者階級の状態』を刊行。
1846年	ブリュッセルに共産主義通信委員会を設立、イギ

リス、フランス、ドイツなど、ヨーロッパの社会主義者、労働者団体との交流がはじまる。

1847年　１月、二人は、国際組織・正義者同盟に参加（同盟は６月の大会で共産主義者同盟に改組)。『哲学の貧困』（マルクス）を刊行（７月)。マルクス、ブリュッセルのドイツ人労働者協会で講演（12月。49年４月、「新ライン新聞」に連載、「賃労働と資本」)。

1848年２月　『共産党宣言』（マルクス、エンゲルス）をロンドンで発表。前年からのイギリスの経済恐慌、ヨーロッパ各国に波及する。

パリで二月革命。ウィーン、ベルリンにも革命が広がる（四八年革命)。

３月　二人は、ブリュッセルからパリに移り、「ドイツにおける共産党の要求」を発表、民主共和制と普通選挙権獲得の旗を掲げる。

４月　マルクス、エンゲルス、ドイツに帰国し、四八年革命に参加。

６月　二人はライン州ケルンで日刊紙「新ライン新聞」を発行（49年５月まで301号。二人の執筆した論説・通信・短報は580余篇にのぼる、編集長はマルクス)。民主主義革命への共同のたたかいで奮闘。

1849年８月　ドイツでの革命敗北後、マルクスはパリを経てイギリス・ロンドンに移る（エンゲルスは11月にロンドンへ)。ここで、共産主義者同盟中央委員会を再建（同盟は、52年11月解散)。

1850年１～10月　マルクスの編集でドイツ向けの革命雑誌『新ライン新聞・政治経済評論』を発行（ロンドンで編集し、ハンブルクで刊行、５冊)。

1850年6月	マルクス、大英博物館から閲覧証明書の交付を受ける。経済学研究を本格的に再開。50年9月〜53年11月につくられた経済学研究の抜粋ノートは、「ロンドン・ノート」(24冊) と呼ばれる。
11月	エンゲルス、マルクスの活動を支えるために、マンチェスターの工場経営の仕事に転身 (70年9月まで)。マルクスの経済的苦境がつづく。
1851年7月	マルクス、大英博物館で『国民的苦難の根源と救済策』という匿名パンフレット (ディルク執筆) を読み、「自由に処分できる時間」に注目。
8月	マルクス、アメリカの日刊紙「ニューヨーク・デイリー・トリビューン」の依頼を受け、寄稿を開始 (掲載は同年10月から)。エンゲルスの協力を得て62年末までに約500篇の論説を発表。プロイセンの日刊紙「新オーダー新聞」(55年に二人で117篇)、オーストリアの日刊紙「ディー・プレッセ」(61〜62年に二人で52篇) などにも寄稿。
1852年	マルクス、イギリスでの普通選挙権実現の意義を、労働者階級の政権獲得と結びつけて強調 (「チャーティスト」、「トリビューン」52年8月、「行政改革協会─憲章」、「新オーダー新聞」55年6月など)。
1857年	マルクス、経済学草稿の執筆を開始 (8月)。「一八五七〜五八年草稿」(経済学批判要綱) と呼ばれる (58年5月まで、ノート7冊)。この時期に欧米諸国で経済恐慌が広がる。エンゲルスとともに『ザ・ニュー・アメリカン・サイクロペディア』という百科辞典の項目執筆に参加 (57年7月〜60年11月)。
1857	マルクス、「一八五七〜五八年草稿」のなかで〝自

〜58年	由な時間〟をめぐる考察をすすめる。
1859年	マルクス、『経済学批判。第一分冊』をドイツで刊行（商品論と貨幣論を含む。序言を執筆し、史的唯物論の〝一般的結論〟を示す）。「引用ノート」を作成。
1860年	マルクス、次の経済学草稿の準備を中断し、カール・フォークトの陰謀的な攻撃との闘争に力を注ぐ（12月、『フォークト君』を刊行）。ノートのなかで、こんにちの社会を、「資本主義」と呼ぶ（『資本論草稿集』③483、496ページほか）。
1861年	マルクス、次の経済学草稿「一八六一〜六三年草稿」の執筆を開始、真の富、未来社会と〝自由な時間〟をめぐる探究をすすめる（61年８月〜63年７月まで、ノート23冊）。 （アメリカの南北戦争、61〜65年）
1863年８月	マルクス、経済学の著作の表題を『資本論』と改め、第一部草稿の執筆を開始（〜64年夏）。（５月、ドイツでラサール派の労働者組織誕生）
1864年９月	ロンドンでの国際労働者集会で国際労働者協会（インタナショナル）発足。マルクス、「創立宣言」「暫定規約」をはじめ、重要方針を執筆し、執行部の一員として活動（72年まで）。11月、リンカーン米大統領の再選を祝うインタナショナルのメッセージ執筆。 同年、夏〜年末に、『資本論』第三部第一〜第三章〔篇〕の草稿を執筆
1865年前半	『資本論』第二部第一草稿を執筆。
６月	マルクス、インタナショナルで「賃金、価格および利潤」について報告、「時間は人間の発達の

場」と意義づける（16ページの英文草稿が残され、死後、娘エリナーが発見し、98年刊行）。

後半　『資本論』第三部第四～七章〔篇〕の草稿を執筆、最後の章〔篇〕で未来社会論を展開。

9月　マルクス、インタナショナルの協議会（ロンドン）に出席。

1866年1月　『資本論』第一部完成稿の執筆を開始。資本主義的搾取と労働者階級の発展過程の分析を統一的に進める（～67年4月）。

（6～8月　プロイセン・オーストリア戦争）

9月　インタナショナル・ジュネーヴ大会。労働者階級の運動の当面の任務と展望にかかわる一連の決議、「労働日の制限」、「協同組合労働」、「労働組合。その過去・現在・未来」（いずれもマルクス執筆）などを決定。

1867年　マルクス、ロンドンにおけるポーランド集会で演説（1月）。インタナショナル・ローザンヌ大会（9月）。『資本論』第一部（第一巻）をドイツで刊行（9月、1000部）。マルクス、第二部諸草稿の執筆再開（中断をはさみ81年までに第二～第八草稿と呼ばれる7篇の草稿を遺す）。アイルランド問題を研究し、イギリスからの独立を手紙や講演で提起（11～12月）。

（8月。ドイツで最初の議会選挙・北ドイツ連邦議会。労働者党議員誕生）

1868年　マルクス、『資本論』第二部の草稿執筆を再開し、第二部、第三部のあらましをエンゲルスに説明（4月）、インタナショナル・ブリュッセル大会、『資本論』の推奨と各国語版への翻訳を訴える決

議を採択（９月）。

1869年　インタナショナル・バーゼル大会（９月）。
（11月、ドイツで社会民主労働者党〔アイゼナハ派〕創立）

1870年１月　「国際労働者協会総評議会からラテン系スイス連合評議会」あての「回状」（マルクス執筆）で、バクーニン派の攻撃に反論。
（７月　フランス・プロイセン戦争〔～71年〕。９月パリで共和制革命）

９月　エンゲルス、工場経営から身を引きロンドンに帰還。エンゲルス、10月からインタナショナルの活動に正式に参加。

1871年３月　普通選挙権で選出された世界初の労働者政府「パリ・コミューン」が成立（５月。フランス政府軍の武力攻撃により壊滅）。

５月　マルクス、パリ・コミューンの歴史的意義を示すインタナショナルの声明「フランスにおける内乱」を執筆。

９月　インタナショナル・ロンドン協議会。「労働者階級の政治活動」など17項目を決議。マルクス、〝『資本論』第一巻のための補遺と改訂〟を執筆（12月～72年１月）。

1872年　ツァーリ帝政下のロシアで『資本論』第一部の最初の翻訳版刊行（３月）。マルクス、「土地の国有化について」執筆（３～４月）。「インタナショナルのいわゆる分裂――国際労働者協会総評議会の非公開回状」（５月、マルクス、エンゲルス）。９月、マルクス、エンゲルス、インタナショナル・ハーグ大会（オランダ）に出席。労働者党の結成をす

すめる決議を決定。大会はバクーニンらをインタナショナルから除名。中央評議会をニューヨークに移転（インタナショナルのヨーロッパでの活動は事実上終了）。

マルクス、エンゲルスと各国の活動家との文通が一段と活発になる。

『資本論』第一部第二版を分冊で刊行（72年７月～73年４月、第一篇を大改訂し、「労働日」、「機械と大工業」の章などに節区分を設ける）。

『資本論』フランス語版を分冊で刊行（72年９月～75年11月、蓄積論などで新たな理論的展開を行う）。

1873年６月　『資本論』第一部第二版を合本で刊行。「あと書き」（マルクス）で、自らの研究方法（弁証法）について語る。

８月　マルクスたちは、バクーニン派の組織と活動がインタナショナルの活動、諸原則といかに両立しないものであるかを論証するパンフレット「社会民主同盟と国際労働者協会」を刊行。

1874～75年　マルクス、バクーニンの著書『国家制と無政府』の「摘要」を作成。

1875年　（ドイツの都市ゴータでラサール派とアイゼナハ派の合同大会。ドイツ社会主義労働者党を創立）

３月　マルクス、ドイツの党の合同綱領草案を批判（「ゴータ綱領批判」、公表されたのは、1891年２月）。

７月　マルクス、ヨハン・モストのパンフレット『資本と労働……』第二版の改訂作業にあたる（～８月）。

1876年　インタナショナルが解散を正式決定（７月）。エンゲルス、ドイツの党機関紙に『反デューリング

論』を連載（76年９月〜78年７月。78年、単行本として刊行）。マルクス、『資本論』第二部の草稿執筆を再開（10月）。

1877年　マルクス、「デューリング『国民経済学の批判的歴史』への傍注」を執筆（２月〜３月５日）。〝『資本論』第一巻アメリカ版のための変更一覧表〟を作成（10月）。『オテーチェストヴェンヌィエ・ザピスキ〔祖国雑記〕』編集部への手紙を執筆（77年末）。

1878年　マルクス、「ジョージ・ハウエル君の国際労働者協会の歴史」（７月）、「議会の多数を得ての革命」についての大事な定式を執筆（９月、「社会主義者取締法にかんする帝国議会討論の概要」）。
（10月。ドイツで労働者党への弾圧法・社会主義者取締法成立）

1879年　マルクス、「アードルフ・ヴァーグナー著『経済学教科書』への傍注」を執筆（79年後半〜80年）。

1880年５月　マルクス、フランス労働党の「綱領前文」を口述。

夏　エンゲルス、フランス労働党幹部の依頼で、『空想から科学へ』を刊行（マルクスが序文を執筆）。
マルクス、モーガン著『古代社会』の摘要を作成（80年末〜81年３月）。

1881年　マルクス、「ザスーリチへの手紙の回答と下書き」を執筆（２〜３月）。病気のため、『資本論』第二部第八草稿の執筆を中断。

1882年　マルクス、健康回復のためヨーロッパ各地や北アフリカで転地療養（２月〜９月）。

1883年３月　マルクス、ロンドンで死去（64歳）。エンゲルス、「カール・マルクスの葬儀」で演説。マルクスが

行っていた各国の活動家との文通をひきつぐ。『資本論』第二部、第三部の草稿を発見（3～5月)。マルクス死後、『資本論』第一部第三版を刊行（実際の刊行は84年初頭)。

1884年　エンゲルス、マルクスの古代社会についてのノートを基礎に、『家族、私有財産および国家の起源』を執筆（刊行は10月)。

1885年7月　エンゲルス、マルクスの草稿から『資本論』第二部を編集・刊行。

1886年　エンゲルス、ドイツの党理論誌に「フォイエルバッハ論」掲載（同誌4号、5号。「まえがき」をつけ、88年5月、単行本として刊行)。

1887年1月　『資本論』第一巻英語版刊行（エンゲルス「編集者の序言」)。

1889年7月　（パリで第二インタナショナル創立）

1890年　2月、『資本論』第一巻第四版を刊行（校訂・エンゲルス)。
（9月、ドイツで社会主義者取締法廃止。10月、ドイツ社会主義労働者党が党名をドイツ社会民主党に改称）

1890～94年　エンゲルス、史的唯物論の理解にとって重要な意義をもつ解説的な手紙を執筆（古典選書『マルクス、エンゲルス書簡選集』下巻に「史的唯物論にかんする手紙」として6通を収録)。

1891年6月　エンゲルス、『1891年の社会民主党綱領草案の批判〔エルフルト綱領草案批判〕』を執筆。

1892年2月　エンゲルス、「尊敬するジョヴァンニ・ボーヴィオへの回答」を執筆。

1894年　エンゲルスからジュゼッペ・カネパへの手紙（1

月９日)。

エンゲルス、「フランスとドイツにおける農民問題」を執筆（11月)。

エンゲルス、10年近くの〝難行苦行〟のすえ、マルクスの草稿から『資本論』第三部を編集し、刊行（12月)。

1895年３月　エンゲルス、マルクスの『フランスにおける階級闘争』を編集し、「序文」を執筆。

８月　エンゲルス、ロンドンで死去（74歳)。